U0573396

白瑞西评传

张征◎著

吉林大学出版社

·长 春·

图书在版编目（CIP）数据

白瑞西评传 / 张征著. -- 长春：吉林大学出版社，
2023.10

ISBN 978-7-5768-2681-4

Ⅰ.①白… Ⅱ.①张… Ⅲ.①白瑞西（1916-1998）
—评传 Ⅳ.① K825.46

中国国家版本馆 CIP 数据核字（2023）第 234520 号

书　　名：白瑞西评传
　　　　　BAI RUIXI PINGZHUAN
作　　者：张　征
策划编辑：卢　婵
责任编辑：卢　婵
责任校对：孙　琳
装帧设计：三仓学术
出版发行：吉林大学出版社
社　　址：长春市人民大街 4059 号
邮政编码：130021
发行电话：0431-89580036/58
网　　址：http://www.jlup.com.cn
电子邮箱：jldxcbs@sina.com
印　　刷：武汉鑫佳捷印务有限公司
开　　本：787mm×1092mm　　1/16
印　　张：23.5
字　　数：300 千字
版　　次：2023 年 10 月　第 1 版
印　　次：2024 年 7 月　第 1 次
书　　号：ISBN 978-7-5768-2681-4
定　　价：98.00 元

版权所有　翻印必究

1937 年白瑞西高中毕业留影

1948 年白瑞西南下前夕留影

1946 年白瑞西与杜励文结婚合影

1954 年白瑞西国务院工作证照

1958 年白瑞西在中南民族学院
办公楼前留影

1968 年白瑞西工作照

白瑞西八十寿辰留影

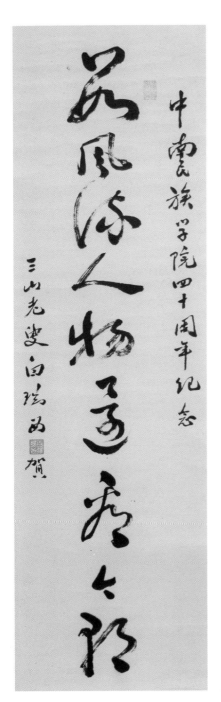

白瑞西贺中南民族学院
四十周年题字

白瑞西贺建党
七十周年题字

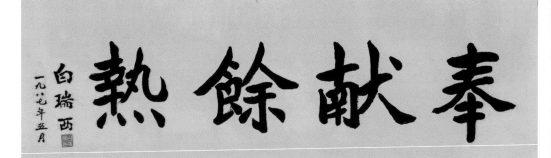

1987 年白瑞西题写"奉献余热"

1994 年白瑞西题写"勤能补拙"

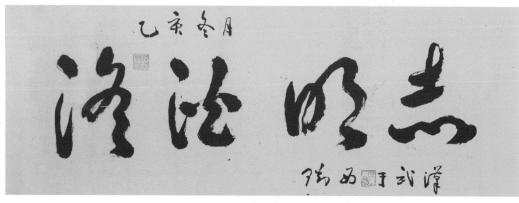

1995 年白瑞西题写"淡泊明志"

序

　　民族院校是扎根中国大地办大学的生动实践。1941年，中共中央在延安创办民族学院，由此拉开中国共产党领导民族高等教育的序幕。在战火纷飞的年代，延安民族学院培养了数百名从事民族工作的优秀干部，他们为抗日战争、解放战争和社会主义建设做出了杰出贡献。新中国成立初期，毛泽东就曾指出，"要彻底解决民族问题，完全孤立民族反动派，没有大批从少数民族出身的共产主义干部，是不可能的"①，"一切有少数民族存在地方的地委，都应开办少数民族干部训练班或干部训练学校"②。20世纪50年代，中央民族学院等一批民族院校应运而生。经过70余年的发展与建设，民族院校已经成为践行政治立校的重要高地、铸牢中华民族共同体意识的重要阵地、培养各民族优秀人才的重要基地、民族理论政策研究的重要基地、传承和弘扬中华民族优秀文化的重要基地。"因党而生，为党而立，向党而兴"是民族院校交织着光荣与梦想的鲜明写照。办民族院校没有现成模式可供借鉴，乌兰夫、汪锋、王维舟、孟夫唐等政治家、教育家

---

　　①　中央文献研究室. 毛泽东书信选集［M］. 北京：中央文献出版社，2003：322.
　　②　中央文献研究室. 毛泽东书信选集［M］. 北京：中央文献出版社，2003：322.

发扬延安精神，无私奉献，锐意进取，积极探索民族院校发展之道，贡献了民族高等教育的"中国经验"。

白瑞西是民族院校校长群体中的一位典型代表。1958年5月，白瑞西被组织任命为中南民族学院院长兼党委书记，此后他便再也没有离开过民族学院。他在中南民族学院的发展史上留下了浓墨重彩的一笔，成为校史中一位绕不过去的重要人物。白瑞西办学治校的主要贡献有两点：一是推动学校向正规化高等院校转型；二是主持学校恢复重建工作。

1951年，中央民族学院中南分院在武汉成立；次年，更名为中南民族学院。她传承红色基因，赓续红色血脉，服务中南地区民族工作。建校初期，学校以培养普通政治干部为主，迫切需要的专业技术干部为辅。白瑞西掌校后，力主开办普通本科教育，将语文、历史两个专修科改建为本科专业。由于办学业绩突出，1960年学校被列为委属重点高等学校。在充分调研、科学论证的基础上，他提出将学校建设成一所民族高等师范学院。为此，他领导编制了学校第一份办学规划，计划在五年内陆续增设政治教育、教育、数学、生物、物理、化学等专业。然而，由于"左"倾思潮的影响，白瑞西大力发展本科教育的宏伟计划被"叫停"，学院仅增设了政治教育、数学两个专业。面对上级一再要求停办本科专业的指示，白瑞西以个人名义向组织反映情况，极力争取上级支持。他认真贯彻执行"高教六十条"，组织制定《中央民族学院分院暂行工作条例》，严格规范办学行为，着力提高教育质量，引领学校正规化发展。

"文化大革命"开始后，学校正常的教学工作受到冲击，陷入停顿状态。1970年，中南民族学院被撤销。此时的白瑞西，头上仍然顶着"走资派""三反分子""修正主义分子"的帽子，但他全然不顾个人安危，主动向组织反映情况，要求保留中南民族学院。1978 年 4 月，时任华中师范学院党委书记兼院长的白瑞西，赴京参加全国教育工作会议。会议间隙，他拜访了国家民族事务委员会主任杨静仁等领导，呼吁重建中南民族学院。在白瑞西等人的多方奔走之下，复办中南民族学院被提上政府议事日程。1979 年 11 月，国务院同意印发国家民族事务委员会和教育部提交的《关于民族学院工作的基本总结和今后的方针任务的报告》。报告强调，应抓紧中南民族学院的恢复工作，争取一两年内开学。事实上，复办中南民族学院几乎等同于新建一所高校。这是因为，原来的校址和校舍已无法收回，原有的师资也已全部流失。面对紧迫的重建工作，白瑞西不计个人得失，事不避难，勇于担当，肩负起复办学校的大任。1981 年 9 月，学校终于如期开学，背后的付出和艰辛可想而知。复办之初，白瑞西根据民族地区社会主义建设的需要，明确指出要设置民族地区亟须的学科专业，把学校办成一所综合性现代化大学。他还提出，学校要打一场"翻身仗"，要在高校云集的武汉站稳脚跟，力争走在前列。白瑞西的系列办学举措，为中南民族大学的后续发展奠定了坚实的基础。

心有大我、至诚报国的理想信念，白瑞西信了一辈子，守了一辈子。"七七事变"后，白瑞西目睹日军暴行，遂投笔从戎，参加中国共产党领导的敌后抗战队伍。在艰苦的抗日斗争中，白瑞西迅速成长为一名坚定的共产主义战士。1945 年春，白瑞西任晋冀鲁豫边区政府研究室主任。解放战争时期，白瑞西任太谷县县长、太谷独立团团长；千里挺进大别山之后，他历任郑州市副市长、河南省人民政府办公厅副主任、河南省统计局局长等职务。1954 年，他被调到中南行政委员会，任财委"五办"主任；之后进京，任国务院"八办"工业组组长，负责对资改造工作。社会主义改造完成后，白瑞西主动请缨到教育战线工作。当时的中南民族学院，办学条件并不完备，但白瑞西还是毫不犹豫地接受了组织的工作安排，扎根中南民族学院。白瑞西的一生与国家命运紧密结合，踔厉奋发，笃行不怠。白瑞西不忘初心、牢记使命，从华北到中南、从抗战到建政、从机关到高校、从革命干部到高校校长，哪里需要就去哪里，哪里困难就到哪里，践行着为党奉献一生、战斗一生的庄重承诺。

　　红色校史蕴根脉，党史教育续新章。研究白瑞西的革命经历，是打通红色校史资源与学校党史教育的结合点，为红色校史赋能学校党史教育提供了新途径。白瑞西办学治校活动中展现出来的教育家精神，不仅是办好民族院校的宝贵精神财富，也是鼓舞民族院校转型升级、实现高质量发展的不竭动力和前进灯塔。

　　乐见《白瑞西评传》即将付梓，并得先睹之快，特此为序。

2023 年 9 月 26 日于武汉

目　录

一　阳邑古镇尚耕读

　　1916 年，迷茫的中国人正在历史的困局中寻找出路。此时，距离辛亥革命已经过去了 5 年，但社会依旧风云激荡，各种新旧思潮层出不穷，人们的思想经历着前所未有的洗礼和激荡。3 月 23 日，袁世凯仅做了 83 天皇帝，便迫于民众质疑和各地武装征讨的压力而退位。同年 6 月 9 日，孙中山发表恢复《临时约法》宣言，并致电黎元洪，要求"恢复约法""尊重国会"。社会各界纷纷要求时任大总统黎元洪抛弃袁世凯的新约法、恢复民国旧约法，此次"法理"之争为 1917 年的护法运动做了全面的舆论准备。1916 年 9 月，陈独秀将其创办的《青年杂志》更名为《新青年》，大力宣扬和倡导"民主"与"科学"，猛烈抨击封建意识形态，该刊迅速成为"新文化运动"的重要阵地。任何人都无法摆脱历史的影响，时代成为个人发展的背景。本书的传主——白瑞西，于 1916 年 4 月 7 日在山西省太谷县阳邑村（今山西省晋中市太谷区阳邑乡阳邑村）出生。

　　"太谷"旧称"阳邑"。商代为箕子封地，设都城于箕城（今太谷区小白乡白燕、王村一带）。春秋时期，晋大夫处父受封阳地为食邑，故名阳邑。秦始皇统一全国，在此设阳邑县。因县西南有大谷，至隋代更名为太谷。明清时期，太谷商帮行走大江南北，创造了中国商贸发展史上的奇迹。民国初年，太谷又被称为"金太古""旱码头""中国的华尔街"。太谷文教发达，名人辈出。仅在明清两代，太谷就有进士70人，举人487人。1907年，孔祥熙在太谷创办铭贤学堂，引入西式教育，名噪一时。20世纪上半叶，在国家兴亡与民族危难之际，太谷人民奋勇抗争，为国家独立、民族解放做出了巨大贡献和牺牲，涌现出一大批优秀的共产党员和革命战士。

"阳邑"历史悠久，地理位置优越。阳邑乡位于县城以东10公里处，距省会太原仅60公里，交通便利，商业贸易发达。其东南部为山区，与榆社县接壤；西南部与侯城乡相望；西北部为丘陵，北隔乌马河，与胡村镇、小白乡接壤。阳邑乡土地肥沃，农业生产条件较好，适宜各类农作物生长，山区干鲜果、小杂粮远近闻名。2019年11月18日，国务院批准将山西太谷农业高新技术产业示范区建设为山西晋中国家农业高新技术产业示范区。从秦朝置县（公元前221年），到北周武帝建德六年（公元577年），阳邑一直是县治所在地，是全县政治、经济、文化中心。此后，虽然县治迁往白塔村（今县政府所在地），但阳邑故城却并未荒废。"一修于明景泰之元年，再修于正德、嘉靖、隆庆、万历之间……旋毁旋葺，虽云增陴益，稽规制建宏……"（《太谷县志》乾隆六十年本，1795）。据《民国初年古城全景图》显示，阳邑古城的范围比如今的阳邑村要大得多。村庄四周城墙环绕，十字大街直通四面，内外通衢；十三道城门，青砖石砌，上有神阁。阳邑村现留存下来九栋阁楼、八座寺庙、六间祠堂、八个戏台和若干眼巷门。村内各街区相隔守望，防御功能完备，是典型的北方城堡式村庄。阳邑的"古城大院"和人文典故声名远扬，吸引了大批游客。2004年，山西省政府将阳邑村命名为历史文化名村；

2016年12月，住房和城乡建设部、文化部等部门又将阳邑村列入中国传统村落名录。阳邑村山清水秀，人勤物丰，从这里走出了杜润生、白瑞西等革命者和建设者。为纪念杜润生同志从革命战士成长为农村改革先锋的历史，当地特意修缮杜润生故居，将其打造为红色教育基地。

白瑞西祖上世居太谷县阳邑村布袋庄，至于何时迁来已难考证。据传，秦始皇因战将白起功勋卓著，封其子白仲于太原，由此白氏一族散枝晋阳（晋阳为太原古称）。唐朝大诗人白居易的高祖白建（北齐五兵尚书、司空）生于阳邑。相传白居易觐谒先祖白建故地，目睹阳邑"古城芳草"，慨然而作"离离原上草，一岁一枯荣。野火烧不尽，春风吹又生。远芳侵古道，晴翠接荒城。又送王孙去，凄凄满别情"。阳邑民风淳朴，重视文教。"太谷县土瘠民贫，俗尚仅（"勤"字之误）俭，慕学力田，淳厚不奢"（源自《永乐大典》所收《太原府志》）。清代时期，杜、白、杨、贾等旺族大办私塾，传颂儒家经典，广涉书画、诗文、医药等领域。民国时期，阳邑村领风气之先，创办国民小学。如今，阳邑村仍留存有各式充满文化气息的楹联、石刻、照壁，这些历史遗迹无不在诉说昔日文教盛况。传统文化的辐射尽管无形，却源远流长，润物无声。氤氲在浓郁文化氛围里的阳邑村民，大多尊奉儒家古训——"耕读传家久，诗书继世长"，劝勉后世子孙重耕读轻名利，勤劳务实，读书上进。

图 1-1 "古城芳草"图（又名"芳草桥"）①

白瑞西原名白光瑜。"光"为辈分用字，"瑜"指美玉或玉的光彩。若联系其兄白光瑾的名字，便不难发现他们名字背后蕴含的深刻寓意。谚曰："高下在心，川泽纳污，山薮藏疾，瑾瑜匿瑕"（《左传·宣公十五年》）；《说文》释义为，"瑾瑜，美玉也。"古语道，悠光内蕴却可琢成大器。"昔者君子比德于玉焉"，玉石的气节自古为世人所追崇。古人尚玉，以玉比德，后世常以"瑾瑜"指代美德贤才，如"今世所睹，怀瑾瑜而握兰桂者，悉耻为之"（颜之推《颜氏家训·省事》）。兄弟两人的名字，寄托着白家望子成龙的美好愿望，希望他们树立君子风范，成为贤良之士。抗日战争爆发后，兄弟俩相继参加革命，都不再使用原名。

白家祖辈以农耕为主，兼营商业。旧时，太谷少雨多旱，农业生产条件恶劣。民众虽然重耕读，但也积极从事商业贸易活动，这是清代中后期以来太谷晋商勃兴的重要原因。"阳邑民多而田少，竭丰年之谷，不足供两月，故耕种之外咸善谋生，跋涉数千里率以为常，土俗殷富实由于此焉"（《太谷县志》乾隆六十年本，

---

① "古城芳草"为太谷十景之一，位于今太谷区阳邑村南100米西格门口。"古城芳草"实指古城外"芳草桥"，桥东西走向，为砂石券单孔拱形，长20米，宽6米，高4米。

1795）。太谷商人借"极临边地、交通通衢"之便，发扬"淳厚不奢，讲信耐劳"之美德，闯关东、走西口，集腋成裘，甚至将生意拓展到异国他乡。先行者的探索与成功又将更多亲朋好友带入经商行列。时任冀宁道张曾谊在《县志》序中指出，"谷邑在郡东南，地非孔道，然土广民众，士农杂处。于中观其阛阓，商贾辐辏，甲于晋阳。"白瑞西的祖父白正国发蒙后，便被送到直隶遵化（今河北省遵化市）的一家当铺做学徒。遵化地处北去辽沈的交通要道，是晋商通往关外的重要贸易节点，商贾云集。白正国所在的这家当铺是太谷一户大地主的产业。白正国在这里迎来送往，从学徒一直做到掌柜，但当铺生意一般，未能给家里积攒下太多积蓄。白瑞西的祖母在家辛勤劳作，维持一家人的生计。

白瑞西的父亲白大中，字履庸。"大"为辈分用字，"中"和"庸"自然让人想起孔孟的中庸之道——"极高明而道中庸"。中庸之道乃极高明的"至诚之道"，是士子达到"义精仁熟"至高境地的行为风范，也是修炼德行的不二法门。白大中的名和号都表明，他将以中庸之道作为立身处世的准则。名如其人，白大中是一位典型的传统知识分子。他自幼接受私塾教育，深受孔孟思想的影响。白瑞西后来回忆道，父亲每逢春节都会带领弟子们祭拜孔子，虔诚地上香、磕头。这也让孔夫子的圣人形象在白瑞西幼小的心灵中树立起来。后来，白大中进入新式学堂，接触现代科学与民主思想，但传统的忠恕之道却早已深深融入他的骨子里，成为他一生恪守的人生信条。儿时，白瑞西十分崇敬父亲的为人之道。将白瑞西的祖父、父亲及他与子代的辈分用字连在一起，便组成"正大光明"一词。当然，这是白氏先祖为后世子孙命名所定下的排辈用字，却无声地告诫后代要坦诚待人，言行正派。诚如朱熹所言，"大抵圣贤之心，正大光明，洞然四达。"

白大中学养广博，为人谦和。就读山西省立第一师范学校期间，其父白正国染病辞世。遭此变故，白家经济状况一下子陷入困境。此时，其子白光瑾即将出生，意味着家庭又将增加一笔开支。虽然白大中学习成绩优秀，当时在太谷县小有名气，但他决定放弃深造，承担起养家糊口的重担，这不免让人扼腕叹息。从山西省立第一师范学校毕业后，白大中即被太谷县立第二高等小学（位于阳邑村）聘为教师，后担任校长。成长于新旧文化交替之际的白大中，国学功底深厚，在古代文学方面颇具造诣；他还多才多艺，尤其擅长书法与绘画，其教书育人的美誉广播乡邻。不久后，他被崞县中学（位于今山西省原平市崞阳镇）聘为教师，先后承担语文、书法、绘画等教学工作。白大中颇有君子之风，为人坦诚，办事尽心，后来又被举荐到太原总商会任文牍（相当于秘书），并在商会附设的商业传习所（类似于今日的职业学校）担任主任一职。在太原工作期间，他还兼任山西省立国民师范学校和山西省立太原女子师范学校教员，讲授书法、绘画等课程。从那时起，白大中在太原一直工作到去世。

白大中是一位具有正义感的知识分子。他对当时的反动统治极为不满，同情并支持群众反抗阶级压迫。北洋军阀时期，各路军阀你方唱罢我登场，外国势力也趁机插手国内军阀混战，以致民生维艰，局势动荡不安。1926年，国民政府在广东起兵北伐，革命势力从珠江流域迅速推进到长江流域，工农运动蓬勃发展。面对此番景象，白大中赞同"打倒列强除军阀"的革命主张，肯定北伐战争的进步意义，希望尽快结束军阀混战，实现国家统一。白大中在思想上支持革命，但他又服膺"君子矜而不争，群而不党"的训诫，所以未加入任何党派。太谷经商者众多，大多数人都认为经商有前途，是家庭摆脱困顿与贫穷的一条可行之道；然而，这种重商风气并没有影响到白大中。白家始终充满着浓厚的书香气息，白大中希望他的子弟恪守儒家传统文化所倡导的"仁、义、礼、智、信"，为人处世光明磊落。他认为，勤奋苦读是改变个人境况的唯一途径，造福国家民族是个人受教育的最终目的。慈父之爱子，非为报也，不接内解于心。书香润泽心灵，白大中的教育信念深深地影响着白家两兄弟，良好的家庭氛围为他们提供了极其有利的成长环境。在白瑞西兄弟俩幼年时，白大中就教他们学习和背诵《三字经》《百家姓》《千字文》等蒙养教材以及《论语》《孟子》等儒家经典。及其稍长，他又先后将两个儿子带到省城太原念中学。日常生活中，白大中对两个儿子呵护有加，但管教甚严，要求他们讲文明懂礼貌；讲话要有分寸，做事要有尺度；站有站相，坐有坐相，吃有吃相；食不语，寝不言。虽然家中经济条件尚可，但也务必珍惜食物，做力所能及的家务劳动，不得叫苦喊累或哭泣拒绝。在这样的教养环境下，白瑞西养成了礼貌待人的品性、勤俭耐劳的美德和谨言慎行的态度。

　　白瑞西的母亲，与那个时代的女性一样，是一位勤劳的家庭主妇。她虽然文化水平不高，但待人和善，吃苦耐劳，在家族中名声甚好。白瑞西后来回忆道，他小时候很少穿新衣，母亲总是把哥哥的旧衣服缝补干净，让他接着穿。衣服尚可将就，但鞋子却成了一个大问题。儿童生性好动，白瑞西每年都要穿烂好几双鞋子。为了让鞋子经穿耐用，白母做鞋时往往把他的鞋帮子糊得又硬又厚，以便让鞋子穿得更久些。为节约粮食，白母经常不吃晚饭，仅煮点稀饭给两个儿子。然而，喝稀饭又不能消除饥饿感，所以，太阳一落山，她就催促孩子们早点休息，这样既能节省灯油，又能避免因饥饿而难以入睡。生活的艰辛给幼年的白瑞西留下深刻印象，使他养成了艰苦朴素的生活作风。生活之艰辛让白瑞西从小就懂得要精打细算过日子。以后的生活中，哪怕是花一角钱，白瑞西都要思虑再三。像喝酒、吸烟、赌博等浪费钱财的不良生活习惯，白瑞西决意终身不沾。

二 平民中学育新知

1924 年，白瑞西进入本村小学读书。两年后，白瑞西的祖母过世。紧接着，父亲白大中与其弟分户析居。白瑞西的叔父，子承父业，在河北遵化当铺做店员，其妻与其子白光琦则留守阳邑老家。操办祖母丧事使白家欠下好几百元的债务，为此，每年都要拿出一笔钱还本付息。薪水是白大中一家的主要收入来源，除去每年的还债金额和白瑞西兄弟俩的学费之后，白大中的薪水所剩无几。分家后，白大中虽有耕地十六亩，但苦于家中没有男劳力，只得将田地交给邻居代耕，收获后平分收成。然而，土地瘠薄，耕作方式粗放，正常年景下每亩地也大约只能产出三斗粮。所获粮食根本无法满足全家人的需求，养活一家人可真是一件不容易的事。经过多年辛勤努力和省吃俭用，他们才逐渐偿清外债，家中境况随之得以改善。

白瑞西聪颖好学，性情坚韧执着，上进心强。1930 年 9 月，他考入太原名校——平民中学。平民中学是一所进步学校，由就读于北京大学和北京师范大学的山西籍青年倡办。这批山西籍青年经历了五四运动的洗礼，他们满怀教育救国理想，希望培养爱国人才，从而改变山西贫困落后的面貌。1922 年 4 月 3 日，赵光庭、刘同、姚大海、梁永泰等 62 位山西籍学生在国立北京大学礼堂召开发起人大会，决定创办"私立太原平民中学校"，并成立建校筹委会。4 月 30 日，学校董事会在北京召开首次会议，商议董事会规则，编制当年招生计划。时任北大校长蔡元培应学校董事会之邀，欣然为学校题写校名。6 月 18 日，第二次董事会在太原纯阳宫召开，推选赵光庭为校长，并指派五名职员负责具体校务。随后，租借太原精营西边街民房作校舍。1922 年 9 月 1 日，平民中学在此地举行首届开学典礼。1925 年，平民中学决定购地建校，自建校舍。1930 年，平民中学共建成教室及学生生活用房 355 间，办学设施日渐完备。创建以来，平民中学稳步发展，办学规模逐年扩大，教学质量不断提高，在较短的时间内就发展为太原规模较大、成就斐然的私立中学。

图 2-1 太原平民中学徽章（校名为蔡元培手书）

平民中学厚植家国情怀，积极宣传民族团结，以此唤醒学子的社会责任感和国家使命感。学校大礼堂墙壁上悬挂着黄花岗七十二烈士遗像，遗像之下配有简短介绍文字。每当在此举行全校活动时，学生的爱国救民之情肃然而起。学校制定了七字校训"勤俭忠勇亲肃诚"，这既是全体师生均需遵守的行为准则，也是学校人才培养的目标。校歌不只是一串音符，更是学校的灵魂。平民中学校歌歌词由教师刘耀黎撰写，校歌曲谱由音乐教师常苏民（新中国成立后曾任四川音乐学院院长）谱写，整首校歌慷慨激昂、豪气万丈。吟唱校歌可以使学生明确学习目的，提振精神，志存高远。学校潜移默化的爱国主义教育激发了学生的爱国之情，也将"国家兴亡，匹夫有责"的精神深深地镌刻在学生心间。建校不久，在党的地方组织指导下，平民中学先后建立起党团支部。1923年9月，中国社会主义青年团私立太原平民中学校支部成立，这是山西省最早成立团支部的学校；平民中学也是山西省第二所成立党支部的学校。在平民中学求学期间，白瑞西逐渐成为一位关心国家和民族命运的进步青年。

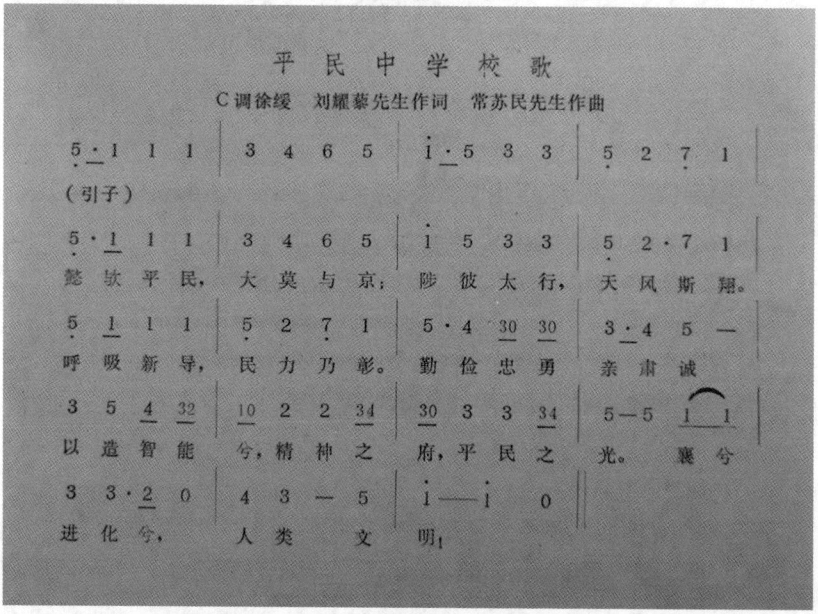

图 2-2　平民中学校歌

平民中学人才济济，精英荟萃。学校采用董事会领导模式，而董事会成员又都接受过新文化运动洗礼，认同新文化运动的思想主张，所以，平民中学的办学理念与太原其他学校迥然不同。他们提出了"德智体美劳群"六育并举的育人理念，聘请女教师，推行男女合校，这些办学举措领山西教育风气之先。供职于平民中学的教师多怀爱国之志，他们秉承"科学民主，兼容并包"的北大精神，追求自由民主，倡导新思想，传播新文化，提倡新作风。学校特别重视师资，其教师大都毕业于北京大学、清华大学、北平师范大学等高校。首任校长赵光庭、第二任校长苗培成、教务主任李进贤、训育员刘同、体育主任田赞之等均为北大毕业生；体育老师张武成则是北师大体育系高材生。平民中学立志于实施平民教育，为时代培养德才并举的新公民，因此，在德智体美劳"五育"之外，他们还提倡群育；希冀"群育"促进个体社会化，培养于己于人都有利的社会行为与品性，尤为重视爱国主义教育。1937 年，抗战全面爆发，平民中学被迫迁徙。在太原办学的 16年间，平民中学培养了一大批优秀人才，许多进步学生积极参加社会活动，不少有志青年从此踏上革命征程，为新民主主义革命和社会主义建设做出了积极贡献。

平民中学师资力量雄厚，教学水平精湛。教师授课深入浅出，特别是对于物理、化学等现代科学课程，教师通常根据学生的学习基础，借助实验来讲授科学原理，使深奥的科学知识直观易懂。教师批改作业极其认真，他们认为作业完成情况可以反映学生的掌握程度，并通过分析作业出错的原因，长善救失。平民中学的考试评价规则也与众不同，十分注重学生的学习过程评价。学校考评由两部分组成，一部分是平时成绩，占比 60%，包括学生的日常考勤、考查、作业、测验等；另一部分是期终考试成绩，占比 40%。课堂教学之外,教师经常指导学生阅读课外书刊,如鲁迅的《彷徨》《呐喊》,邹韬奋的《萍踪寄语》,以及高尔基的《母亲》等文学名著。平民中学的图书馆藏书丰富,报纸书刊供全体师生选读,面向全体师生开放。

平民中学重视文娱活动,因此,学生的课外活动十分丰富。平民中学的文体活动与正课一样记分考评。每天下午最后一节课,每位学生都必须参加体育运动。每逢此时,所有教学活动停止,全体学生全部在操场集合,教师清点人数,随即锁上操场。这样一来,想中途逃课是不可能的;50 分钟后,方才开门放人。操场上,体育教师根据学生兴趣指导他们锻炼身体。平民中学的体育相当突出,曾派运动员代表山西参加华北运动会、全国运动会,向社会输送了一批优秀运动员。在校期间,白瑞西尤其热爱足球、篮球等体育运动。课余,音乐教师教唱慷慨激昂的《大刀进行曲》,催人泪下的《松花江上》等爱国歌曲。常苏民老师目睹了日本浪人横行太原的劣迹,自发在校园教唱"工农兵学商,一齐来救亡。拿起我们的铁锤刀枪,走出工厂田庄课堂,到前线去吧,走上民族解放的战场!"等歌曲。在常苏民老师的指导下, 平民中学歌咏团成为三十年代太原市最活跃的歌咏团,成为一支宣扬爱国主义教育的轻骑兵。张武成等教师还组织学生编排了救亡话剧,唤醒民众参加抗日救亡运动。受常苏民、张武成等进步老师影响,一批热血青年由此走上革命道路。平民中学还定期组织校外实践活动,有时带领学生参观工厂和矿山,有时开展童子军野营活动,让广大青年在社会实践中锻炼自己。

平民中学教学管理规范,教学设施优良。学校规章制度齐全,一切教学活动均照章办事。尤其是升学、留级、转学、退学制度相当严格,凡不及格者一律留级;外校转入者,必须通过招生考试；品行不端、学业荒废者，勒令退学。因此，平民中学的淘汰率较高。严校出高材，历年山西省初高中毕业会考，平民中学毕业生均无不及格者，在太原无出其右；其毕业升学率也远远超过其他学校。在先进教育理念的指引下，平民中学很快便享誉三晋大地。

白瑞西负笈太原，不仅开阔了视野，而且也增长了社会见识。时局纷扰，这让他开始思考社会问题。1928 年张学良宣布东北易帜，标志着北伐结束，南京国民政府完成"形式统一"。然而，全国仍处于军阀割据的状态之中，山西为军阀阎锡山所把控的局面并未改变。1930 年 3 月，汪精卫欲争夺南京国民政府统治权，他联合反共右倾的西山会议派和国民党军阀阎锡山、冯玉祥、李宗仁、张发奎等人共同反蒋。同年 5 月，蒋介石宣布"平叛"，双方在河南、山东、安徽等省展开了一场历时近半年的军阀混战。这场混战主要发生在中原地区，又被称为"中原大战"。最终，以蒋介石获胜而告终。战败的冯玉祥、高桂滋、孙殿英等人及阎锡山旧部溃退至山西境内，大小军阀钩心斗角，各自掠地自保，生灵涂炭，民不聊生。1930 年 11 月 29 日，阎锡山因战败逃离太原，暂居大连。山西长期处在阎锡山的统治之下，他战败下野，反而造成社会恐慌，人心浮动，粮价飞涨。此时，白瑞西刚到太原读书不久，目睹太原混乱状况，感触极深。长期以来，山西劳苦大众受尽欺压盘剥之苦，加之军阀混战，苛捐杂税多如牛毛。另外，散兵游勇等地方势力强抢豪夺，鱼肉乡里，山西人民处于水深火热之中。劳苦大众生存艰难，无从逃避，现实的苦难迫使白瑞西开始追寻此类社会问题的根源。他慢慢感悟到，人民群众辛劳至此，却食不果腹、衣不蔽体，这不是人民群众的问题，而是社会的问题。

1931年9月18日夜，盘踞中国东北的日本关东军精心策划，派遣铁道守备队柳条湖分遣队队长河本末守中尉率领小分队，借巡视铁路之名，在沈阳柳条湖附近的南满铁路路轨上引爆小型炸药。同时，将三具身着东北军服装的士兵尸体放置现场，以此诬称中国军队破坏铁路并袭击日军。随后，日军以此为借口，炮击东北军大营，进攻沈阳，制造了震惊中外的"九一八事变"。随后，日军迅速占领东三省，并控制哈尔滨等大中型城市及战略要地。

"九一八事变"后，中日民族矛盾迅速上升为主要矛盾。1931年9月23日，国民政府发布《告全国同胞书》："政府现时既以此次案件诉之于国联行政会，以待公理之解决，故已严格命令全国军队对日军避免冲突，对于国民亦一致诰诫，务必维持严肃镇静之态度……然为维持吾国家之独立，政府已有最后之决心，为自卫之准备，决不辜负国民之期望。"该公告不仅没有言及要反击日军，而且还令全国军队避免与日军产生冲突。国民政府的不抵抗政策激起全国人民的强烈愤慨，社会知名人士纷纷指责国民党辱国之举。1931年9月28日，太谷县城举办各界民众反日大会，发表《太谷县各界反日大会告同胞书》。1931年10月初，山西大学等院校学生走上街头，开展抗日救亡活动，组织太原中等以上学生成立反日联合会。

1931年12月中旬，太原学生多次组织游行，并赴山西省政府请愿，要求政府停止内战，组织抗日。12月18日，在国民党山西省党部，举行抗日救亡示威游行的太原青年学生遭到残酷镇压，进步学生穆光政被枪杀，另有23名学生受伤。这就是国民党山西省党部一手制造的"一二·一八"惨案。国民党反动派企图镇压山西青年学生的抗日活动，结果适得其反，群众运动更为广泛地开展起来。在商人罢市、工人罢工、学生罢课的压力下，抗日群众将反对国民党山西省党部的运动推向高潮，以致国民党山西省各级党部纷纷被抗日群众所捣毁。太原群众声势浩大的抗日示威活动，让白瑞西见识到群众运动的力量，也使他认识到国民党反动派色厉内荏的本质。

山西省立国民师范学校学生杜德（即杜润生）在"一二·一八"惨案中不幸负伤，随后返回家乡太谷。1931 年 12 月 20 日，杜德在太谷县城联络 20 余名在太原求学的太谷籍学生成立留省学生抗日救国会，并联合铭贤学校和太谷一高学生，组成抗日救亡宣传队，到城乡演讲、贴标语、散传单、教唱救亡歌曲，宣传抗日救国。1932 年 1 月 26 日，杜德与郭今吾、白瑞西、智逸云、武耀奎等在太谷县城南大街基督教公理会社交堂，召开抗日救国动员大会，公开声讨国民党政府的不抵抗政策。次日，他们查封国民党太谷县党部，国民党派驻太谷的党务整理委员望风而逃。① 直到抗战前夕，国民党才再次组建县党部机关。太谷第一高小校长高九鸿先生是一位进步爱国人士，他主动掩护这些查封国民党县党部的学生脱险。地方当局为此拘押高九鸿，然而，高九鸿在太谷口碑甚好，迫于太谷士绅压力，不久便被释放。白瑞西是此次捣毁国民党太谷县党部的主要参与者，新学期开始后，他又返校继续学业。后来，白瑞西在追溯其参加革命工作起点时，并没有从这次参与查封国民党太谷县党部算起，他坦言当时的首要奋斗目标仍然是读书。

论及此处，有必要回顾当时与白瑞西一同参与查封国民党太谷县党部的几位师友。

---

① 太谷县志编纂委员会. 太谷县志（上）［M］. 北京：中华书局，2015：21-22.

图 2-3　杜润生（1913—2015）

图 2-4　2007 年杜润生家中①

---

　　① 左一为白光琦，右一为杜励文，杜润生右后方为白熊焰。白光琦为白瑞西堂弟，1927
年出生，1942 年投奔抗日根据地，1944 年分配到太行第八专署任民政科员，1950 年调任平原省
人民政府卫生局秘书，后任鞍山钢铁公司无缝钢管厂党委副书记、副厂长。杜励文为白瑞西妻子；
白熊焰为白瑞西长子。

活动的主要发起者杜德（1913—2015），又名杜润生，太谷县阳邑村人。杜润生与白瑞西不只是同乡，还是儿时玩伴。1927年，杜润生受舅父高九鸿资助，考入山西省立国民师范学校。起初，杜润生寄希望于中国国民党改组派，但目睹其成员腐败行径后，他倍感失望。"九一八事变"后，蒋介石对日本采取隐忍政策，却对中国共产党及其领导的中央苏区大举进攻，杜润生对此极为不解，深感不满。经过冷静观察和认真思考，杜润生发现，只有中国共产党是在为中华民族的解放事业尽心实干。在抗日救亡运动中，杜润生想接近中国共产党，但苦于找不到党组织，于是他和其他青年自行组织"九一八读书会"，抵制日货，宣传抗日。后来，山西省立国民师范学校成立学生会，杜润生表现活跃，很快成为学生会骨干。山西省立国民师范学校校长梁先达和教育所所长苗培成压制进步学生的抗日活动，学生遂发动驱逐梁先达、苗培成的斗争。在驱逐梁、苗二人的斗争中，杜润生作为学生代表发挥骨干作用。1931年12月18日，太原大中学生前往国民党省党部请愿抗日，却遭到国民党省党部纠察队镇压，穆光政同学当场牺牲，杜润生等学生英勇负伤。在革命斗争中，杜润生对中国共产党的认识不断加深，他指出"没有共产党这样的组织，帝国主义及其走狗国民党反动派就打不倒。"1932年10月，杜润生先后加入中国共产党的外围组织抗日反帝同盟会、中国左翼社会科学家联盟。1933年，杜润生考入国立北平师范大学文史系，并继续从事学生运动。1935年，因遭同乡告密，杜润生被逮捕，关押数月之后获释。1935年"一二·九运动"爆发，杜润生担任北平学联代表。1936年夏，杜润生光荣加入中国共产党。其后，他还先后担任中华民族解放先锋队区队长、总部宣传部部长。抗日战争爆发后，杜润生进入太行山根据地参加抗日游击战争，投身根据地政权建设。1947年，杜润生随刘邓大军（中国人民解放军第二野战军）南下，千里挺进大别山。淮海战役后，杜润生参与领导所在解放区的土地改革运动，先后担任中共中央中原局秘书长、中共中央华中局秘书长等职。新中国成立后，他历任中共中央中南局秘书长、中南局军政委员会土改委员会副主任，具体负责领导中南地区土地改革工作。1953 年初，杜润生调任中共中央农村工作部（时任部长邓子恢）秘书长、国务院农村办公室副主任，参与组织农业合作化。1956 年，调入中国科学院，任院党组副书记。1979 年，杜润生出任国家农业委员会副主任。1983 年，担任中共中央书记处农村政策研究室主任，兼国务院农村发展研究中心主任，主持起草中央农村政策文件。1980 年，杜润生提出可在贫困地区全面推广土地家庭承包责任制，其他地区要因地制宜；1981 年，杜润生起草 1982 年"中央一号文件"，正式确立"包产到户"的合法性，使中国农村迸发出前所未有的活力。从 1982年到 1986 年，连续五年的"中央一号文件"均由杜润生主持起草，他在推广和完善家庭承包责任制方面发挥了不可替代的重要作用。20 世纪 80 年代，他还担任过中共中央顾问委员会委员、中央财经领导小组成员。杜润生是党内资深的农村问题专家、农村改革重大决策的参与者和亲历者，后来被誉为"中国农村改革之父"。

图 2-5　郭今吾（1915—1998）

　　郭今吾（1915—1998），原名郭钰，字今吾，太谷县里美庄村人（与阳邑村相邻）。1927年，郭今吾入阳邑高小读书，受进步教师影响，创办了《共进周报》。1930年秋，他考入山西省立国民师范学校。"九一八事变"后，他开始投身抗日救亡运动。1931年12月16日，郭今吾参加了太原大中学生请愿抗日的游行活动。12月18日，他赴国民党山西省党部请愿。"一二·一八"惨案发生后，他返乡避难，同时继续宣传抗日，并参加留省学生抗日救国会。1932年1月，他与杜润生、白瑞西等人一道捣毁国民党太谷县党部。此后，他又参加山西学生发起的"要求抗日，惩办山西省党部枪杀学生凶手"的洛阳请愿团。他先后参加了"九一八读书会"、中国左翼社会科学家联盟、抗日反帝同盟会等中国共产党领导的外围组织。"西安事变"后，他参加了抗日救亡先锋队（担任区队长）、牺牲救国同盟会。1937年初，为了给太谷小学教师增薪，他领导抗日救亡先锋队发起罢课斗争。同年9月，郭今吾被推选为代表，参加牺牲救国同盟会第一届全省大会。同年，他参加了中华民族解放先锋队（担任县队长），并光荣加入中国共产党，同时担任太谷县委组织委员，参与筹建太谷游击队。1938年，组织选派他出任榆次抗日政府县长。1939年，郭今吾参与创建太行革命根据地和晋冀鲁豫边区的贸易工作，历任山西第三行政区战时特捐局主任，太行贸易总局副局长，晋冀鲁豫边区贸易总局、晋冀鲁豫边区工商管理总局副局长、党组副书记，晋冀鲁豫边区贸易总公司总经理、总支书记，晋冀鲁豫边区政府贸易厅副厅长兼边区贸易公司总经理、总支书记，华北贸易总公司副总经理。1949年1月天津解放后，郭今吾历任华北对外贸易管理局局长、天津对外贸易接管处处长、华北对外贸易公司经理兼党委书记。新中国成立后，他先后任中央贸易部经济计划司司长，中国油脂总公司总经理，中央贸易部国内贸易司司长、部党组成员，商业部党组成员、经济计划局局长，商业部部长助理，部党组成员。1958年，他先后当选中共甘肃省委委员、省人民政府委员，兼任省商业厅厅长、省财贸办公室主任。1978年，任商业部党组副书记、常务副部长。1982年退居二线，又连续三届当选中国商业经济学会会长。

图2-6　高九鸿（1898—1973）

高九鸿（1898—1973），太谷县董村人（今太谷区胡村镇董村村，离阳邑村约十里），是太谷知名民主人士。他幼年家贫，12岁方才入学，后毕业于山西省立第一师范学校。1923年，高九鸿出任阳邑第二高小校长。因教学有方，高九鸿在太谷教育界颇有影响。1927年初，因敬仰孙中山先生，高九鸿加入中国国民党。1930年，他被委任为太谷第一高小校长。高九鸿锐意进取，选贤任能，很快使太谷一高成为知名高等小学。"九一八事变"后，他对国民党政府的不抵抗政策极为不满，支持外甥杜润生和郭今吾等青年学生组织爱国救亡活动。任太谷第一高小校长期间，高九鸿组织师生开展抗日宣传，使学校成为中共地下党员和进步知识分子的联络点。"七七事变"后，他聘请八路军教官进驻学校，对学生进行抗日动员和军事训练。太谷沦陷后，他毅然奔赴南山（泛指太谷南部山区）参加抗日武装。抗日战争期间，他在多所小学担任校长，以学校为掩护，开展抗日活动，将抗日秘密联络点藏匿于学校之中。高九鸿为抗战做了大量工作，但解放战争期间，阎锡山以"通共"为由，两次拘押他。面对敌人淫威，他顽强不屈，彰显了一名进步知识分子的气节。1952年10月，高九鸿当选为太谷县人民政府副县长，后兼任政协太谷县副主席，还曾当选山西省人民代表大会代表。[①]

平民中学为白瑞西提供了认识世界的新平台。在这里，他体会到孔孟学问之外的知识乐趣，见识到阳邑之外的人与事，最重要的是，他接触到了新思想。尽管平民中学教学要求严格，但白瑞西天资聪颖，勤奋好学，在平民中学初中部就读期间表现优异。平民中学的教学与生活设施齐全，能够为学生提供良好的学习生活环境。同时，平民中学的学费也是太原城里最贵的。白瑞西能够在此接受教育，全赖其父母勤俭操持。这个时期，白家的经济状况大为改善。一是，父亲白大中的薪水涨了不少，还清了所有外债。二是，不用再支付白光瑾的求学费用。中学毕业后，白光瑾到河北安国县（今河北省安国市）一家商店做会计，可以生活自给。白瑞西本可以直接升入高中部就读，却因家庭变故而痛失升学良机。后来，白瑞西回忆道，初中三年是其成长过程中最愉快的时光。

---

① 太谷县志编纂委员会. 太谷县志（下）[M]. 北京：中华书局，2015：2113-2114.

三 初入社会尝甘苦

1933 年夏，白瑞西即将初中毕业。这一年，日本帝国主义加紧了侵略中国的步伐。"九一八事变"后，蒋介石依旧顽固执行"攘外必先安内"的反动政策，日本侵略者得陇望蜀。1933 年 2 月，日军发动进攻热河的作战命令。不久，热河沦陷，日军迅速推进至长城沿线各关隘一带，为阻止日军继续侵犯，驻扎在附近的西北军、东北军和中央军先后投入战斗。中国守军顽强抵抗、浴血奋战，但日军装备精良、训练有素，长城沿线很快失守，平津告急。为集中力量对付中国共产党领导的农村革命根据地和红军，蒋介石急于向日本侵略者妥协。他一面下达"佪谈抗日者杀勿赦"的反动命令，破坏长城抗战；一面派心腹黄郛北上与日军谈判，再次妥协投降。5 月 31 日，国民党政府同日本帝国主义签订丧权辱国的《塘沽协定》。协定明确指出，中国永远不能收复东北失地，而且将绥东、察北、冀东划为日军可以自由出入而中国不能驻军的地区，致使华北门户洞开。面对日军侵略企图，蒋介石仍旧执行不抵抗政策，全国人民对蒋介石的倒行逆施表示出极度愤慨。6 月 1 日，中国共产党以中华苏维埃共和国临时中央政府名义，发布《为反对国民党出卖平津华北宣言》，反对国民党政府同日本帝国主义签订《塘沽协定》，揭露蒋介石等国民党反动派对人民竭力进攻及对日本帝国主义投降卖国的罪行，号召全国人民一致团结起来，为收复失地、保卫中国、争取中华民族的独立解放而斗争。全国人民群众积极响应中国共产党的号召，大力支援一切抗日爱国力量。

白瑞西初中毕业前夕，父亲白大中不幸病故。白大中积劳成疾，体质较弱。刚过完三十八岁生日，白大中便患上重感冒。遗憾的是，医生误诊，贻误病机，发病十二天后，白大中便与世长辞。家中顶梁柱英年早逝，全家不仅痛失精神支柱，而且还一下子断了家庭经济来源。最直接的影响是，白瑞西的求学费用没了着落。虽然哥哥白光瑾在河北省安国县商店做事，但是他的薪水却几乎没有结余。白瑞西的叔父辞去遵化当铺工作后，也到白大中所供职的机构做录事（相当于现今的文员），但他收入不多，无法接济白瑞西。显然，白瑞西继续深造的求学梦已无实现的可能。白瑞西母亲、叔父和哥哥共同商议后，决定让白瑞西辍学返乡，到小学去谋一份差事。

1933 年秋，白瑞西在太谷一所农村小学工作。两位同年毕业的同学也在相距不远的农村小学教书。工作之余，白瑞西和他们互相串门，这种轻松随意的聚会，逐渐演变成读书讨论会。他们先后阅读和讨论高尔基的《母亲》、亚历山大·绥拉菲靡维奇的《铁流》、亚历山大·法捷耶夫的《毁灭》、果戈理的《死魂灵》等文学作品，这些进步书籍激发了同学们的革命思想和革命人生观。同学张会权任教的北洸村小学成为白瑞西等同学聚会的主要场所。一是，张会权性格随和，容易相处；二是，他与外界接触多，特别是与一些进步青年来往频繁。当时的北洸村小学是一所由开明人士执掌的学校。武光大于 1932 年初调任北洸村小（即太谷第五高小）任校长，他聘请赵树理等进步青年来校执教，并支持张会权、申培信等教师在校内组织"社会科学家联盟"。第五高小师生在城乡编演进步戏剧，揭露黑暗的社会现实，讽刺无能的当政者，宣传革命真理。张会权的初中同学田振中，在此期间加入"社会科学家联盟"。①② 他们有时畅谈苏联社会制度，有时针砭蒋介石消极抗日的政治立场，有时讨论进步小说中的主要人物……看似随意的聊天，却使这群志同道合的青年人凝聚在一起。白瑞西很喜欢这样的聚会，同时也自然而然地萌生出向往革命、憧憬光明的情愫，从而深深地影响了他日后的人生选择。接受进步同学的思想启蒙后，白瑞西对共产主义和中国共产党有了新的认识，也对共产党领导的红军产生了好感。那时，白瑞西秘密阅读过几期油印刊物《红旗》，特别是阅读红军的战斗报道之后，他认为中国共产党和红军并不像国民党所宣传的那样可怕，而是爱国爱人民的伟大力量。

成为小学教师，让白瑞西对社会的了解与认识更加深刻，思想觉悟逐渐提高。白瑞西能够结合当时的社会政治环境，有意识地运用阶级分析的观点，思考社会问题。1932 年初，白瑞西与杜润生、郭今吾等同学一起砸毁了国民党太谷县党部，但那时他还没有认清国民党的本质。虽然他很早就接触到好友杜润生、郭今吾等人传播的先进思想，听他们讲述过"国民党蒋介石是如何反动，共产党是为工农劳苦大众谋利益"的道理，但彼时的白瑞西由于缺乏社会生活经历，未能深刻领会先进思想的丰富内涵，因

① 三晋文化研究会. 卢梦：读初中，当小教，思想左倾［M/OL］. 红色晋绥网，（2017-04-17）. 卢梦纪念文集. http://www.jinsui.org/lishi/shanxikangzhan/lmjnwj/2017/0417/9592.html.

② 卢梦（1917—2005），原名田振中，河北深县人，中共党员。1933 年以来，先后加入山西省文艺界救国联合会、山西牺牲救国同盟会、山西新军决死四纵队、晋西北地区文化界抗日救国联合会。新中国成立后，历任中共山西省委宣传部部长、北京电影学院副院长、北京艺术学院院长、北京电影学院党委书记等职。

此没有跟随杜润生、郭今吾等人继续从事革命活动。当然，这与他长期以来秉持的"君子群而不党"的信条密切相关。由于他信任杜润生、郭今吾等人，所以，他支持杜润生、郭今吾等组织的社会革命活动，也认可杜润生、郭今吾等人肯定共产党、反对国民党的言论。踏入社会后，白瑞西耳闻目睹各种社会问题，不由地思考救国救民于水火的办法，因此，他迫切地意识到先进思想的价值。

抗日救亡运动不断高涨，有些同学辞去小学教员的工作，奔赴绥东察北抗日前线。此时，白瑞西还没有做出这样的决定，他仍然渴望有机会继续深造。后来，在回顾自己的革命经历时，他说，"当时我还缺乏这样的勇气，一方面舍不得抛下自己的母亲；另一方面，我认为这不是我现在应该走的道路。我的思想深处，集中到一点，还是千方百计地，把自己的'前途'指望在继续升学、读书上，认为这是提高社会地位的唯一出路，也就是'学而优则仕'。然后，才谈得上改造社会。"一年的小学教师经历是白瑞西人生道路上具有重要意义的一段历程。后来他还为此深感自责，坦陈自己政治觉悟不够高，旧思想压制新思想，以致教育救国和读书万能的想法支配了当时的行动。但不能不说，正是他头脑中封建思想与革命意识的冲突斗争，让他逐步觉醒，从而深刻地改变了他随后的人生轨迹，使他成长为一名坚定的无产阶级革命者。

白瑞西中断学业，求职小学，本是家庭变故所致，却引来乡邻们的讥讽。有些人私下议论，"这孩子不会有什么出息，只能当一辈子小学教员"。在乡邻们看来，做一名小学教员，只是糊口谋生的工作，不可能飞黄腾达。背后的指指点点让自尊心极强的白瑞西感到非常难受。当时，人们普遍认为一个人有没有出息，就看他能不能升官发财。与此同时，过去颇为赏识白瑞西的亲朋故交，也不再给予他赞许的目光，他们的态度也失去了往日的那种热情与期盼。白瑞西难以忍受前后截然不同的对待方式，于他而言，这是沉重的心理打击。父亲离世，对家庭经济的影响最大。当他们一家遇到困难，需要求助亲朋好友之时，他们都避之不及。真可谓"穷在闹市无人问，富在深山有远亲"。尤其是那些往日与自己家庭往来密切的人，此时竟纷纷"哭穷"，害怕白瑞西找他们借钱借物。这不免让白瑞西感叹世态炎凉，人情淡薄。面对世风日下、人心不古的冷酷现实，白瑞西暗下决心，要改变这种状况。怎样改变呢？白瑞西认为，还是要继续读书，只有掌握更多的知识，方能提高自己的社会地位。因此，"学而优则仕"仍是白瑞西这个时期的首要奋斗目标。

高九鸿先生得知白瑞西意欲深造的想法，决定帮助他。1934年春节之后，高九鸿先生将白瑞西调到他掌校的太谷第一高小。太谷第一高小是太谷最好的高等小学，这里的生活和学习条件比白瑞西先前工作的那所农村小学要好得多。许多老师还是白瑞西过去的师长，白瑞西与他们彼此熟识，这样融洽的同事关系让他工作起来特别舒心。工作变动后，白瑞西也难以抽出时间再与那些志同道合的同学讨论时事，这样一来，他们的交流大大减少。

在太谷第一高小，白瑞西不仅要完成教学任务，还要为继续求学做准备。对他而言，通过入学考试不是问题，最大的难题是如何筹齐学费。父亲过世后，家庭的日常生活全靠母亲省吃俭用才得以维持。他首先与母亲研究家庭的经济来源与开支，希望得到母亲支持。在乡村小学任教的半年里，白瑞西每月可以领到十六元工资，其中三四元用于伙食，剩下的钱他都悉数交给母亲。后来他才知道，母亲根本没有动用他的薪水，而是悄悄地把这些余钱积攒下来。得知此事后，他含泪询问母亲，家中如此困难，为什么不用这些钱呢？其实，母亲也在为他筹措学费，如果白瑞西继续读书，那么，今后的生活就会越来越困难，必须未雨绸缪。

知晓母亲的良苦用心后，白瑞西倍受感动，同时也暗下决心，要好好读书，今后一定要孝敬母亲。此时，白光瑾已经娶妻生子。他在外地做店员，一来难以照顾家庭，二来他的薪水也只够自己开销。如果能劝说哥哥回乡当小学教员，这样既可以照应家人，又能增加收入。如果稍微节省一点，还可给予白瑞西一些资助。与母亲商量后，白瑞西立即给哥哥写信，征求他的意见。哥哥的回复也相当干脆，完全同意白瑞西的建议。不久，白光瑾辞去工作，到太谷县胡村小学（即县立第四高小）担任小学教员（胡村离阳邑村步行距离约 10 公里）。此外，白瑞西打算找父亲生前故交寻求一些帮助。尽管多位旧友借口困难，婉言拒绝，但还是有三位前辈答应资助白瑞西，他们承诺每年借给白瑞西一二十元。虽然资助的金额不大，但对白瑞西而言，也有所裨益。求助遭拒的经历深深刺痛了白瑞西，让他深感求人之难。因此，白瑞西暗自发誓，如果今后自己经济宽裕，一定要帮助困难亲友，绝不吝啬钱财，做有情有义之人。

四 风雨飘摇返学堂

1934 年暑期，白瑞西决定再次报考平民中学。一是，平民中学教学质量一流，每年考入大学的人数众多。1934 年，平民中学 11 名学生报考北平师范大学，全部如愿以偿。1935 年，24 人报考北京大学，除一人因病缺考外，其他人均被录取。二是，白瑞西熟悉平民中学的学习环境。1934 年暑期，白瑞西通过平民中学高中部招生考试。8 月 10 日，他再次踏进平民中学，继续高中学业。尽管有母亲和兄长的全力支持，以及亲朋故交的资助，但这些仍不足以支付白瑞西求学所需的全部费用。因此，白瑞西节衣缩食、省吃俭用，并积极寻找半工半读的机会。当时，学校图书馆需要聘请一个临时工来协助图书管理员办理书刊借还事务。经老师推荐，白瑞西顺利通过应聘，担任图书馆临时管理员。他利用每天中午和晚饭前的课余时间到图书馆值班，协助图书管理员办理书刊借还手续。虽然这占用了他不少业余时间，但他可以从中获得六元月酬。勤工俭学的收入不高，但对于生活困难的白瑞西而言，这是一笔稳定收入。同时，兼任图书管理员也能锻炼他的实际工作能力。白瑞西把这份兼职工作一直做到他高中毕业。

这一时期，国内局势风云变幻。1934 年 3 月 1 日，侵华日军扶持建立的伪满洲国，改称"满洲帝国"，溥仪在长春由"执政"改称"皇帝"，年号"康德"。4月17日，日本外务省情报部长天羽英二发表声明，声称要排挤英美在华势力，独占中国。然而，国民党反动派仍以"攘外必先安内"为由，积极组织力量围剿中央革命根据地。7月15日，中华苏维埃共和国政府和革命军事委员会发表《为中国工农红军北上抗日宣言》，是为中国工农红军北上抗日的开端。1934年9月上旬，国民党军队加紧进攻中央革命根据地腹地，红军已无在原地扭转战局的可能。10月，中共中央、中央革命军事委员会率领中央红军主力踏上战略转移的漫漫征程。1935年1月7日，红军攻克黔北重镇遵义，1月15日至17日，中共中央在遵义召开政治局扩大会议，史称"遵义会议"，开启了党独立自主解决中国革命实际问题的新阶段。红军长征途中，中华苏维埃中央政府、中共中央发表《为抗日救国告全体同胞书》，号召全国人民团结起来，停止内战，抗日救国，组织国防政府和抗日联军，标志着我党建立抗日民族统一战线的策略基本形成。1935年10月，中央红军主力到达陕北吴起镇。至此，中央红军主力长征胜利结束，陕甘根据地成为中国革命的大本营，为后来各路红军长征提供了落脚点，也为后来八路军主力奔赴抗日前线提供了出发点。1932年，阎锡山出任太原绥靖公署主任，重新掌控山西。复出后的阎锡山，一方面提防蒋介石，担心蒋介石的势力渗透到山西；另一方面，他也警惕共产党，害怕共产党把群众组织起来。因此，阎锡山既防蒋也反共。阎锡山为维持对山西局势的绝对掌控权，完全不顾日益深重的民族危机和我党提出的"停止内战，一致抗日"的主张，悍然充当反共内战急先锋，准备与蒋介石围剿陕北红军。

1935年，日军先后制造"察东事件""河北事件"和"张北事件"，步步紧逼，迫使国民党答应多项无理要求，结果丧失了河北、察哈尔两省大部分主权。面临如此紧迫的态势，南京国民政府当局竟然继续对日妥协退让，6月中旬国民党"中央军"撤出平津和河北，整个华北危在旦夕。日本帝国主义并未甘心止步，他们又积极策划华北五省（河北、山东、山西、察哈尔和绥远）"自治"，企图使华北五省成为"第二个东北"。此时，中华民族危机空前严重，中日民族矛盾迅速上升为主要矛盾。北平学生悲愤地喊出，"华北之大，已经安放不得一张平静的书桌了！"1935年12月9日，在中国共产党的领导下，数千名北平大中学生举行抗日救国示威游行，反对华北自治，反抗日本帝国主义，要求保全中国领土完整，掀起全国抗日救国新高潮。"一二·九运动"揭露了日本帝国主义侵略中国，企图吞并华北的阴谋，打击了国民党政府的妥协投降政策，促进了中国人民觉醒。"一二·九运动"有力地配合了红军北上抗日，促进了国内和平和对日抗战，标志着中国人民抗日民主运动新高潮的到来。正如毛泽东同志所指出的，"一二·九运动"是抗战动员的运动，是准备思想和干部的运动，是动员全民族的运动，有着重大的历史意义。在中国共产党山西党组织的领导下，太原学生积极呼应"一二·九运动"。12月14日，北平报纸报道，为满足日本"华北特殊化"的要求，国民党当局定于12月16日成立冀察政务委员会。得知消息后，北平学联决定在这一天再次举行示威游行。12月16日清晨，东北大学、中国大学、北京大学和清华大学学生率领北平各校学生举行声势浩大的示威游行，参加学生共计1万余人。他们高举校旗，打着"反对华北特殊化！""反对成立冀察政务委员会！"等横幅，向内城进发，随即却遭军警血腥镇压。"一二·一六运动"把学生抗日救国运动推向新的高潮，当月下旬，北平学生联合会组织平津南下扩大宣传团，到河北农村开展抗日宣传，走与工农相结合的革命道路。1936年2月初，在宣传团的基础上，中华民族解放先锋队成立，很快发展到两万余人，对团结广大青年、促进抗日救亡运动发挥了重要作用。① 尽管时局纷扰，白瑞西此时仍以读书为主业，抱定着读书救国的信念。

1935年12月17日至25日，中共中央在陕北安定县（今子长县）瓦窑堡举行扩大会议（即瓦窑堡会议）。会议分析国内外形势和中国将来的发展方向，讨论了转变党的策略方针的必要性和建立抗日民族统一战线的可能性，会议确定红军军事战略的基本原则，即把国内战争同民族战争结合起来；准备对日作战；扩大红军。今后，红军的军事部署和作战行动，应确定地放在"打通抗日路线"与"巩固、扩大现有苏区"这个基点上。中央决定，把红军行动与苏区发展的主要方向，放在东边的山西和北边的绥远等省，提出"抗日反蒋、渡河东征"的口号。1936年1月15日，毛泽东、周恩来、彭德怀签发"关于红军东进抗日及讨伐卖国贼阎锡山的命令"，命令"主力红军即刻出发，打到山西去"。遵照上述命令，各路东征部队迅速集结到黄河岸边，进行渡河准备。1936年2月18日，毛泽东签发东征作战命令，东征红军进入临战状态。2月20日，正式下达渡河命令，命令各渡河突击队，"先头绝对隐蔽，乘夜偷渡"。毛泽东和彭德怀率领中国人民红军抗日先锋军，突破阎锡山精心布置的黄河防线，进入山西境内，完成红军东征的初步战略任务。红军强渡黄河，一举成功，把阎锡山的晋绥军打得狼狈逃窜。为挽救败局，阎锡山一面急电蒋介石请求支援，一面调整部署，将14个旅的机动兵力，编成4个纵队。从3月4日开始，阎锡山部分别从中阳、汾阳、介休和隰县等方向对红军实施防堵和反击。鉴于各路敌人围堵红军，而太原及晋东南、晋

---

① 《中国共产党简史》编写组. 中国共产党简史［M］. 北京: 人民出版社, 中共党史出版社, 2021: 68.

西北敌防守兵力相对较弱，红军决定兵分三路，右路军继续南下，相机夺取赵城、临汾，并向曲沃、闻喜、运城方向发展；左路军乘虚北上，第一步占领文水、交城等地，进逼太原，第二步相机占领静乐、岚县等地，创立晋西北游击根据地；中路军牵制敌人，控制黄河渡口，维持后方交通。

1936年3月20日至27日，中共中央政治局在山西隰县大麦郊附近的上益千村（今属交口县）、石楼县罗村和四江村等地举行扩大会议（即"晋西会议"）。毛泽东、张闻天、周恩来、博古、王稼祥等中央领导出席会议，重点研究讨论军事战略方针。红军东征以来，毛泽东深入调查山西政治、军事、经济、社会等情况，他代表军委在会上作报告，向中央明确提出"经营山西"的战略。毛泽东指出，"经营山西，是对日作战的重要步骤。"①

红军东渡后，迅速占领晋西十多个县，所到之处受到群众热烈欢迎与支持，许多青年踊跃加入红军。统治山西多年的阎锡山对红军东渡万分恐慌，匆忙集中兵力堵截红军东扩，蒋介石也为阎锡山反共行动提供军事支持与物质资助。当时，阎锡山当局害怕革命群众组织起来，配合红军的军事行动。为避免危及统治，他命令太原大中学校下达"提前放假"的通知，一时间整个太原都处于白色恐怖之中。

当红军进入文水县（此地距太原仅百公里）时，白瑞西思忖道，如果学校立即停课，他就返回太谷；待红军打到太谷时，再近距离观察红军，如果红军和他先前了解的一样，那么他就加入红军。然而，红军很快又撤回黄河西岸，学校也没有真正停课，所以他的这些想法也未能付诸实施。红军之所以退出山西，是因

---

① 中共中央文献研究室. 毛泽东年谱：（1893—1949）（上卷）[M]. 北京：人民出版社，中央文献出版社，1993：526.

为蒋介石派陈诚指挥关麟征、商震等部 10 个师进入山西，协助阎锡山的晋绥军合力"围剿"红军，红军为避其锋芒而先行撤离。此时，中国共产党对张学良和杨虎城的统战工作取得明显效果，东北军和西北军停止了针对红军的敌对行动，陕甘地区出现有利于红军发展的大好时机。基于上述原因，为保存抗日力量，避免内战扩大，促成建立全民族抗日统一战线，毛泽东果断决定，变更原来的作战部署，命令红军西渡黄河，回师陕北。中共中央于 4 月 13 日至 15 日在永和县赵家沟召开军事会议，作出"逼蒋抗日、回师西渡"的战略决策。4 月 28 日，毛泽东与彭德怀发布《关于西渡黄河扩大陕甘苏区的命令》，客观地指出："方面军在山西已无作战的顺利条件，而在陕西、甘肃则产生了顺利条件，容许我们到那边活动，以执行扩大苏区、锻炼红军、培养干部等任务。"[①]毛泽东强调，"在把蒋介石部队调出山西以后，在积极地进行山西干部的创造，山西士兵运动的加强，神府苏区的扩大等条件下，再一次进入山西作战的机会是会有的。"[②]从 5 月 2 日开始，红军陆续返回陕北。5 月 5 日，毛泽东签发《停战议和一致抗日通电》（即《回师通电》），红军主动停止进攻，宣布从山西撤回陕北，呼吁"停战议和，一致对外"。5 月 21 日，毛泽东、周恩来率领红军总部回到瓦窑堡，历时 117 天的渡河东征胜利结束。1936 年的红军东进军事行动深刻地教育了阎锡山，也向世人表明中国共产党停止内战、一致抗日的诚意，有力地推动了抗日统一战线的建立。一年多后，红军改编为八路军，"再一次进入山西作战"，并将山西开创为华北抗战的特殊局面，也印证了"经营山西"战

---

① 中共中央文献研究室. 毛泽东年谱：（1893—1949）（上卷）[M]. 北京：人民出版社，中央文献出版社，1993：538.

② 中共中央文献研究室. 毛泽东年谱：（1893—1949）（上卷）[M]. 北京：人民出版社，中央文献出版社，1993：538.

略的正确性。

此次东征，争取和团结了一批抗日爱国力量，扩大了统一战线。红军东征过程中，中共中央先后派遣周恩来、李克农前往洛川和延安，与东北军爱国将领张学良秘密会谈，达成东北军、西北军与红军停止内战、联合抗日的协议。日本侵略者在华北的军事部署日益逼近山西，蒋介石也利用"剿共"借口，乘机把势力伸进阎锡山的地盘，阎锡山感到这两个方面的威胁越来越重。为争取阎锡山抗日，中共中央利用蒋阎之间的矛盾，通过多种渠道联系阎锡山，对其展开统战工作。内外夹击之下，阎锡山为保住自己的势力，开始考虑联共抗日。阎锡山的算盘是利用抗日旗帜和共产党的群众运动，扩充实力，以对付日本侵略者和蒋介石。

1936年5月，山西军阀阎锡山整合其所属的各路群众团体，成立自强救国会。戎子和、刘玉衡、张隽轩等自强救国会左派进步青年，积极响应中国共产党的统一战线号召，提议组建抗日救亡团体，阎锡山对此表示赞同，并将之定名为"山西牺牲救国同盟会"。1936年9月18日，在"九一八事件"五周年的集会上，阎锡山正式宣布成立"山西省牺牲救国同盟会"（简称"牺盟会"）。阎锡山任牺盟会会长，他提出"守土抗战""牺牲救国"等口号，并决定任用一批共产党员来开展此项工作。随后，中共北方局派出以薄一波为代表的共产党干部进入山西，利用牺盟会的公开身份开展抗日准备工作。这样，我党和阎锡山形成了较为特殊的统一战线关系，为山西党组织开展工作提供了便利条件。阎锡山把负责培养军政干部的军政训练委员会交由牺盟会领导，并委托薄一波等同志建立各种群众组织，如训练团、训练班、国民兵军官教导团、军士训练团等。同年10月，薄一波主持牺盟会日常工作，大力整改牺牲会的组织领导、人事配备、工作任务、活动范围等。仅仅3个月时间，山西各地共发展牺盟会会员60余万人。1937

年 4 月，薄一波等人又挑选出 2 万名国民兵军官教导团学员，整编为 10 个团，驻扎在忻州、祁县、太谷、寿阳、平遥等处。国民兵军官教导团政治部主任均由共产党员和左派人士担任，团以下的政治工作人员亦由薄一波等人负责选派。1937 年 9 月，阎锡山下令薄一波，将国民兵军官教导团改编成"山西青年抗敌决死队"，即后来的山西"新军"。利用这段有利时机，中国共产党为各县牺盟会培养了一批群众武装抗日自卫队骨干。1939 年底，阎锡山策划了"晋西事变"，此时，牺盟会已在山西各县均建立起分会。

图 4-1　山西牺牲救国同盟会入会誓言

图 4-2　青年抗战决死队

红军东征宣传了中国共产党的抗日主张，极大地鼓舞了山西群众。阎锡山在山西臭名昭著，山西人民对阎锡山及其晋绥军没有任何好感。尽管阎锡山在太原实施白色恐怖统治，但太原的抗日群众运动依然蓬勃发展。此时的白瑞西虽然身居校园，消息来源有限，但已经通过社会各界的议论认清了阎锡山的反动本质。阎锡山为了向社会各界延伸统治触角，实现其"把政治放在民间"的目的，认为有必要将群众团体、群众运动纳入掌控范围，从而为己所用。阎锡山对群众运动的看法是，"组织起来是个乱子，不去组织是个空子"，因此，在他的支持和许可下，山西全省先后出现"中国青年救国团""建设救国社""山西人民监政会""文山读书会""植社"等一系列大大小小的"御用"群众团体。这些团体接受政府提供的经费，或直接或间接地依附于阎锡山。根据既有的社会阅历，白瑞西认为凡是与阎锡山有关联的都不是好东西。平民中学校长是国民党山西省党部委员，他压制校内进步师生活动，所以，白瑞西对太原地下党的组织活动了解不多。当时，白瑞西还不能完全辨识山西牺牲救国同盟会和国民兵军官教导团的性质，以为这些组织也是服务于阎锡山统治集团的。共产党借助"山西省牺牲救国同盟会"这个公开的合法组织广泛发动群众，组织群众开展武装抗日活动。1936 年 12 月，牺牲救国同盟会太谷分会成立，郭今吾、智逸云等同学成为第一批会员。之后，他们还成立了太谷县抗日救亡先锋队，由郭今吾、石紫千负责。回顾革命经历时，白瑞西表示，当时自己的思想还不够进步，仍秉承"读书才能救国，救国必须读书"的信念，恪守读书高于一切的教条，笃信读书是提升自己、回报家庭、报效国家的唯一出路，因此没能更早一些参加革命活动。

签订《塘沽协定》后，长城以北均是伪满洲国的地盘。日军若继续南下，则必须拿下北平和天津，那意味着中日战争全面爆发。因此，日军转而西进，目标直指察哈尔和绥远。日军一旦占领这两省，既可以向南威胁河北、山西，又可以向西窥视陕西、宁夏和甘肃；再远一点，日军还可以通过西北，实施大迂回战略，南下进攻中国腹地；也可以席卷外蒙古地区[①]，切断西伯利亚大铁路，威胁苏联远东地区。为争夺这块战略要地，日本侵略者处心积虑，一方面，他们力图避免激发国人强烈的抗日情绪；另一方面，他们又害怕引起国际势力关注。因此，日本侵略者决定采取扶植代理人的方式，策划察哈尔和绥远独立。1936 年 2 月，察哈尔彻底沦陷，绥远岌岌可危。若绥远失守，则山西必定难保。阎锡山想保住山西，就必须加强绥远军力部署，但他又担心中央军反客为主。晋系将领傅作义，时任绥远省主席兼三十五军军长，率部驻防于此。在与蒋介石商讨形势后，阎锡山决定，总体上要抵抗，但也要保持克制。1936 年 11 月 15 日，伪军 1500 人进抵绥远红格尔图附近的阳坡村，向驻绥军队发起猛攻。在傅作义指挥下，仅用两天就打败了进犯之敌；随后主动出击，取得百灵庙大捷。12 月 9 日上午，晋绥军进占锡拉木楞庙，取得绥远抗战胜利。绥远抗战沉重打击了日伪军的嚣张气焰，粉碎了日本帝国主义侵吞绥远的阴谋，激发了全国人民的抗战热忱，增强了民众的抗战信心。

大敌当前，蒋介石仍固守"攘外必先安内"的方针。1936 年 12 月 4 日，蒋介石亲赴西安，逼迫张学良、杨虎城率部"剿共"。张学良、杨虎城两位将军请求蒋介石抗日，反复劝说未果，两人遂于 12 月 12 日凌晨发动"兵谏"，扣留蒋介石，通电全国，提出停止内战、一致抗日等八项主张，是为震惊中外的"西安事变"。事变发生后，平民中学的进步师生们组织起来声援张学良、杨虎城，强烈呼吁停止内战、抗日救国。白瑞西和同学们一道上街游行，

---

① 即今天的蒙古国，1946 年中华民国被迫承认外蒙古独立。

要求政府停止剿共，联红抗日。但是，平民中学内有不少拥蒋派，双方意见不一致，因此，平民中学的抗日示威活动没有持续太久。几天后，校园又恢复往日秩序。稍后"西安事变"和平解决，十年内战结束。在抗日的共同旗帜下，国共两党实行第二次合作已成为不可逆转的大势。

国家兴亡，匹夫有责。白瑞西关心时局，常有热血言行。他不仅从书本中了解了鸦片战争以来满清政府所签订的诸多丧权辱国条约，而且在现实中深刻感受到南京国民政府的腐败无能。尤其是近几年，耳闻目睹日本帝国主义得寸进尺的侵略行径，白瑞西开始认真思考国家命运和民族未来。在国运多舛的关键时期，白瑞西对中国共产党积极抗日的政治态度表示由衷的钦佩。国家面临的内忧外患给白瑞西上了一堂生动的爱国主义教育课，他誓志发愤图强，报效国家，这绘就了白瑞西一生爱国爱民的底色。

五　学业有成赠别离

　　时光飞逝。1937 年 6 月，白瑞西的高中学习生活即将落下帷幕。对白瑞西而言，凑够三年学费是比学业更难的事情。平民中学学杂费较高，全家省吃俭用，加上他勤工俭学，才得以勉强支撑。平民中学要求严格，只有成绩优异者才能顺利毕业，但是对白瑞西来说，这不是问题。1934 年秋季入学时，白瑞西所在班级有八十名同学；到第二学年，班上只剩下六十人；待到毕业之际，班中仅余三十九人。这期间，既有新同学中途插班进来，也有一些学生因经济、家庭、健康等原因而辍学，还有不少学生由于达不到学业要求而不得不留级。可以说，平民中学高标准的教学要求，对日后白瑞西办学治校产生了深远影响。在担任中南民族学院院长期间，他始终狠抓教育质量，不因学生来自民族地区而放松学业要求。

　　白瑞西刻苦学习，成绩出众。从留存下来的平民中学毕业纪念册来看，白瑞西的高中生活既紧张又充实。尽管学校学业要求严格，但学生课余生活却十分丰富。白瑞西热衷于体育锻炼，经常参加足球、网球、篮球等比赛。此外，他还积极参与班级建设，与同学一起组织班级活动。在高中第一学年和第二学年，白瑞西担任过班级干事。他的书法功底深厚，在同学中小有名气。毕业之际，白瑞西组织编撰毕业纪念册——《永不分别的我们》。这本纪念册的封面由同学们自行设计，意义深远。封面上有"平中"、罗马数字"XXXIX""SENIOR""1937"等字样，表示他们是平民中学1937届的39名高中毕业生。图片正中是8个互相牵手的人，围成半圆形，寓意同学们即将各奔东西，今后大家要携手并进；同时，这个半圆形还象征着他们像初升的太阳，正冉冉升起。另外，从这本毕业纪念册中还可以发现，当时白瑞西既使用过白光瑜这个名字，也用过别号白瑞西，此外，他还启用过笔名——从善。

图5-1　平民中学1937届高中毕业纪念册

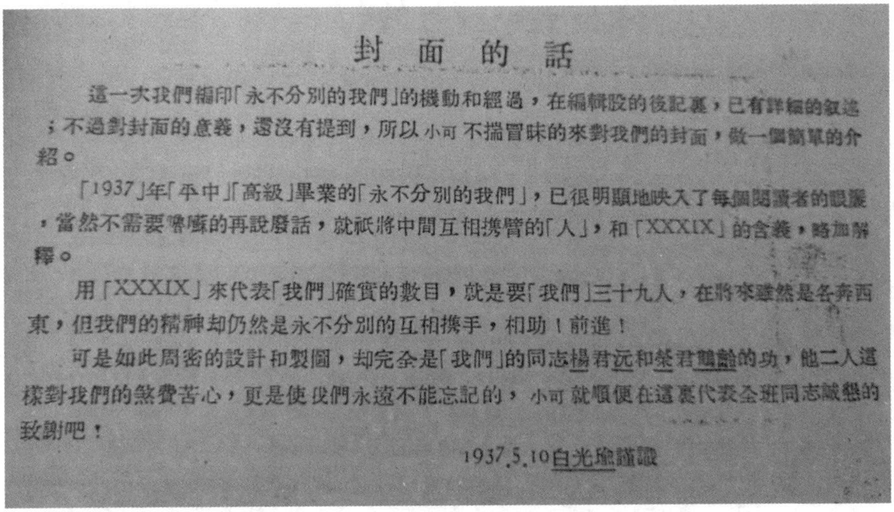

封面的話

這一次我們編印「永不分別的我們」的機動和經過，在編輯股的後記裏，已有詳細的敘述；不過對封面的意義，還沒有提到，所以小可不揣冒昧的來對我們的封面，做一個簡單的介紹。

「1937」年「平中」「高級」畢業的「永不分別的我們」，已很明顯地映入了每個閱讀者的眼簾，當然不需要嚕嗦的再說廢話，就祇將中間互相携臂的「人」，和「XXXIX」的含義，略加解釋。

用「XXXIX」來代表「我們」確實的數目，就是要「我們」三十九人，在將來雖然是各奔西東，但我們的精神却仍然是永不分別的互相携手，相助！前進！

可是如此周密的設計和製圖，却完全是「我們」的同志楊君沅和蔡君鶴齡的功，他二人這樣對我們的煞費苦心，更是使我們永遠不能忘記的，小可就順便在這裏代表全班同志誠懇的致謝吧！

1937.5.10白光瑜謹識

图 5-2　白瑞西题写的毕业册卷首语

毕业纪念册还载有白瑞西的一篇《毕业自感》。这首诗共六句，前两句分别从泛交者和深知者的角度述评他的性格；第三、四句则简要介绍这四年来他的人生际遇；第五、六句道出了他处世接物时的感触，哀世态之炎凉，叹人情之冷暖。自父亲白大中去世后，白瑞西备尝生活艰辛；辍学后，他又决意重返校园，继续求学；白瑞西克服多重困难，才得以完成学业；临近毕业时，他并没有预料中的喜悦，而是充满着对人世不幸的深深伤感。不难看出，他已不再是一个缺乏社会阅历的青年，更像是一个历经沧桑的老者，诗句真切地抒发了白瑞西当时的复杂心情。

毕业自感

泛交者，认为我遇事乐观；

深知者，了解余纯系达观；

四年前，只知道人生美满；

到如今，遍尝了人间苦酸；

处世时，领略尽世态炎凉；

接物时，深感到人情冷暖。

在毕业纪念册中，同学侯振华、张耀宸等人写下了致白瑞西的毕业赠语。

毕业赠语　其一

君性活泼，不拘小节；一举一动，坦白挚诚；善为说辞，作事慎敏；待人爽直，好鸣不平；志在教育，书法尤精；愿君力进，前途光明。

振华赠（侯振华）

毕业赠语　其二

余入平中，首识白君，感于君之坦白，化与君之精诚，情谊日笃，肺腑互铭，然因彼此个性甚强，时各执一端，严词互争。负责，热心，广交游，乃其特性；君父见背，遍尝炎凉之世态。含辛茹苦，克俭克勤；勉之勖之，谨此预庆。

宸识赠（张耀宸）

一朝同学一世情，一日袍泽一生义。随着日本帝国主义侵华步伐逐渐加快，亡国灭种的危险近在眼前，迫使有良知的中国人尽快觉醒。平民中学师生广泛传阅进步书籍，接受革命启蒙教育，体悟革命道理，认清了日本侵略者的狼子野心和国民党反动派的罪恶本质。毕业后，许多同学投身于抗日救国的事业，他们成为抗日民族统一战线上的亲密战友。就读平民中学期间，白瑞西结识了许多志同道合的好友，一直与他们保持着密切联系。晚年，他还多次返乡参加平民中学校庆，与师友聚会，畅谈阔别情。1994 年，为庆祝平民中学建校 72 周年暨重建复校首届招生，白瑞西亲自手书"继往开来"赠给母校。

图 5-3　1992 年 9 月 8 日太原平民中学校友庆祝校庆 70 周年合影 [1]

---

[1]　前排左七为白瑞西。

图 5-4 白瑞西贺平民中学建校 72 周年题字

六　卢沟炮声震心魄

　　求学深造是白瑞西儿时树立起来的目标，他一直在为此奋斗。民国时期，政局不稳，没有实施全国统一高考，而是由各校自主招生，有的学校只考一门，有的学校却要考好几门。白瑞西欲报考北平师范大学（今北京师范大学），但北平师范大学未在山西设置考点，因此，山西考生需要去北平参加考试。1937年7月初，白瑞西奔赴北平，投考北平师范大学。

图6-1　1937年白瑞西高中毕业留影

1937 年 7 月 7 日夜，卢沟桥日本驻军未事先告知中国地方当局，在中国驻军阵地附近举行"军事演习"。日军借口士兵"失踪"，要求进宛平城（今卢沟桥镇）搜查，驻防于此的第二十九军严词拒绝日军无理要求。随即，日军向宛平城发动进攻。中国守军奋起抵抗，全民族抗战由此爆发。"卢沟桥事变"发生后第二天，中共中央向全国发出通电："平津危急！华北危急！中华民族危急！只有全民族实行抗战，才是我们的出路！"一场决定中华民族命运的殊死大搏斗拉开帷幕。①7 月 17 日，蒋介石在庐山发表《对卢沟桥事件之严正声明》，指出："再没有妥协的机会，如果放弃尺寸土地与主权，便是中华民族的千古罪人！""如果战端一开，那就是地无分南北，人无分老幼，无论何人，皆有守土抗战之责，皆抱定牺牲一切之决心。""我们只有牺牲到底，抗战到底，唯有'牺牲到底'的决心，才能博得最后的胜利"。②7 月底，日军占领北平和天津。稍后，日军沿平绥、平汉、津浦三条铁路向华北地区扩大进攻，企图用三个月时间"灭亡中国"。山西紧邻平津，面临着日本侵略者从北面和东面包抄的威胁。日军觊觎山西丰富的矿产资源已久，平津失陷意味着日寇铁蹄会随时踏进山西。

卢沟桥的炮声震碎了白瑞西的大学梦。"华北之大，已经安放不下一张平静的书桌。"虽然中国守军英勇抵抗，但在日军飞机狂轰滥炸之下，中国军队伤亡惨重。7 月 28 日，第二十九军副军长佟麟阁不幸阵亡，北平守军被迫撤出战场。7 月 29 日，日军进入北平城，次日，日军攻克天津。日军占领北平后，为打压中国人民的抗日精神，摧毁中华文脉，北大、清华等大学校园均被

---

① 《中国共产党简史》编写组. 中国共产党简史［M］. 北京: 人民出版社, 中共党史出版社, 2021: 73.

② 张宪文, 方庆秋. 蒋介石全传（上册）［M］. 北京: 人民出版社会, 2010: 420.

占领沦为日军的兵营和马厩。在民族存亡的生死关头，为赓续中国教育精髓，保护中国教育火种，中央研究院院长蔡元培、北京大学校长蒋梦麟、清华大学校长梅贻琦、南开大学校长张伯苓、北平研究院院长李煜瀛、同济大学校长翁之龙、中央大学校长罗家伦等 102 名大学校长和文化名人联合发表声明，揭露日本侵略军破坏中国教育机构的罪行，提出"教育为民族复兴之本"，要求政府采取果断措施，将京津高校迁往内地。平津是全国的文化中心，保存和抢救平津地区文教机构成为国民政府的当务之急。

1937 年 8 月，国民政府教育部拟定《设立临时大学计划纲要草案》，决定筹办临时大学，"一、政府为使抗战中战区内优良师资不致无处效力，各校学生不致失学，并为非常时期训练各种专门人才以应国家需要起见，特选定适当地点筹设临时大学若干所。二、此项临时大学暂先设置下列一至三所：（1）临时大学第一区——设在长沙；（2）临时大学第二区——设在西安；（3）临时大学第三区——地址选择中。"[①]9 月 10 日，国民政府教育部发布了 16696 号令，正式宣布以北京大学、清华大学、南开大学和中央研究院的师资设备为基干成立长沙临时大学，以北平大学、北平师范大学、北洋工学院和北平研究院等院校为基干，设立西安临时大学。由于正值暑假，加之日军严格管控平津新闻媒体，各校师生只能悄悄传递国民政府即将设立临时大学的消息。实际上，北平、天津的高校师生要离开平津，并非易事，他们只能通过各种渠道辗转逃离日占区。南迁之路非常艰难，许多师生因此流散。有些老师因年老体弱或家庭原因而未能成行，钱玄同即是一例。钱玄同虽留居北平，但坚辞伪政府礼聘。面对如此严峻的

---

① 王学珍，郭建荣. 北京大学史料（第三卷：1937—1945）［M］. 北京：北京大学出版社，2000：1.

形势，也有一些平津高校教师变节投敌。

悲莫悲兮亡国奴，谁知此日到吾徒。此刻，身陷北平的白瑞西深切地体会到了亡国奴的滋味。在北平求学已无可能，白瑞西和一众同学决定逃出北平。华北陆路交通已被日寇封锁，他们不得不绕道而行。先取道天津，混过日军检查进入天津英租界；然后，登上英国轮船前往烟台，再途经济南、徐州、郑州；直到8月下旬，他才从河南返回太原。这次屈辱而又艰险的北平之行彻底改变了他一直信奉的"君子群而不党""学而优则仕"等传统思想，使白瑞西深刻意识到中华民族已处于亡国灭种的危难关头，求学报国已无可能。

日军狂妄地叫嚣，一个月拿下山西，三个月灭亡全中国。对日军而言，山西具有重要的战略价值。山西"四面环山，为一高台地，有如华北之脊。东北依长城毗连冀察绥三省，西南隔黄河与豫陕为界"①。省会太原"扼同蒲、正太两路之交汇点，当汾河左岸，襟山带水，自古称为重镇。雁门、平型、紫荆、娘子诸关口，险阻天成"②。此外，山西矿产资源丰富。放眼山西，九十余县中，有五十余县为产煤区，可谓遍地皆煤，山西的无烟煤远销海外。日本军国主义对山西煤炭等矿产资源早已垂涎三尺。这也是日军在华北战场没有全力夺取山东和河北，反而径取山西的重要原因。占领平津后，日军一方面沿着平汉、津浦铁路大举南下；另一方面沿着平绥线向山西方向强力推进，以猛烈攻势先后突破国民党军队的一道道防线，把战火从平、津、冀、察地区烧到晋北，山西已经变成抗日前线。

山西表里山河，地势险要，自古易守难攻。近代以来，为畅

---

① 张正育. 三元凶全画传［M］. 北京：京华出版社，2005：293-294.

② 张正育. 三元凶全画传［M］. 北京：京华出版社，2005：293-294.

通与省外的交通，山西修筑了铁路。山西境内有三条具有战略意义的铁路，分别是正太铁路（正定至太原）、平绥铁路（北京至包头，途经山西大同）和同蒲铁路（大同至运城蒲州镇）。正太铁路和平绥铁路是进入山西的快捷通道，而同蒲铁路则贯穿山西南北，把大同、朔州、忻州、太原、晋中、临汾、运城等地连接在一起。1937年8月下旬，日军先后突破居庸关、攻陷张家口，山西危在旦夕！9月中旬，由平绥线向西南进攻的日军华北方面军占领晋东北广灵、浑源和灵丘等地；关东军察哈尔派遣兵团亦进逼晋北雁门关。9月25日，八路军第一一五师主力在平型关伏击日军，首战告捷，一举歼灭日军1000余人，击毁日军汽车100余辆，缴获一批辎重和武器。平型关大捷是全民族抗战爆发后中国军队主动对日作战取得的第一个重大胜利，打破了日军"不可战胜"的神话，极大地振奋了全国军民的抗战信心，提高了共产党和八路军的声望，许多人由此相信共产党不但坚决抗日，并且有能力战胜敌人。①

1937年10月2日，日军统帅部命令第五师团主力及关东军察哈尔派遣兵团混成旅等部由代县南下，先后攻占崞县、原平，直逼忻口。八路军三个师配合国民党军队组织忻口战役，相继取得了雁门关伏击战、夜袭阳明堡日军机场等胜利。在忻口外围，日军遭到中国军队全力抵抗，双方对阵相抗达半月之久，战事呈胶着状态。忻口久攻不下，日军命令第二十师团迂回西进，由正太路直扑山西东部要地娘子关，增援第五师团。10月26日，娘子关失守；29日，日军占领平定；30日，日军占领阳泉。11月2日，距太原仅80公里的寿阳也失陷。显然，日军意图沿阳泉、

---

① 《中国共产党简史》编写组.中国共产党简史[M].北京：人民出版社，中共党史出版社，2021：79.

寿阳及榆次进军，从南面包围太原。阎锡山遂决定放弃忻口，守卫太原。阎锡山是第二战区司令长官，卫立煌是副司令长官，但两人均不愿承担保卫太原的重任，而是安排傅作义守卫太原。忻口已失，日军从太原南部包抄而来，傅作义所率三十五军根本守不住太原。卫立煌见日军不断增派兵力，认为不可与日军打消耗战，遂命令傅作义撤出太原城，突破日军包围圈。计划中的太原保卫战只持续了数日，仅稍稍延缓了日军进攻步伐而已，为太原群众撤退及部队转移争取了一些时间。1937 年 11 月 7 日，日军占领太谷，解除了护卫太原的东部屏障；次日，日军屠城，残忍杀害太谷无辜群众 320 余人。11 月 8 日，太原沦陷。

随着抗日救亡浪潮不断高涨，重建太谷党组织的时机逐渐成熟。20 年代初期，太谷曾经建立过党组织。当时，铭贤学校学生张惟琛追求进步，向往光明。他以"研究学术，相互切磋，联络感情，服务社会"为宗旨团结了一批进步青年。平时，他们阅读革命书报和刊物，举行集会、宣讲、公演文明戏和话报剧，宣传科学、民主和爱国思想，反对封建军阀以及帝国主义。张惟琛以国民党党员的公开身份组织铭贤学校学生中的先进分子成立马克思主义研究小组，带领大家学习《共产党宣言》《共产主义 ABC》等马列主义书籍和《新青年》《向导》《政治生活》《平民周刊》等报刊。1925 年初，张惟琛趁寒假赴北京探访同学之际，秘密加入中国共产党。返校后，他积极发展进步力量，介绍同学赵品三、郝金和加入中国共产党，组建了中国共产党太谷铭贤学校小组，使之成为晋中地区首个中国共产党基层组织。"五卅惨案"发生后，铭贤学校党小组积极组织学生爱国运动，在铭贤学校成立"沪案后援会"。赵品三等人则带领同学们上街游行示威，散发传单，下乡讲演，揭露帝国主义残杀我国同胞的罪行。1926 年 6 月，铭贤学校党小组发展为中共太谷支部，由张惟琛担任书记。国民革命军北伐之后，张惟琛带领党员宣传新三民主义、国共两党合作，发动群众迎接北伐军队，先后介绍七八十名进步学生加入国民党组织，壮大了国民党左派力量。1927 年，蒋介石发动"四一二"反革命政变后，太谷县国民党右派势力活动猖獗，抢夺党部和学生组织的领导权。根据中共太原党组织指示，张惟琛和赵品三南下武汉寻找党组织。1931 年 1 月，以铭贤学校为依托的太谷支部解体。

"卢沟桥事变"激起全民抗战热潮，以太谷青年学生为主体的各种抗日救国团体相继涌现，为恢复太谷党组织奠定了良好的群众基础。侯维煜以铭贤中学为依托成立中华民族解放先锋队，并担任队长。侯维煜、杜润生等人组织"人民武装自卫队"，组织民众开展军训。李速强组建"妇女救国会"，担任主席，宋立担任副主席。"卢沟桥事变"后，中共地下党员杜任之向阎锡山请缨参与抗战，被阎锡山任命为太谷县县长。1937 年 8 月，在"中华民族解放先锋队"和"牺牲救国同盟会"的旗帜号召下，杜任之、杜润生、侯维煜等人积极开展抗日宣传，建立了"太谷县总动员实施委员会"（简称"动委会"），由杜任之兼任"动委会"主任。"动委会"广泛动员进步青年参加抗日，于是，白瑞西也加入了"动委会"，参与组织抗日宣传、支前慰问等活动。侯维煜前往铭贤学校动员学生参军；宋洁涵等同志动员太谷织布厂工人参军；杜润生、白瑞西等人前往范村、小常村等地动员农民参军；范文彩、吕东滨、李斯宁则在小白一带动员农民参军，并收编了一些散兵游勇。在短时间内，这批青年学生就组建起一支 200 余人的太谷人民抗日自卫队。杜任之任太谷人民抗日自卫队队长，杜润生任指导员。

天津沦陷后，中共中央北方局从天津转移到太原。时任北方局负责人刘少奇要求，在山西建立各级党组织，动员群众参加抗日救国活动，组织抗日武装。自大革命失败后，太谷党组织一直未能恢复。1937 年 8 月，中共山西省工委在太谷建立晋中特别委员会（又称同蒲特委），负责同蒲铁路沿线的榆次、太谷、祁县、平遥、介休等五县的建党和党组织整顿工作。9 月，中共晋中特委书记裴孟飞①在太谷无边寺（位于城西南隅）召开会议，宣布组建中共太谷县委，隶属中共晋中（同蒲）特委领导；任命武光大（又名武耀奎）担任县委书记，郭今吾担任组织委员，朱立担任宣传委员。大约一个月后，中共山西省工委副书记兼北方局组织部部长林枫也来到太谷，指导组建了另一个太谷县委，安排北平地下党出身的侯维煜担任县委书记，宋洁涵担任组织委员，李践为担任宣传委员，县委隶属中共晋中特委领导。一时间，太谷出现了两个县委。这是因为在革命战争年代，为避免敌人破坏党组织，党的组织工作通常采取单线联系，组织交流与沟通不够充分，所以出现了两个县委的局面。这种情况并非孤例，这个时期山西晋城地区还同时出现过两个"晋豫特委"。根据中共中央的战略决策，中共北方局于 10 月中旬调整华北各地党的领导机构，组建中共晋察冀省委、中共晋西北省委、中共冀豫晋省委，同时将中共山西工委改组为中共山西省委，并转至晋西南地区。新组建和改组的四个省委不久便成为山西敌后抗战的领导核心。中共冀豫晋省委（简称冀豫晋省委）统一领导以太行山脉为依托的河北、河南、山西接壤地区党的工作。李菁玉担任冀豫晋省委书记，李雪峰担任组织部部长。按照中共北方局指示，冀豫晋省委随一二九师师部活动，对外称"一二九师编辑部"，共同肩负起创

---

① 裴孟飞（1908—1972），山西灵石人。成立中共冀豫晋省委后，裴孟飞调任长治特委书记；次年 3 月，任中共冀豫晋省委晋豫特委书记，稍后晋豫特委调整为晋东南特委，裴任晋东南特委书记；1938 年 9 月至 1939 年 4 月任中共晋冀豫区太南特委书记；1939 年 4 月至 1940 年 1 月任中共晋冀豫区太南地委书记。

建晋冀豫根据地的任务。

1937年10月下旬，中共北方局指示成立新的晋中特别委员会。根据北方局关于组建中共晋中特委的意见，中共正太特委、中共正太沿线特委、中共阳泉矿区党委和中共正太铁路工委合并，由原正太铁路工委书记陶希晋出任晋中特委书记。不久后，李雪峰接任中共冀豫晋省委书记。为理顺太谷党组织关系，调动同志们的工作积极性，冀豫晋省委亟须妥善解决两个太谷县委的问题。考虑到侯维煜是太谷人民抗日自卫队的早期组织者，省委与特委商议后决定由侯维煜主持太谷县委工作。为团结党员，李雪峰、徐子荣、陶希晋等人专门赴太谷，动员武光大改做政权建设工作。通过这样的调整，成功解决了两个太谷县委的问题，达到了团结抗日的目的。以侯维煜为首的新县委根据太谷抗战形势确定了四项工作任务。一是要广泛、深入宣传抗日救国主张；二是要动员一切人力、物力、财力支援抗战，中心是动员参军；三是建立工农青妇抗日群众团体；四是发展党员，建立党组织。自此，中共太谷县委成为领导太谷敌后抗战的坚实核心。

抗日战争时期，太谷军民不仅要坚持敌后抗战，而且还要维持与阎锡山的关系，对阎锡山顽固派实行既联合又斗争的策略。1937年10月，阎锡山已预感到山西局势不妙。出于战备考虑，将山西划分为七个行政区，太谷隶属第三行政区。10月底，阎锡山获知杜任之有共党嫌疑，遂将其调离太谷。太谷沦陷前夕，阎锡山任命的县长卷款而逃，县政府随之溃散。1937年底，中国共产党领导的太谷抗日民主县政府在东山郝家庄成立，由武光大担任县长。1938年2月，阎锡山增设第八、第九行政区。1938年9月，为争取其积极抗日，中共党组织将太谷抗日民主县政府政权移交阎锡山，并划归至第八行政区。1938年底，誓言"守土抗战"的阎锡山却率领其统辖的第二战区司令部西渡黄河，迁入陕西宜川县秋林镇。1939 年 12 月，"晋西事变"发生后，其治下的太谷县政权再度倒台。中共太谷县委重建太谷抗日民主县政府，由王秉天担任县长。

"卢沟桥事变"让白瑞西深刻意识到，若不改变落后腐败的社会，教育报国就是空想。同蒲铁路太谷站位于太谷县城西门外，白瑞西返乡后，每天都能在太谷火车站看到一批批逃难群众向晋南奔去。此时，太谷城内一群以青年学生为主的抗日志士逐渐聚集起来，其中有平津高校大学生、东北流亡学生、太谷铭贤中学的进步青年以及本县的小学教员。国难当头，白瑞西与昔日同学在太谷再次重逢，这次他毫不犹豫地与同学们一起投入到抗日救亡的洪流之中。宋洁涵、李践为、韩永赞、李默秋、吕东滨、王大任等人在太谷创办了《太谷星期报》。白瑞西发挥己之所长，主动请缨到《太谷星期报》担任编辑。在激昂的抗日救亡歌声中，白瑞西实现了从学生到革命战士的人生转折。

七　投笔从戎干革命

　　为提升太谷人民抗日自卫队的作战能力，太谷县县长杜任之邀请八路军派教官来帮助训练。八路军驻太原办事处选派黄文华（又名黄骅）、蒋克诚赴太谷指导自卫队训练。黄文华在太谷县城西门外营盘里组织了一次为期两周的军事训练，教授游击战术、单兵动作等；他还带领队伍去太谷城南凤凰山进行了几次军事演习。训练结束后，自卫队给每个参训人员布置了壮大武装力量的任务，要求每个学员发展几名自卫队员。县城的学生、教师也分头去各区组织武装力量，一旦形势需要，队伍就要准备集结作战。黄文华同志在太谷工作了大约一个月，10月上旬他奉调回省。1937年10月，杜任之在太原八路军办事处面见周恩来，汇报太谷抗日工作，周恩来称赞太谷为"动员民众抗日模范县"。1937年10月中旬，八路军一二九师首任政委张浩①路经太谷。张浩受周恩来委托，专程进城看望杜任之，了解太谷抗日游击队伍的组织训练情况。得知自卫队军事教练空缺，张浩答应立即派驻游击战教官。10月23日，一二九师政治部选派秦基伟、何幼卿等到

－－－－－－－－－－

　　① 张浩（1897—1942），原名林育英，湖北黄冈人。1922年加入中国共产党。1942年病逝，毛泽东亲自为其扶棺。

太谷，组织训练太谷人民抗日自卫队。[①]10 月底，杜任之帮助共产党组建抗日队伍一事被告发，阎锡山遂将其调离太谷，委派刘钰担任县长。离开太谷前，杜任之将自卫队事务交付给秦基伟、杜润生。

1937 年 10 月底，太谷局势十分严峻。新上任不久的县长刘钰竟然于 11 月 5 日携款潜逃，县政府随之溃散，城内人心大乱。与此同时，国民党十三军溃退至太谷，城内居民纷纷出城躲避，社会秩序崩溃。太谷沦陷前的几天，社会治安主要由"动委会"和牺盟会等组织负责维持。另一方面，秦基伟加紧训练太谷人民抗日自卫队，并着手整编队伍。鉴于此，县委决定将集中起来的群众武装改编成太谷县人民抗日游击支队。县委要求游击队在维持社会秩序的同时，也要做好上山打游击的准备。

筹措武器装备是游击队的当务之急。此前不久，郭今吾、白鸿模等人参加省牺盟会大会，领取了十支冲锋机枪和一批弹药，他们将这批枪支弹药交给了抗日游击队。日军进攻太谷前夕，县公安局和商会仓皇逃窜时留下十余支枪，太谷人民抗日游击队接管了这些枪支。10 月 31 日，李斯宁等同志以县动委会名义到铭贤学校交涉，借到 70 余支教育专用枪械。后来，又有同志从北洸村曹家、青龙寨收集到二三十支枪。尽管这些枪械制式不一，但总算能够武装大部分队员。同时，游击队还从差役局收缴了 10 车军衣、军鞋，从县政府搜集到 2000 元余资，这些财物初步缓解了游击队的基本需要。抢在太谷沦陷前，游击队分头用大车将行李、辎重等物资拉到城外。中共太谷县委指示，立即集结队伍，做好武装斗争准备。自卫队负责人分头通知四乡队员，以太谷城外无边寺（白塔寺）作为集结地点。11 月 6 日夜，队伍集结完毕，

---

① 太谷县志编纂委员会. 太谷县志（上）［M］. 北京：中华书局，2015：23.

经太谷县城南门向南山进发。7 日拂晓，部队到达惠安村，稍事休息后向东峪村开拔。队伍在东峪村休息了大半天，等待四乡农民自卫队陆续抵达。队伍翻山越岭，经过石家庄、东固庄，宿营榆社县官寨。途中，收编国民党散兵一百人左右。第三天，支队继续南进，过榆社县白村，最后驻防在榆社县城附近的峡口。

1937 年 11 月 6 日，白瑞西接到命令，要随太谷游击队撤出县城。此时一别，不知何时再见。白瑞西的哥哥尚在外地教书，母亲身边没有子女照料。离开太谷之前，白瑞西决定回家与母亲告别。听完白瑞西讲述抗日救亡形势后，白母非但没有劝阻，反而积极支持他的选择。阳邑村附近有一座简易机场。太谷沦陷后，日军必然会进驻机场，整肃周边地区治安。因此，白瑞西劝母亲暂时离开，进山避难。然而，母亲难舍故土，拒绝转移。离别之际，母亲从柜子里翻出一个布包交给白瑞西，告诉他里面有两块银圆。这是母亲多年省吃俭用积攒下来的零用钱，银圆因氧化已经发黑。白瑞西坚辞不受，直到母亲生气，白瑞西才不得不收下。道别后，白瑞西火速奔赴东峪村与游击队会合。在后来的行军过程中，即使白瑞西再急需用钱，也舍不得花掉母亲给予的这两块银圆。1938 年，白母到山区躲避日寇扫荡，母子才再次相见，白瑞西将这两块银圆又还给了母亲。

虽然太原会战以中国军队失利而告终，然而战争却并未因此结束，一个全新的抗战形态开始登上战争舞台，这就是中国共产党领导的华北敌后游击战。太谷人民抗日游击队是中国共产党领导敌后抗日武装斗争的真实写照。在撤离太谷的过程中，太谷人民抗日游击队发展成一支拥有近 300 人的队伍。县委书记侯维煜担任游击队政治委员、杜润生担任支队长、秦基伟担任指挥长。白瑞西投笔从戎，加入敌后抗日武装，担任太谷人民抗日游击队参谋。全支队下设三个大队，每个大队又设两个中队，另有一个特务大队。支队部和各大队都建立了党组织，县委书记、各大队指导员分别兼任总支书记、支部书记。后来，游击队在东山扩编，增设第四大队。

太谷人民抗日游击队伍序列表（1937 年 11 月）[1]

政治委员：侯维煜

支队长：杜润生

指挥长：秦基伟

秘书长：徐平[2]

参谋：白瑞西，胡景云

经理部：武光大（主任），姚国桐（副主任）

（经理部主管军需和后勤）

民运工作队：阴杰，高岱之，郭今吾，王雪松，刘韵，同玉一，翟英，石紫千，张万椿，王秉天

一大队：吴德凯（队长），贾定钰（副队长），宋洁涵（指导员）

下辖两个中队，中队长分别是畅泉、王大任

二大队：韩永赞（队长），蒋克诚（副队长），李武英（指导员）

下辖两个中队，中队长分别是李世隆、许志奋

三大队：李斯宁（队长），何幼卿（副队长），吕东滨（指导员）

下辖两个中队，中队长分别是吉庆、范文彩

四大队：李默秋（队长），孟嘉宾（副队长），许志奋（指导员）

---

① 晋中市太谷区史志研究室. 太谷抗战史录［N］. 太谷报，2023-12-06（04）.

② 徐平（1913—1982），原名张崇森，又名张巨卿，山西介休人。青年时积极参加北平学生一二九运动和抗日救亡活动，1937 年 9 月加入中国共产党。先后担任晋冀特委机关报《胜利报》编辑，新华社晋冀豫分社副社长，《晋冀豫日报》副总编辑，晋冀鲁豫边区高等法院司法行政处长、秘书主任等职。新中国成立后，历任国家司法部党组成员、中央法制委员会委员，最高人民法院研究室主任、办公厅副主任等职。

特务大队：邢情魁（队长），王立忠（副队长），李启唐（指导员）

驻防榆社县峡口期间，太谷抗日游击支队再次进行整编。秦基伟改任支队长、陈德发担任副支队长、杜润生改任秘书长、侯维煜仍担任政委，武光大担任副官长。由于游击队组建时间不长，缺乏相应的军事训练，尚未形成战斗力，主要协助一二九师完成作战任务。白晋公路是日军交通运输线，一二九师安排太谷抗日游击支队主要承担太谷周边地区的破路任务。太谷抗日游击支队在祁县子洪口、武乡县分水岭等地开展"破路"斗争，采取挖公路、垒石头、炸路桥等手段毁坏日军交通线，有力地打击日军嚣张气焰，巧妙地保存自身有生力量。在一次破路行动后，游击支队巧遇路过峡口的八路军总部和一一五师指挥机构。朱德总司令热情接见游击队全体人员，朱总司令和肖华同志分别给支队讲话，详细讲述了平型关大捷和广阳战斗的经过，战士们听得精神振奋、群情激昂。朱总司令的讲话极大地鼓舞了全体队员，坚定了大家与日寇斗争到底的革命意志。临别时，他们还向游击队赠送了战利品。后来，白瑞西回忆道，这是他第一次见到中国共产党的高层领导——朱总司令，也是第一次看到八路军主力，还第一次亲眼见到日军俘虏，这次经历进一步印证了中国共产党是领导抗日战争的脊梁，抗战必胜。

开展敌后战争，必须建设一支有战斗力的游击队伍。1937年10月中旬，一二九师刚挺进太行山时就与当地中共党组织建立联系，协同地方党组织在太谷、榆次、寿阳、平定、阳泉、昔阳、和顺等县发动群众，组织抗日游击队伍。1937年11月11日，八路军总部在和顺县石拐镇召开重要会议，史称"石拐会议"。会议传达中共中央和毛泽东的指示，创建以太行、太岳山脉为依托的晋冀豫边区抗日根据地，明确八路军下一步行动方针与部署。

会议还讨论了太原失守后的抗战形势，具体部署了八路军三大主力的任务，提出要发动群众、开展游击战争和建立根据地的目标。刘少奇领导的北方局也提出，地方党组织要配合八路军行动，"要把八缚岭变成华北抗战的井冈山"。①会上，刘伯承代表一二九师军政委员会宣布，"全师化整为零，分散到各地活动，每个团的各个营都抽出一个连，组成工作团或游击支队，到指定地点同党的地方组织、游击队一起工作"②。一二九师政委张浩做专题报告，部署军区建设工作，具体安排太行山游击战争任务。会后，师部命令各团进至平汉、正太两路沿线，开展游击战争；另外，还抽调大批干部和连队组成工作团和游击队，分散到晋冀豫地区。这次会议是创建太行抗日根据地的战略部署，起到了发动群众、组织群众、武装群众的作用。刘伯承后来指出，石拐会议其实是一二九师的第一次战略展开。"石拐会议"不仅在一二九师发展史上具有重要意义，而且在整个八路军的发展过程中具有历史意义。

　　时值初冬，天气渐渐寒冷。按照组织要求，游击队在11月下旬从峡口转移到和顺县仪城、石拐、翟家庄一带。石拐是一二九师师部所在地，徐向前副师长亲自接见游击队，并指出，要提升游击队战斗力，就必须整编队伍。根据一二九师部署，太谷人民抗日游击队、赖际发率领的榆次纱厂工人游击队，以及陶希晋领导的正太工人游击队合编为晋冀豫抗日义勇军第一纵队（对内称独立支队，对外称"秦赖支队"）；平定游击支队列为一大队，榆次游击支队列为二大队，太谷游击支队列为三大队；秦基伟担任纵队司令员，赖际发担任政委。整编完成后，徐向前

① 八缚岭，又称八赋岭，俗称"八伏岭"，绵延于榆次、太谷、榆社、和顺边界处，地势险峻。
② 张文杰，郭辉. 八路军抗战实录［M］. 北京：人民出版社会，2005：165.

副师长给纵队全体指战员讲话，号召各县抗日武装打回老家去，开辟山区抗日根据地。秦赖支队是八路军一二九师在太行山成立的第一支游击队，领导晋东各县游击武装力量。12月初，杜润生和侯维煜带领太谷游击支队离开和顺石拐，翻过八缚岭，路经焦红寺（榆社县）、官上（榆社县）、路家庄（太谷县）回到太谷。游击支队在太谷东山一带，开辟抗日根据地，游击支队队部先后在郭堡、蚍蜉村、郝家庄、王公村等地驻扎。

太谷游击支队下设三个中队。一中队进驻范村，活动于布袋庄、段村、冀村、阎村一带；二中队屯扎北边（榆次方向），活动于石亩一带；三中队扼守南山，活动于东里、小白、回马一带。各中队的主要任务是建立和巩固太谷山区革命根据地，扩大抗日武装。太谷游击支队经常骚扰敌人，破坏敌人战备物资；有时趁敌不备，袭击敌人。为保障八路军和根据地给养，游击队员们广泛开展惩治汉奸的活动，积极为八路军筹集粮款、军火武器、被服物资、医药用品等。游击队先后从北洸曹家、上庄王家、东里乔家、任村贾家等富户手中借到一批枪支弹药、粮食、布匹等日用品。这些物资不仅维持了太谷县抗日根据地军民的生活，而且保障了一二九师的后勤供应。随着敌后根据地日渐巩固，许多农村青年踊跃报名参加游击队，太谷游击支队规模日渐壮大。在日军对晋东南发动第一次"九路围攻"前夕，太谷游击队又成立了五中队，此时，太谷游击队总兵力达六百多人。

为巩固敌后根据地，太谷军民创造性地发明了"麻雀战"战术。1937年11月26日，日军700余人进攻太谷范村。面对强敌，八路军一二九师七七一团一连将战士分成几十个小组，在10多里的战线上和日军玩"躲猫猫"。经过半天作战，日军损失近百人，却连八路军的人影儿也未能看到。日军撤离后，八路军集合后发现，无一人伤亡，而且还成功摧毁了一辆日军汽车。听完战果汇报，刘伯承师长认为这种作战形式与麻雀的活动很相似，高兴地说："这黄蜂虽小，威力却很大。"[1] 随后，刘伯承在《两年来华北游击战争经验教训的初步整理》一文中，将这种"遍地撒开，灵活机动，神出鬼没，到处给日寇以袭扰、牵制和消耗、打击"[2] 的战术总结为麻雀阵打法，并为这次战斗起了一个形象生动的名字，称之为"麻雀战"。因此，太谷范村"麻雀战"成为八路军军史上的著名战例之一。

图7-1　太谷范村麻雀战红色教育基地

1937年12月22日，日本侵略军为保障其后方和交通线的安全，巩固占领区，遂调集步骑兵五千余人，从山西太谷、榆次、寿阳、阳泉、平定、昔阳等地出发，分六路围攻在寿阳东南地区活动的八路军，史称"晋中反六路围攻战役"。八路军一二九师七七二团在内线与敌周旋，七六九团、秦赖支队、汪乃贵支队等部在外线袭扰和钳制敌人，先后在里思、松塔及南北军城等地打击进犯之敌。在八路军内、外线部队的打击下，日军被迫于26日撤退。此役毙伤敌七百余人，挫败了日军围攻，为建立晋冀豫边根据地

---

① 李达. 抗日战争中的八路军一二九师［M］. 北京：人民出版社，1985：51.

② 李达. 抗日战争中的八路军一二九师［M］. 北京：人民出版社，1985：51.

创造了条件。^① 这是开创晋冀豫根据地初期，首次取得粉碎敌人围攻的胜利，极大地鼓舞了根据地军民的抗日信心，对于坚持敌后游击战争、推进抗日敌后根据地建设具有重要意义。

晋冀豫边区抗日斗争迅猛开展，对华北日军构成严重威胁。1938年4月初，日本侵略军为解除其后方威胁，发动了第一次"九路围攻"。日军集中三万余人的兵力，自同蒲铁路线上的榆次、太谷、洪洞，平汉铁路线上的邢台，正太铁路线上的平定，邯长大道上的涉县、长治和临屯公路上的屯留等地分九路围攻晋东南地区的八路军及其他抗日武装。八路军总指挥部决定采取集中主要兵力击破日军一路，以一部兵力钳制其他各路日军的作战方针。经过十几天的战斗，除三路日军深入晋东南根据地外，其余各路均被阻止。4月16日，八路军一二九师主力抓住战机，转入内线，在武乡以东长乐村地区歼灭日军两千二百余人，各路日军闻讯后纷纷回撤。至4月27日，八路军彻底粉碎日军围攻，共歼敌四千余人，缴获大量军用物资，收复县城十八座，巩固和扩大了晋东南抗日根据地。^② 此次战役不仅打破了日军企图用分进合击的战术驱逐或消灭晋东南八路军的计划，而且提高了共产党和八路军的威望，更加坚定了人民群众的抗战信心，巩固了晋冀豫抗日根据地，为八路军向冀南、豫北平原发展创造了条件。

粉碎日军"九路围攻"，使晋冀豫地区出现了相对稳定的局势。晋冀豫抗日根据地西起同蒲铁路、东至平汉铁路、北界正太铁路、南临黄河北岸。这片地区高山连绵，地势险峻，向东可直下冀鲁豫平原，是华北战略要地。1938年4月，晋冀豫军区成立，对外称一二九师后方司令部，拥有基干武装两万人。倪志亮担任

---

① 邓小平. 邓小平文选（第一卷）［M］. 北京：人民出版社，1994：353.
② 邓小平. 邓小平文选（第一卷）［M］. 北京：人民出版社，1994：353.

晋冀豫军区司令员，黄镇担任政委。下设五个军分区，晋中地区（秦赖支队）为第一军分区；晋冀地区（八路军游击队）为第二军分区；冀豫地区（先遣支队）为第三军分区；榆社、武乡、黎城、襄垣地区（谢家庆、张国传大队）为第四军分区；太南地区（赵涂支队）为第五军分区。此后，由秦赖支队领导的太谷游击支队被改编为野战部队。

八　敌后抗战反扫荡

　　太谷沦陷前夕，阎锡山领导的太谷县政府早已鸟兽散。日寇践踏太谷，生灵涂炭，人心涣散。根据毛泽东同志提出的抗战战略，游击队不仅是单纯地作战，还要创建根据地，建立人民政权。因此，根据地亟须开展基层建党、建政、建立群众组织的工作。石拐会议后，一二九师政治部抽调部队骨干组成工作团，深入晋东南各地，与地方党组织同志分散到各村，发动群众，先后建立了青救会、妇救会、农会、儿童团等群众组织，随后又建立村政权，在一些较大的村子还建立了党支部。太谷沦陷后，太谷县委栖身于太谷牺盟会。太谷县委通过减租减息发动群众，宣传抗日斗争，筹备建立太谷抗日政府。太谷县委选派干部，逐村建立工农青妇等群众团体，即便是闭塞的山区群众也接收到了抗日宣传。在太谷平川游击区，秘密地建立区、村抗日政权和群众组织。在各村普遍建政的基础上，太谷县委决定成立敌后抗日县政权。

　　1937 年 12 月 12 日，在郝家庄（政府成立后迁南峪，后迁至石堡寨）召开太谷县抗日民主政府成立大会。来自太谷八十余村的代表，选举武光大为县长。县委书记侯维煜指派郭今吾担任县政府党代表，并在成立大会上宣读中国共产党抗日救国十大纲领。

县政府内设锄奸部、物资部、教育部、建设部、总务处。申一山担任县政府秘书，郭今吾担任锄奸部部长，靳介清担任物资部部长，李晋唐担任建设部部长，阴杰负责总务处。根据组织安排，白瑞西出任抗日民主县政府教育部长。在困难重重的敌后抗战环境中，中国共产党领导建立了太谷游击队、太谷县政府。全新的抗日气象让白瑞西认识到，只有共产党才能救中国。在半年的敌后抗日游击战争中，白瑞西全身心地投入工作，逐渐树立起自己的共产主义信仰。杜润生、王雪松作为白瑞西的入党介绍人，向党组织如实汇报了白瑞西的入党动机、政治觉悟、道德品质、工作经历、现实表现等情况。经过半年考验，白瑞西于1938年1月10日正式加入中国共产党，成为一名中共正式党员（抗战期间，党员发展无预备期）。白瑞西后来回忆道，"这是我从民族觉悟到阶级觉悟，从思想上到组织上变化的一次飞跃，也是我人生道路上的一次飞跃。"

1938年2月，太谷县抗日民主政府改部为科，并增设警卫大队。白瑞西被任命为县政府教育科长。县政府根据抗战形势将太谷根据地划分为四个区，组织选举各区区长，配备各区指导员。其中，第一区设在塔寺，胡大昌担任区长，高岱之担任指导员；第二区设在北曲河，田梦雄担任区长，贾林放同志担任指导员；第三区设在东庄，袁国梁担任区长，王秉田担任指导员；第四区设在南山，区长为杨保恒，李武英担任指导员，后由石紫千接任。各区还整顿了根据地各村级政权。建立政权的同时，太谷县还健全了县牺盟会和各救会组织。这样，太谷抗日政权从上到下逐渐完善，成为太谷人民抗日斗争的领导中心。1938年9月，为推动抗日民族统一战线发展，争取阎锡山继续抗日，共产党将太谷、榆次、祁县等三个抗日县政府的领导权移交给阎锡山的第八行政专员公署。第八行政专员公署派乔季五接管政权，并担任县长，抗日县政府改称联合政府，设5科1处。根据太谷县委与乔季五达成的协议，除安排乔季五带来的少量干部外，原县政府干部基本保持不变。根据县委指示，白瑞西继续留在县政府工作。同月，太谷牺牲救国同盟会与公道团合并，称"牺公会"，武光大改任牺公会会长。1939年春，决死队一纵队补充营正式建立，武光大担任营长，下辖太谷一连、榆次二连、祁县三连。这段时间，斗争形势对我们有利，日寇龟缩在县城和少数几个据点，出扰时间很少。党组织利用这一时机，积极加强游击区群众动员工作，开展武装斗争。1939年12月，"晋西事变"爆发，联合政府解散。阎锡山的第八专署接管太谷县政府期间，党通过牺盟会等群众组织发挥领导作用。1940年初，太谷县委在枫子岭村重建太谷县抗日民主政府，王秉天担任县长。直到1948年太谷全境解放期间，太谷民主政府一直由中国共产党领导。县政府先后驻郝家庄、蚍蜉、香林、石堡寨、郭堡、枫子岭、胡家坪等地，1940年县政府移驻南庄。抗日战争期间，太谷人民在中国共产党的领导下，进行了艰苦卓绝的斗争，付出了重大牺牲，取得了伟大的胜利。

太谷游击支队改编为八路军一二九师野战部队之后，太谷亟需再次组建武装力量。1938年5月，太谷抗日根据地组建牺盟太谷游击支队。这支队伍拥有战士300余人，由吴德凯担任支队长，李武英担任政治部主任。牺盟太谷游击支队仍由党领导，主要协助八路军主力反"围剿"，打击溃兵，惩治汉奸，发挥了稳定根据地、安定人心的作用。共产党的军队纪律严明、态度和气、官兵不分，与国民党军队的粗野蛮横形成鲜明对比。他们每到一地，就向群众散发宣传品，宣传抗日救国十大纲领。这样的党、这样的军队，在中国历史上是破天荒第一次出现，深深地影响了当时的一大批热血青年。人民抗日热情不断高涨，热血青年积极参加敌后抗战队伍，抗日根据地随之扩大。

战时教育是动员群众支持战争、大批培养干部、提高军民思想意识和文化水平的重要武器。太行山根据地的教育工作首先是开展干部教育。共产党、八路军进入太行山开辟根据地时，面临的首要问题是干部严重缺乏。1938 年 3 月，在建立太行山根据地会议上，中共冀豫晋省委把根据地教育工作提上党的工作日程，提出要用各种方式开展成人教育与社会教育。同年 6 月，在省委召开的工作会议上，分析了粉碎日军九路围攻后根据地内出现的新形势，省委强调要尽快恢复建立小学教育，开展社会义务教育，加强干部教育等工作。会后，省委于 8 月在屯留县寺底村办起了党校（对外称"抗日政治学校"），分高、中、初三个班，集中培训轮训区以上党员干部。党校还开办了政工、交通、记者、木刻、绘画等附属班，培训党务宣传干部。不久，又办起了民族革命中学、抗日军政干部学校等，为根据地输送急需的抗日干部。白瑞西在太谷县政府担任教育科长期间，大力恢复平川地区的小学教育，不仅稳定了群众情绪，而且还借此掩护地方干部开展工作。到 1939 年 7 月，太谷小学教育基本恢复到战前水平。白瑞西动员各方力量，组织识字班、成立救亡室、建立抗日俱乐部，开展抗日宣传教育。

图 8-1　1938 年白瑞西留影

　　另外，白瑞西还开办了政治学校，集中培训区、村干部。乔季五接管县政权后，阎锡山派来的保安十五团蓄意制造摩擦，消极抗日。遵照中共晋中特委指示，太谷县委坚持独立自主和统一战线方针，对阎锡山势力开展有理有节的斗争，以斗争求团结。太谷县委迅速转移工作重点，着力培养干部。白瑞西赴太谷东曲河，举办了为期半个月的县区干部训练班，培养和组织有志之士及进步青年参加抗日工作。

　　1939 年 5 月，日寇以五路兵力向太谷抗日根据地发动大规模"扫荡"。太谷县委书记阴杰等党员干部亲自带领民兵，配合八路军一二九师三八六旅七七一团，拔掉日军设在黄卦村的据点。反扫荡期间，白瑞西和另外三位同志外出办事，傍晚时分被日军围困在一个山坳里。山头放哨的日军发现了他们，但由于无法确定他们的人数，敌人不敢贸然下山，只是胡乱放枪。仅白瑞西带有一支卡宾枪，而其他三人均赤手空拳，如果他们硬冲突围，恐怕会惊动附近宿营的敌人。因此，他们一直坚持到天黑，最后趁着夜幕，下到山沟，沿小溪逆水而上，在水流声的掩护下走出了日寇临时驻扎的宿营地。

九 负枪握笔办报纸

革命战争年代，由于对敌斗争和抗日根据地建设需要，中共太谷县委隶属机关屡次变更。1938 年 5 月，为适应战争环境、便于领导，中共冀豫晋省委决定实行大特委制度，将中共晋中特委、中共冀晋特委、中共晋东特委合并为中共晋冀特委。因此，原属中共晋中特委领导的中共太谷县委改隶中共晋冀特委。1938 年 8 月 19 日，中共北方局根据 8 月 1 日中共中央发出的《关于改变敌后党的领导机关的通知》，决定将中共冀豫晋省委改称中共晋冀豫区委。1939 年 2 月，中共晋冀豫区委决定撤销中共晋冀特委，分别成立中共晋东特委和中共冀西特委。因此，中共太谷县委改隶中共晋东特委。两个月后，中共晋东特委改称中共晋东地委。①为加强新闻宣传工作，1939 年 6 月，中共晋东地委决定将白瑞西从太谷调至地委宣传部，担任晋东地委机关报《胜利报》编辑。在太行抗日根据地，白瑞西先后担任《胜利报》《晋冀豫日报》报社编委、责任编辑、支部书记。在艰苦卓绝的游击战争环境中，白瑞西一手负枪、一手握笔，坚持出报，宣传抗日精神，揭露敌

---

① 太谷县志编纂委员会. 太谷县志（中）［M］. 北京：中华书局，2015：1099.

人阴谋，为太行敌后抗战做出了积极贡献。

白瑞西到晋东地委报到后不久，日军便发动第二次"九路围攻"。1939年7月5日，日军占领武乡、沁县，打通白晋路，将山西晋东南分割为两块。随后，日军又打通邯长路，将太行分割为太南、太北两部。日军集中约十四万人，对太行抗日根据地实施"囚笼政策"。此后，我党成立太行、太岳两个战略区。中共晋东地委管辖的范围包括平（定）西、昔（阳）西、和（顺）西、寿阳、榆次、太谷、榆社、辽西、祁县等十个县。（1940年1月，晋东地委改称晋冀豫一地委；1941年1月，改称晋冀豫二地委；1943年10月，因中共晋冀豫区党委改为中共太行区党委，故更名为太行二地委；1945年8月，按照太行行署行政区划，再次调整太行区党委。①）敌人对榆次、太谷的平川地区采取怀柔政策，对和顺、昔阳、平定采取屠杀政策。各县皆是半壁河山，敌占城、我占乡，敌占川、我占山。城镇和交通要道均被日寇控制，敌后武装只能行走羊肠小道，集聚山沟荒岭。地委机关驻扎在山沟中，根据敌情随时进行游击战。地委机关先后在和西的横岭、翟家庄、广武和榆社的曲里等地活动。每当敌人扫荡，白瑞西等晋东地委同志就与敌人在山沟中"捉迷藏"、打游击。八路军总部指挥一二九师、一一五师三四四旅、决死第一、第三纵队和晋豫边游击支队反击日军"九路围攻"，他们利用太行境内千沟万壑的险要地势，与敌人英勇作战。三个多月歼敌万余，迫使敌人放弃已经占领的十多座县城。11月初，成功粉碎了日寇的第二次"九路围攻"。

---

① 张宏伟. 太行区党委、政权、军区以及群众组织的组织机构情况［A］// 太行区党委史［M/OL］.（2020-08-07）. 太行英雄网，http://taihangsummit.com/%E5%A4%AA%E8%A1%8C%E5%8C%BA%E5%85%9A%E5%A7%94%E3%80%81%E6%94%BF%E6%9D%83%E3%80%81%E5%86%9B%E5%8C%BA%E4%BB%A5%E5%8F%8A%E7%BE%A4%E4%BC%97%E7%BB%84%E7%BB%87%E7%9A%84%E7%BB%84%E7%BB%87%E6%9C%BA%E6%9E%84-2/.

1939 年 12 月，组织选派白瑞西到晋冀豫区党委党校学习。在此期间，阎锡山掀起山西反共高潮，国民党顽固势力频繁制造摩擦，挑起事端，意欲从我党领导的抗日军民手中抢夺他们丢失给日本侵略者的地盘。为与阎锡山等顽固势力作斗争，进一步巩固和发展根据地，晋冀豫区委决定在实际斗争中培养干部。在党校学习期间，白瑞西一方面随党校机关在斗争中转移；一方面深入学习党的抗日政策纲领，提升政治理论素养，加强党性教育。1940 年 2 月，白瑞西结束党校培训，返回报社。

为发挥革命知识分子在根据地建设中的作用，晋冀豫区委采取多种形式锻炼干部。1940 年 4 月，时任中共北方局书记的杨尚昆同志在山西黎城召开高级干部会议，第一次将根据地的教育工作概括为干部教育、社会教育和学校教育三大类，要求各级党委重视战时教育工作，加强党对教育的领导，落实教育发展措施。1939 年春，晋冀豫抗日根据地成立了工、青、妇、农等全区性的群众团体。为加强工人教育，发动工人参加抗日斗争，1940 年 6 月晋东南总工会主任杨珏①调派白瑞西代理工会宣传部部长。为提高基层工人干部的文化水平，白瑞西组织编写工人课本，举办了两期县工会负责人短训班，掀起晋东南工人教育运动高潮。虽然白瑞西借调晋东南总工会的时间不长，但他对工人运动有了更深入的了解，培养了实际工作能力，发挥了知识分子的"先锋作用"和"桥梁作用"。在实际工作中，白瑞西也深刻体验到抗日战争的艰巨性与长期性。1940 年 8 月，百团大战打响，晋东南总工会宣传教育工作告一段落。1940 年 9 月，白瑞西回报社继续从事编

<hr />

① 杨珏（1915—2007），山西乡宁人，中共党员。1939 年 2 月，当选为晋东南总工会主任，任期至 1941 年 9 月。后任太行区党委宣传部副部长，安阳地委书记。新中国成立后，历任河南省委副书记，国家经济委员会副主任，国家林业总局副局长，林业部副部长，国务院农村发展研究中心副主任等职。

辑工作。

《胜利报》创办于 1938 年 4 月，是太行抗日根据地发行的第一份报纸。1938 年 4 月初，日军对晋东南发动第一次大规模扫荡，后来被称为"第一次九路围攻"。此时，国民党中央军主力部队节节败退，绝大部分已撤到黄河以南，然而八路军领导的武装力量却在敌后坚持斗争。八路军总部由晋东北五台山地区转移到晋东南地区和顺县、武乡县一带。一一五师大部和一二九师，以及一二九师所属秦赖支队、牺盟会领导的新军五个决死纵队，基本分散在晋东南地区。面对日军的强大攻势，"亡国论"思潮有所抬头。中央号召，华北抗日根据地要加强宣传工作，报道抗战业绩，鼓舞军民士气。为宣传中国共产党的抗战政策，1938 年 4 月下旬，中共冀晋特委抽调 10 多人，在和顺县园街村组建成立《胜利报》编辑部，张玉麟（即张大英）担任社长，安岗① 担任编辑部主任。1938 年 5 月 1 日，《胜利报》正式出刊。初创时期，《胜利报》为四开两版，单面印刷，每期印量 3000 份。虽然《胜利报》是中共晋冀特委机关报，但办报条件十分简陋。根据地纸张奇缺，报纸用纸通常为麻纸或黄表纸，有时也使用单光纸。报纸起初为油印，后来才改为石印。在战斗转移过程中，由于条件所限，报纸也经常以油印方式出刊。

此外，报社附设"胜利书刊编辑部"，该编辑部成立于 1938 年 9 月。胜利书刊编辑部除了为晋冀特委编印抗日小学课本之外，还出版了《列宁主义概论》《联共党史》《论持久战》《论抗日战争的新阶段》《抗日民族统一战线指南》等书籍。这些书刊或油印或石印，满足了群众的精神需求，深受文化青年喜爱。报社

---

① 安岗（1918—2013），原名安正元，天津人，中共党员。原《人民日报》副总编辑，原《经济日报》总编辑。

编印书刊一方面促进了根据地的文化教育建设，另一方面也增加了报社收入，摸索出一套战时办报的经营之道。

1940 年 3 月，民族革命通讯社上党分社从太南迁来，并更名为"新华社晋冀豫分社"。组织决定，新华社晋冀豫分社与《胜利报》报社合署办公，由张鱼担任社长。这样，新华社每天发布的新闻电稿可以及时传达到晋冀豫分社，极大地增强了《胜利报》的新闻时效，拓展了新闻报道面。1940 年 9 月，白瑞西从晋东南总工会返回报社，担任报社支部书记。

1941 年 6 月 10 日，中共晋冀豫区党委《关于党报晋冀豫日报的决定》指出："全区进入民主政治的新时期，敌我斗争将更加残酷，社会进展带着非常急剧和复杂的性质，我们的工作任务加重，区党委的领导任务也加重。因此，决定改版《胜利报》为《晋冀豫日报》，扩大篇幅，提高质量，使之成为区党委指导全区实际工作和政治斗争的重要武器"①。1941 年 7 月 6 日，《胜利报》停刊；7 月 7 日，《晋冀豫日报》开始发行。晋冀豫区党委决定，《晋冀豫日报》为中共晋冀豫区委机关报，报社为区党委直属工作部门；由杜润生（时任区党委宣传科科长）分管报社，扩大报纸版面，加强报纸发行。更名为《晋冀豫日报》后，报纸改为隔日刊，四开四版，石印，发行量为 4000 余份。

《胜利报》能在敌后顺利创办，离不开党组织的大力支持。晋冀特委书记陶希晋和宣传部部长赵德尊十分重视办报工作，他们任人唯贤，培养出了太行根据地第一批新闻工作者。原《人民日报》副总编辑安岗回忆道，1937 年冬，他随榆次抗日游击队赴和顺石拐接受改编，途中巧遇朱德总司令。安岗向朱总司令提议办报，得到朱总司令肯定。在谈到报刊用名时，朱总司令说："就

---

① 刘江，鲁兮.太行新闻史料汇编［M］.太原：太行新闻学史学会编印，1994：9.

叫《胜利报》吧。我们要告诉人民，正义战争必胜。"① 后来，朱总司令为报纸题写了报头。听完安岗汇报后，特委书记陶希晋表示："咱们建立根据地，是需要办一张报纸。就由你来办。"他接着说："办报的方针是宣传党的抗日主张，贯彻抗日救国十大纲领，动员群众，组织群众，团结起来，抗日救国。"②《胜利报》也成为了安岗红色新闻事业的起点。为把报纸迅速办起来，晋冀特委设法购置 4 台旧印刷机，选调办报人员，并将《胜利报》定为中共晋冀特委机关报。《胜利报》成为中共晋冀豫区党委机关报后，区党委书记李雪峰和宣传部部长彭涛对其提出了更高的要求，促使报社不断提升办报能力。报社分为编辑部、出版部、发行部、总务部，白瑞西负责编辑部。据统计，先后有 150 多人参与过办报工作，为晋冀豫根据地宣传工作做出了重要贡献。

① 陈崇山. 安岗创办《胜利报》[N]. 中国社会科学报，2015-11-19（848）.

② 陈崇山. 安岗创办《胜利报》[N]. 中国社会科学报，2015-11-19（848）.

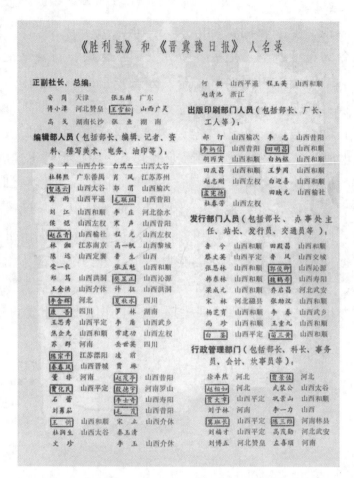

图9-1 《胜利报》和《晋冀豫日报》人名录①

上自社长、总编辑，下至一般工勤人员，他们都怀揣着一股不怕苦、不怕死的战斗精神。报社成员大都是十几岁到二十几岁的年轻人，他们身上洋溢着革命精神，工作中生龙活虎、朝气蓬勃，生活中平等相待、亲密无间。根据地的生活很艰苦，虽然规定每人每天半斤小米、五分钱的菜，每人每月两元钱津贴，但实际上，

---

① 来源：《太行山上抗日烽火中的胜利报》，山西省新闻工作者协会，太行新闻史学会编，1985年8月出版。

他们偶尔才能吃上一顿小米粥或汤面，日常食物是高粱、黑豆和野菜。假若遇上敌人"扫荡"或报社机关转移，往往连续几天都无法吃上饱饭、喝上热汤。为及时报道抗日动态、宣传党的政策，报社时常要派遣人员到抗日前线采访，组织重点报道；还要派同志驻区党委，及时了解党的工作意向，连夜赶写社论。尽管工作生活环境艰苦，但大家从不叫苦叫累，也没有一个人闹情绪，大家一心一意忙工作，齐心协力办好报。

报社人员不仅是一支新闻队伍，也是一支武装队伍、生产队伍。遇到日军扫荡，报社就化整为零，一小部分人员随领导机关和部队转移，负责发布战时报道和战斗捷报；大部分人员编入战斗小组，进入敌占区或游击区，成为荷枪实弹的战斗员，待反扫荡结束才返回报社。无论是编辑还是记者，他们都一手负枪，一手握笔，在战斗中坚持出报。是战斗，就会有牺牲。1941年3月，青年记者陈宗平到冀西赞皇县野草湾采访，被敌人突然包围，壮烈殉国。1941年11月，文艺编辑李含辉遇到"扫荡"，惨遭杀害。1942年5月28日，《新华日报》（华北版）社长兼总编何云在突围中英勇牺牲，一同遇难的还有原《胜利报》美术编辑赵在青、资料编辑夏秋水、石印工人孟宪德等46人。日军推行"囚笼政策"，封锁根据地，为解决生活物资匮乏问题，全体报社人员还要参加机关大生产，上山开荒耕地，淘粪送肥，春种秋收。

图9-2　1940年7月25日出版的《胜利报》

　　《胜利报》主要宣传马列主义和中国共产党的路线、方针、政策，报道广大军民的抗日救国斗争和根据地建设，揭露日寇、汉奸卖国贼和反共顽固派的滔天罪行，教育群众为抗日斗争服务。《胜利报》的地方新闻稿件主要来源于根据地各县通讯员，由他们提供本地区新闻；战报主要依靠部队和报社的随军记者。早期报社没有收音机，更没有电台，因此全国性新闻、战报只能从其他报刊转载而来。《胜利报》的读者主要是基层干部、小学教员和广大群众，因此，办报的指导思想是办一张内容丰富、形式活泼、短小精悍、通俗易懂的大众化报纸。报纸版面设置丰富，有社论、评论、代论、新闻通讯、工作研究、经验、三日国内大事、三日国际要闻、民革室、老实话、小辞典、名词解释、章回小说、漫画等栏目。比如《胜利报》中的专栏《民革室》、连载漫画《毛三爷》、章回小说《笼中鸟》等，其语言和风格均带有十分浓厚的乡土气息，深受干部群众喜爱，闻名太行。文字编辑方面，《胜利报》图文并茂，语言活泼，通俗易懂。作为编辑，白瑞西承担着繁重的采编工作，不仅要写稿、阅稿、改稿，还要与通讯员联系。在报社工作期间，白瑞西撰写了大量稿子，既有社论、短评，又有介绍国外动态的文章。1941年报纸扩版为四开四版后，徐平、萧风负责要闻版和地方版，白瑞西和杜辑熙负责教育版和国际版；另外，白瑞西还担任报社编委和国际版责任编辑。

报纸除报道太行地区要闻外，还及时向群众报道国际、国内大事，进行政治形势宣传。为宣传百团大战，《胜利报》进行了大量报道，用事实批驳了国民党投降派散布的"八路军游而不击""八路军专打友军"等无耻谰言，用胜利战果激发广大军民的斗志和爱国热情。现在留存下来的《胜利报》为数不多，以1941年6月2日出版的《胜利报》（第367号）为例（见图9-3），报纸的主要内容是宣传晋冀豫区委制订的抗战时期卫生防疫计划，在头版显著位置刊登有本报特讯《保护抗日斗争生动力量，全区突击保健卫生》。除此之外，还登载了几条通讯，如《辽县查获小汉奸》，报道了敌寇将一个15岁的小孩派到辽县某村投毒，被我岗哨查获；《和东人民武装英勇杀进虎穴》报道了和东民兵营配合八路军某部，分三路袭击敌据点，一举消灭敌寇20多人；《黎城展开抵货运动》报道了黎城群众在举行"六三"抵制日货大会后，展开了一场对敌贸易战，使敌货不得入境；《严密防缉揭发宣传！涉县敌探汉奸用会门惑众》报道了涉县汉奸敌探利用封建迷信的"三教归一""长矛道""清佛道""九公道"和"礼门义路教"等组织，欺骗引诱不明真相的入道群众进行破坏抗日活动。[①]

图9-3　1941年6月2日《胜利报》头版

---

　　① 王海勇，杨宏伟，张用贵. 明证：在敌后壮大的抗日根据地报刊［M］. 杭州：浙江工商大学出版社，2015：150.

图 9-4 1941 年 11 月 28 日《晋冀豫日报》复刊号 ①

---

① 登载了《刘伯承将军谈粉碎扫荡的经过和今后战局》，并发表了社论《庆祝彻底粉碎敌寇扫荡伟大胜利》。

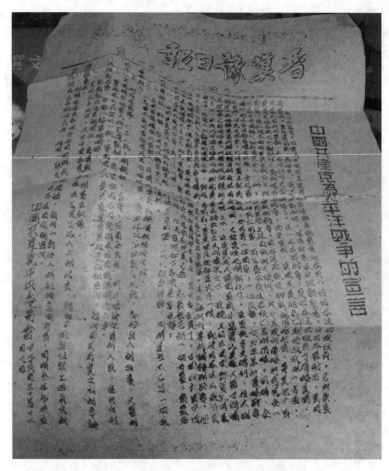

图 9-5　1941 年 12 月 9 日《晋冀豫日报》号外①

　　《胜利报》在根据地群众中有很大的影响力，是"民革室"（民族革命室）读报活动的中心内容。民革室是山西特有的宣传活动形式，因阎锡山将抗日救亡称为"民族革命"而得名。《胜利报》内容丰富、文字简洁、时效性强，具有鲜明的战斗性和地方特色，因此，区村干部经常在"民革室"给民众宣读报纸，介绍抗战形势，讲解抗日民族统一战线政策，组织讨论有关合理负担、减租减息、

　　① 日军偷袭珍珠港后，《晋冀豫日报》转载了《中国共产党为太平洋战争的宣言》。

支前备战等重要问题。《胜利报》在晋冀豫根据地办得风生水起，甚至被小贩发行到敌占区。

为加强《新华日报（华北版）》建设，中共中央北方局决定，《晋冀豫日报》全体人员调入《新华日报（华北版）》。1941年12月，《晋冀豫日报》停刊。从《胜利报》创刊到《晋冀豫日报》终刊，历时三年七个月，共出版390余期。由于敌人频繁扫荡，《胜利报》在五县18村驻扎过，共转移了20多次。在战火纷飞的年代，报纸合订本全部遗失。后来，仅搜集到26张半《胜利报》，全部收藏在中国国家图书馆。①解放战争后期，中共中央北方局机关报《新华日报（华北版）》改版为《人民日报》。因此，胜利报社也被称为"出报纸，出人才，出经验"的学校，为党培养了一批新闻干部。

《胜利报》是我党在太行抗日根据地最早创办的一份报纸，它不仅发挥了发动群众、宣传抗战的喉舌作用，还见证了艰苦卓绝的敌后抗战。虽然经历了张玉麟、傅晓潭、王雪松、高戈、张鱼等几位社长，但《胜利报》的办报理念始终没有变化，坚持宣传党的政策，坚持宣传抗战，成为"敌后抗日的一面旗帜"。《胜利报》传递胜利消息，维护抗日民族统一战线，消除社会上各种不利于抗日的悲观失望情绪，坚定了广大人民群众和开明士绅争取抗战胜利的信念，鼓舞了人民的抗战意志。

如今，《胜利报》等红色报刊已经成为革命历史文献，是弘扬社会主义先进文化的宝贵精神财富，是开展党史教育、革命传统教育、爱国主义教育的重要资源。1983年，《胜利报》老报人在太原召开了第一次会议，倡议搜集相关资料，撰写回忆文章。

---

① 王俊斌. 抗日根据地时期的党报出版——以《胜利报》为例［J］. 编辑之友，2010（5）：104-106.

1984年9月5日至7日，山西新闻工作者协会在山西省和顺县召开太行新闻史座谈会，白瑞西应邀出席。与会的老新闻工作者一致同意成立"太行新闻史学会"。后来，山西省新闻工作者协会编辑出版了文史资料《太行山上抗日烽火中的胜利报》。该书为十六开本，彩色封面，130多页，总计30万字，是研究太行抗日根据地的宝贵文献。

图9-6　太行报史调查研究会合影①

图9-7　晋冀鲁豫边区出版的部分报纸

① 第二排右四为白瑞西。

图 9-8　《太行山上抗日烽火中的胜利报》①

① 山西省新闻工作者协会，太行新闻史学会 编印，1985 年。

十 烽火太行斗志旺

巍巍太行八百里，群峰苍茫耸云天。1941 年底，《晋冀豫日报》并入《新华日报（华北版）》，白瑞西本可以调入中共北方局，继续从事新闻工作。毕竟他在报社已经工作了两年半，既担任过报社支部书记，又负责过编辑部，不仅熟悉报社各项业务，而且也取得了较好的成绩。如果像安岗、李庄等同事一样留在报社，白瑞西肯定会获得更好的发展机会。然而，白瑞西却申请留在地方工作。一方面，白瑞西非常谦虚，对自己要求很高，认为自己新闻专业知识贫乏，担心不能满足新闻工作的需要。另一方面，白瑞西认为自己的性格喜静不喜动，只适合编辑工作不适合记者工作，也就是只适合做内勤不适合做外勤。白瑞西认为，一位优秀的新闻工作者必须首先是一位优秀的记者，需要具备较高的交际能力。白瑞西认为自己在交际方面有所欠缺，不可能成为一名优秀的新闻工作者。根据白瑞西的工作意愿及其专业所长，组织决定，将白瑞西调到晋冀鲁豫边区政府教育厅工作。

1940 年 3 月 6 日，毛泽东在为中共中央起草的《抗日根据地的政权问题》的指示中指出："在抗日时期，我们所建立的政权的性质，是民族统一战线的。这种政权，是一切赞成抗日又赞成民主的人们的政权，是几个革命阶级联合起来对于汉奸和反动派的民主专政。"①毛泽东还提出政权人员分配，共产党员、非党左派进步分子及中间派，应各占1/3，并对选举政策、施政方针等作了明确规定。中共中央的上述指示和政策为各敌后抗日根据地民主政权建设指明了方向。1940年8月，中共中央北方局决定成立过渡性的临时政权组织——冀南、太行、太岳行政联合办事处（简称"冀太联办"）。冀太联办是晋冀豫边区的最高政权机关，并担负边区根据地的立法任务。杨秀峰担任冀太联办主任，他在联办第一次会议上提出，"开展文化教育工作，培养各种职业的专门技术人才，建立正规的教育制度，开展大众的文化运动，聘请各种专家，建立各种研究工作"，此为联办四项基本任务之一。为此，冀太联办设立教育处，由杜润生担任处长。8月10日，冀太联办颁发冬学运动计划，要求各专、县、区、村组织冬学运动委员会，领导冬学运动。冀太联办拨出专款，资助冬学运动，开办民众学校教员讲习所，培训冬学领导和教员。8月下旬，冀太联办召开了首次教育会议，提出了今后的教育发展方向。1941年7月，在冀太联办的基础上，召开晋冀鲁豫边区临时参议会，选举晋冀鲁豫边区政府。晋冀鲁豫边区管辖北至正太、德石路，西至同蒲路，东抵津浦路，南至陇海路的广大地区，总面积为15万平方公里，人口2550多万，是当时全国最大的一块抗日根据地。

1941年9月1日，晋冀鲁豫边区政府主席带领全体委员在涉县靳家会就职，晋冀鲁豫边区政府正式成立。晋冀鲁豫边区政府是抗日战争时期晋冀鲁豫边区的最高政权机构，下设秘书处、民政厅、教育厅、财政厅、建设厅、高等法院（检察为内设机构）、公安总局（消防、缉私为内设机构）等机构。罗青担任晋冀鲁豫

---

① 毛泽东. 毛泽东选集（第二卷）［M］. 北京：人民出版社，1991：741.

边区政府教育厅厅长，杜润生担任教育厅秘书主任。1942年1月，白瑞西调至晋冀鲁豫边区教育厅担任督学，指导各地开展教育工作。白瑞西为边区教育事业出谋划策，起草的《晋冀鲁豫边区村立与私立小学暂行办法》（1942年3月发布）、《晋冀鲁豫边区小学暂行规程》（1942年10月发布）先后成为边区政府法规。为使根据地教育走上正规发展道路，他指导各专区设立教育处、各县设立教育科，健全教育行政管理机构。白瑞西与其他工作人员一道深入基层调研，动员各方力量，积极恢复学校教育，培训一批小学教员补充到学校，提高小学教员水平。为兼顾根据地文化教育不发达的实际情况，边区实行四二学制，即初小四年、高小两年。边区政府教育部门统一边区学校课程设置，开设国文、算术、常识、史地等科目。为提高人民群众的文化水平，增强民族意识，动员群众积极参加抗日，边区政府把扫除青壮年文盲作为一项重要的教育工作。边区政府开展经常性的文化教育活动，指导各地因地制宜开展社会教育、组织识字教育等国民教育活动，使文盲人数显著减少。边区政府教育部门秉持教育为劳动人民服务、为抗战服务的原则，通过教育与生产结合、理论与实践结合、学与用结合，改革课程内容和教学方法，提高教学质量，探索根据地教育模式，使边区教育工作逐步恢复到抗战前的水平。

晋冀鲁豫根据地是八路军总司令部和中共中央北方局所在地，是华北游击战争的心脏与指挥中枢，也是华北敌后抗日主战场之一。百团大战让日军惊呼"对华北应有再认识"，使日军不再小觑中国共产党领导的抗日武装力量。日军进一步加强军事封锁，在占领区推行"强化治安运动"，对晋冀鲁豫根据地实行灭绝人性的"三光"政策，频繁出动大批部队"扫荡"根据地，日军所过之处寸草不生。1941年12月8日，太平洋战争爆发，为腾出力量与英美作战，日军确立"变华北为大东亚作战兵站基地"

的方针，决定先集中兵力解决晋冀鲁豫根据地。另外，晋冀鲁豫根据地连续两年遭遇空前的旱灾和蝗灾，许多田地颗粒无收，粮食大幅减产，人民生活十分困难。1941年12月，党中央要求敌后抗日根据地必须普遍实行精兵简政。中央指出，精兵简政，节省民力，是目前迫切的重要的任务。

晋冀鲁豫边区驻扎着大量领导机关，既有边区政府、边区参议会及其直属单位，还有中共中央北方局太行分局、八路军前方指挥部、一二九师师部和直属部队。随着敌后抗战全面展开，各种机构不断扩大，非生产人员迅速增加。为减轻人民负担，晋冀鲁豫边区政府深刻领会中央关于精兵简政的战略意图，在确保完成中央下达的减少政权系统脱离生产工作人员指标的基础上，统筹谋划、聚力推进简政改革和节省民力两大中心任务。按照中央指示和既定计划，晋冀鲁豫边区开展大规模的"精兵简政"运动。1942年4月，边区结束了第一次简政工作。此次简政工作主要集中在两个方面：一是裁汰机关人员，各层级都要减少脱离生产工作人员，党政民等政权系统脱离生产工作人员总数不得超过全边区居民总数的百分之一；二是充实基层力量，提高干部质量，增强工作效率。根据边区政府简政工作安排，白瑞西调入边区政府秘书处，担任政府秘书，主要从事政策文件起草工作。边区政府秘书处由孙文淑[①]担任秘书长，平杰三[②]担任秘书主任。在秘书处任职期间，白瑞西主持《边区政报》编辑工作。《边区政报》是晋冀鲁豫边区政府主办的政府公报，每月1期。刊物为32开，28页，

---

① 孙文淑（1910—1994），女，北京宛平人。1937年5月，加入中国共产党。新中国成立后，曾任中央教育部部长助理。孙文淑是杨秀峰同志的夫人。

② 平杰三（1906—2001），河南内黄县人，1927年加入中国共产党。曾任晋冀鲁豫边区政府秘书主任、中共中央华北局副秘书长等职；1954年撤销华北局后，调任中央统一战线部，后任常务副部长。

麻纸铅印。如遇政事繁多，也改出半月刊，还有不定期出版的号外。《边区政报》主要刊载边区政府制定下达的各项政策、法令、规章、通报和有关批示，以及边区政府主要行政部门领导人的讲话摘要，报道根据地内各级政府的重要活动，反映军队和民兵的抗敌事迹，转载中央有关政策文件和中央领导的讲话等重要内容。

图 10-1　1942 年 8 月 27 日《边区政报》号外

1942 年 2 月，全党开展整风运动。毛泽东先后做《整顿党的作风》和《反对党八股》的报告，反对主观主义以整顿学风，反对宗派主义以整顿党风，反对党八股以整顿文风。1942 年 5 月，晋冀鲁豫根据地拉开整风运动的帷幕。由于这段时期日军不断"扫荡"，部队作战频繁，干部分散，因此太行革命根据地的党员干部以学习文件为主。1942 年 5 月至 6 月，日寇对边区进行了前所未有的大规模"扫荡"，边区军民坚决反击，取得了反"扫荡"胜利。边区政权系统在反"扫荡"中暴露出不少弱点。1942 年 8 月，晋冀鲁豫边区再次简政，以适应更加残酷的战争环境，为秋季反"扫荡"做准备。简政改革与整风精神显现出聚合效应，形成政风新气象。1942 年 9 月 1 日，边区党委在向中央提交的简政工作报告中总结了政风改进的成效："简政后在领导上表现了新的精神，干部开始注意了解民困，体贴民情，有了计算精神，对了解具体情况有了新的启发，工作效率也有些提高，制度严格起来，工作与生活都紧张，战斗化也有进步"。[①]1942 年 9 月 7 日，毛泽东在《解放日报》发表社论《一个极其重要的政策》，开篇指出："晋冀鲁豫边区的领导同志，对这项工作抓得很紧，做出了精兵简政的模范例子"[②]，高度赞扬了晋冀鲁豫抗日根据地的精兵简政工作。

1943 年初，根据地形势有所缓和，整风运动才得以深入展开。1943 年 1 月，在涉县召开温村会议，邓小平提出要"造成整风运动的热潮"[③]，要求晋冀鲁豫根据地和一二九师应当把整风学习看作 1943 年斗争中最中心的任务之一。1943 年 2 月 20 日，中共中央太行分局召开高级干部会议，邓小平总结了太行区 1942 年整风运动，认为过去的整风无重点，未能同实际工作相联系，并规定了太行分局未来整风的内容、对象和具体方式。晋冀鲁豫根据地处于残酷频繁的对敌斗争前线，很难推广陕甘宁边区的一些做法。基于此，邓小平提出，晋冀鲁豫根据地的整风运动"具体进行步骤及其方式与方法方面，应该注意将整风与战争结合起来，与当前的民主政治建设和群众运动相结合。"[④]

在晋冀鲁豫边区，整风运动、精兵简政、对敌斗争互相结合

---

① 林宁. 晋冀鲁豫边区何以成为简政模范［N］. 学习时报，2021-01-22.

② 毛泽东选集（第三卷）［M］. 北京：人民出版社，1991：880.

③ 杨胜群，闫建琪. 邓小平年谱（1904～1974）（上）［M］. 北京：中央文献出版社，2009：466.

④ 杨胜群，闫建琪. 邓小平年谱（1904～1974）（上）［M］. 北京：中央文献出版社，2009：467.

展开。1942 年 12 月 1 日，中共中央发出《关于建立各级领导核心的指示》指出："各根据地很多是机关庞大，系统分立；单位太多，指挥不便；干部堆在上层，中下层虚弱无力……这些现象与目前及今后极端严重的分散的游击环境完全矛盾着，如果再不改变，简直就是自杀政策。"[①] 边区党委、政府严格贯彻整风精神，将整风与简政有机结合，着力提升政风改进效果。1943 年 2 月 15 日，边区政府开展第三次简政，将民政厅与教育厅合并为第一厅，由李一清担任厅长，罗青担任副厅长；将财政厅与建设厅合并为第二厅，由戎伍胜兼任厅长（边区政府副主席），刘岱峰担任副厅长。通过三次简政，晋冀鲁豫边区政府由 548 人减少到 100 人，全区党政军脱产人员只占人口的 3% 以下。作为政府秘书，白瑞西不仅要阅读各专署递交的报告和请示，而且还要为对敌斗争、整风运动、精兵简政等根据地建设事务出谋划策。白瑞西提出边区政府、专署及县应建立与加强联合办公制度，以便商讨工作，避免迟缓与矛盾出现；边区政府及专署对电报须在一天内答复，一般公文限三天内答复，须提交会议讨论解决的事项应尽量提到最近一次的会议上解决。针对命令过多、不重实际，布告多为堂而皇之的大篇幅文章、群众无法理解等机关文牍主义作风，他建议各部门少发布命令，命令的范围应限于干部任免及奖惩事项、颁布条例法令、行政区划变更、确定制度及经费开支、强制执行事项等；制定重要法令政策和计划时，应事先征求下级意见，以期符合实际情况；一切政令、文件、布告，应力求简明通俗，易于执行。为推动各级克服主观主义，养成调查研究习惯，提高调查研究实效，彻底扭转调查研究严重不足的状况，边区党

---

① 中央文献研究室. 文献和研究（一九八三年汇编本）［M］. 北京：人民出版社，1984：240.

委增设了调查研究室，并明确其主要任务是组织调查工作，推动各系统开展调查，整理研究相关材料。同时，借简政改革机会，加强从事调查研究工作的干部力量，要求边区民政、教育、建设各厅各设专人负责调查统计工作，并与调查研究室联系配合。1943年冬，边区党政机关深入开展整风运动，白瑞西参加了边区政府直属机关第一期整风，经过半年学习，白瑞西的思想认识水平有了显著提高。

为争取晋冀鲁豫根据地形势好转，边区政府动员军民开展大生产运动，组织和帮助群众制定生产和安家计划，扶助群众恢复和兴办水利事业，大力推动纺织、运输和家庭副业生产。边区政府与根据地军民全员从事生产，共渡难关。按照政府公职人员伙食标准，成人每天的粮食定量为小米一斤四两。为应对根据地粮食短缺，边区政府将粮食定量标准降为每天六两，且主要是玉米、高粱、黑豆等杂粮。由于粮食不足，挖野菜成为边区政府工作人员每天的固定工作事项。1942年冬，根据地掀起轰轰烈烈的大生产运动。1943年秋，迎来了大丰收，大生产也带动了农村互助组织发展。通过"减租减息运动""生产救灾运动"和"精兵简政"，晋冀鲁豫根据地实行土地制度改革，大量发放农业贷款，抢抓春耕、组织互助，调剂粮食、兴修水利，解放和发展农村生产力，扶持家庭手工业、运输业，支持和发展各类商业、合作社经济，奖励和限制进出口贸易，激发了人民群众生产自救的战斗力和创造力，使边区军民度过了最困难的时期。在大生产运动中，边区政府机关带头参加生产，继1943年秋季垦荒运动后，1944年春，机关干部继续垦荒，生产出了二至三个月的粮食和全年所需的蔬菜，切实减轻了群众的公粮负担。

图 10-2　太行军政干部开荒种地

1945 年春，边区政府任命白瑞西为边区政府研究室主任。在边区政府机关工作期间，白瑞西深刻认识到，要制定好的政策，就必须深入基层，认真调研，掌握一手材料。白瑞西自觉苦练调查研究基本功，沿着发现问题、分析问题、解决问题的路线，剖析原因，提出对策。白瑞西到专署、县进行过两次深入调查，为领导决策提供了依据。后来，无论是主政地方还是负责具体事务，他都特别重视调查研究。

1944 年，世界反法西斯战争的形势发生急剧变化。苏联军队节节胜利，法西斯德国败局已定，日军迅速衰败，中共中央提出"积蓄力量、壮大力量、准备反攻"的方针。晋冀鲁豫根据地一方面继续深入整风，开展大规模生产运动，从思想上、物质上做准备；另一方面对敌展开局部反攻，对深入根据地腹心的敌伪据点发动攻势，改变根据地被分割、封锁的局面。1944 年，日军收缩战线，减少驻扎太行的兵力，敌后根据地趁机反攻。1944 年 3 月，收复榆社县城；两次袭击同蒲线上的太谷城关站，炸毁火车六列。1944 年 12 月 15 日，毛泽东在陕甘宁边区参议会发表演说，提出"扩大解放区、缩小沦陷区"的号召。1945 年春,晋冀鲁豫军民响应中央号召,展开大规模攻势,连续取得道清、豫北、南乐、东平、安阳、阳谷等战役的巨大胜利,攻克伪据点 1700 多处,收复县城 28 座,歼灭了大量敌人,晋冀鲁豫根据地迅速扩大。

1945 年 4 月 23 日至 6 月 11 日,中国共产党第七次全国代表大会在延安召开。出席大会的正式代表 547 人,候补代表 208 人,代表全国 121 万党员。这次大会肩负着总结以往革命经验、迎接抗日战争胜利和引导中国走向光明前途的任务。党的七大提出,党的政治路线是"放手发动群众,壮大人民力量,在我党的领导下,打败日本侵略者,解放全国人民,建立一个新民主主义的中国"。8 月 8 日,苏联对日宣战,抗日战争进入最后阶段。9 日,毛泽东主席号召中国人民一切武装举行全国规模的反攻。10 日,朱德总司令发布进军令。晋冀鲁豫军民组成声势浩大的反攻大军,以排山倒海之势,对敌伪展开全面反攻。

在美国的支持下,蒋介石却命令日伪军"负责维持地方治安",继续抵抗八路军,并命令国民党军沿同蒲、平汉、津浦、平绥等铁路线,向华北根据地进攻,企图夺取中国人民的抗战果实。八路军一面与日伪军继续作战,一面反击国民党军队进犯。经过全区军民英勇奋战,从 1945 年 8 月 11 日到 9 月 20 日,我军攻克县城 59 座,歼灭日伪五万余人,使太行、太岳、冀南、冀鲁豫等四个根据地连成一片,形成统一的晋冀鲁豫战略根据地(后称解放区)。1945 年 8 月 20 日,遵照中央战略部署,成立中共晋冀鲁豫中央局和晋冀鲁豫军区,与抗战时期成立的晋冀鲁豫边区政府同驻河北省涉县,随后,驻地迁至武安县。

十一　主政太谷建功勋

　　日本宣布无条件投降，太谷迎来了一段短暂的平静时光，但也潜藏着变化端倪。"晋西事变"后，我党重建太谷抗日民主政府，王秉天、吴德凯、王耀灵、白猷之等同志先后担任太谷县县长。抗战胜利后，太谷县抗日民主政府改称太谷县民主政府。同期，阎锡山在太谷又另立县政权。投降后的日军原地等待遣送，然而，阎锡山的队伍却忙着抢占胜利果实。他们沿着同蒲、正太两条铁路接收沿线城市，收编伪军，利用投降的日军整编阎军，积极准备打内战。1945 年 10 月初，上级指示白瑞西带领工作组调查根据地外围敌我斗争形势和敌伪动态，为日后在根据地外围建立政权和发动群众做准备。太谷位于敌我斗争的前沿。接到任务后，白瑞西和王少禹、吴德凯两位同志赴太谷调研。抗战时期，白瑞西和吴德凯都曾在太谷工作过。吴德凯于 1940 年 10 月担任太谷抗日县政府县长，为巩固太谷抗日根据地，他曾负责组建太谷基干大队和区基干大队；1945 年 5 月，吴德凯调离太谷，任太行专署办公室主任。经过调查，白瑞西指出，我们不能完全沉浸在抗战胜利的喜悦中，从而放松对阎锡山的警惕；我们不要忽视铁路沿线同非铁路沿线老根据地的斗争形势差异，要全面掌握敌人动向，充分利用对我们有利的形势，扩大我们的阵地；要有计划地在广大群众中开展动员工作，特别是要在原来的游击区全面揭露阎锡山反动势力的阴谋，提高群众继续斗争的思想觉悟，开展有生气的群众工作。白瑞西向边区政府书面汇报了太谷调查的所见所闻所想，并向太谷县委通报了相关问题并提出了建议。

　　这段时期，为筹备华北临时人民政府，中央指示，晋冀鲁豫边区政府与晋察冀边区政府要做好合并准备。自晋冀鲁豫边区政府成立以来，太行区 8 个专署均由边区政府直接领导。随着解放区连片扩大，晋冀鲁豫边区政府决定选调部分干部，成立太行行署。1945 年 11 月 20 日，太行行政公署（简称"太行行署"）成立，李一清① 同志（1946 年 4 月—1948 年 5 月担任太行行署主任）担任行署主任。原太行区八个专署合并为六个专署，改隶太行行署，并调整行政区划；太行行署机关设在涉县赤岸。太谷划归太行行署第二专署管辖，杜润生为首任专员（1945 年 11 月—1946 年 4 月）。1945 年 11 月初，李一清给白瑞西发函，通知其留在太谷工作，接替白猷之担任县长职务。组织认为，白瑞西是太谷人，熟悉太谷形势，便于在太谷开展工作。接到通知后，白瑞西既惊又喜，惊的是恐难胜任县长之职；喜的是有机会在基层锻炼，积累基层工作经验，提升领导能力。从个人职务来看，白瑞西所担任的边区政府研究室主任属于地区专员级；而到县里工作，行政职务反而降低了。但是，白瑞西不计个人得失，愉快地接受了组织任命。他回信感谢组织的关心与培养，向组织表态，承担独立的行政领导，责任重大，必尽最大努力完成组织交付的任务。

---

　　① 李一清（1908—1996），山西昔阳人。1927 年加入中国共产党。抗战爆发后，曾任山西新军教导团政治处主任，晋冀鲁豫边区政府民政厅厅长、公安厅厅长，太行行署主任，豫西行署主任，中原临时人民政府副主席。新中国成立后，历任中南局财委副主任，武汉钢铁公司总理、党委书记，国家邮电部第一副部长。

主政太谷期间，白瑞西既坚持政策的原则性，又把握政策的灵活性，全力粉碎敌对势力进攻，不断巩固解放区胜利成果。他深入基层，与群众同甘共苦，调查研究土地改革工作中的重大问题，自觉抵制"左"倾思想。土地改革过程中，一度出现伤人现象，白瑞西总是在自己的处理范围内尽力纠正。期间发生的一件事一直让白瑞西深感惭愧。1938 年在太谷工作期间，白瑞西结识了同在县政府工作的靳介清，此时的靳介清担任太谷县抗日民主政府物资部部长。靳介清出生于地主家庭，但他积极支持抗日战争。日寇"扫荡"时，他家的房屋全被烧毁，但这丝毫未动摇他的抗战决心。1939 年 5 月反"扫荡"期间，他被敌人围困，依然临危不惧，保持昂扬斗志。阎锡山派乔季五接管县政权后，靳介清便离开县政府，回家务农。1945 年 10 月，白瑞西率调查组到太谷调研时，路过靳介清家，并动员他出来工作。白瑞西担任县长后，又专程拜访靳介清。经过多次谈心、动员，靳介清终于出任范村第三高小校长。不久之后，靳介清又调任县教育部门督学。

为赢得中国革命与战争胜利，中共中央于 1946 年 5 月 4 日发布《关于土地问题的指示》（即"五四指示"），要求各个解放区加紧进行土地改革，使过去没有或很少土地的农民获得土地。"五四指示"要求各地党委必须明确认识到，解决解放区的土地问题是我党目前最基本的历史任务，是目前一切工作的最基本环节。"五四指示"强调："在广大群众要求下，我党应坚决拥护群众在反奸、清算、减租、减息、退租、退息等斗争中，从地主手里获得土地，实现'耕者有其田'"[①]。为保障土地改革顺利进行，"五四指示"明确规定，"对于抗日军人及抗日干部的家属之属于豪绅地主成份者，对于在抗日时期无论在解放区和国民党区与

---

① 罗平汉. 土地改革运动史（1946—1948）［M］. 北京：人民出版社，2018：73.

我们合作而不反共的开明绅士及其他人等，在运动中应谨慎处理，适当照顾"[1]。根据中共太行二地委的指示，中共太谷县委、县民主政府召开会议，学习领会土改指示精神，具体研究太谷土地改革有关问题，组建翻身工作队，在新区点燃群众翻身斗争的火焰。1946年10月，太谷老解放区和边沿区展开土改运动。计划在1947年2月20日前，完成集训积极分子、诉苦、打击封建势力、反奸反特的任务，基本上打垮封建地主恶霸；到1947年5月，在发动落后人员、团结中农、解决干群关系的基础上，实现"耕者有其田"。

根据中共太行二地委、太行二专署指示精神，太谷县委、县民主政府结合根据地边沿区实际情况，采取三项措施开展土地改革，一是以地区组织的土改工作组为主，深入农村，发动群众运动；二是提出"武装掩护土改"的口号，集中武装力量，在边沿地区打击阎军武装进犯，严厉镇压反动分子，从宽处理胁从分子，分化瓦解敌人阵营，减少敌对力量，边战争边土改；三是借鉴老区"双减"经验，大规模开办贫苦农民训练班，教育农民，提高群众阶级觉悟。1946年秋冬季节，大批县区干部深入太谷各区村开展群众性土改运动。经过数月艰苦工作，初步实现"耕者有其田"的目标。土改过程中，县民主政府召开财粮会议，出台《负担工作中几个问题的讨论决定》《关于没收及没收品处理的决定》《财粮上的几个问题》《关于平川群众武装及其家属转移到山地其生活照顾问题》《关于差务问题的决议》等一系列文件，解决工作中存在的实际问题，得到人民群众大力支持和拥护。1947年2月17日，县委以区为单位集训430名积极分子，又以联防和行政村为单位普训四万农民，在村内发动农民，以点带面，层层发动，

① 中共中央党史研究室. 中国共产党历史（上卷）［M］. 北京：人民出版社，1991：707.

掀起了土改翻身运动高潮。

土改过程中，还是发生了"左"的偏差，出现了一些乱象。1946 年冬，太谷根据地开展反霸土改斗争，太谷县委某常委在靳介清同志的家乡一带蹲点，他偏听偏信村中几个"勇敢分子"的意见，将靳介清划为恶霸地主，并在村里散布不当言论，发动群众斗恶霸。靳介清闻言，甚感紧张，到县政府找白瑞西反映情况。白瑞西向他宣讲政策，告诉他不用担心，"虽然你的家庭是地主，但你并不靠剥削为生，交代清楚家庭土地剥削问题，工作组肯定会妥善处理"。由于群众压力太大，靳介清还是逃离了家乡。

1947 年春，专署专员来电，要求白瑞西到专署报到。白瑞西以为有要事商谈，稍做准备后立即赶到专署。经过一番交流，白瑞西最终了解到，原来是县委有同志举报白瑞西放走靳介清。随后，白瑞西向组织详细汇报了靳介清的个人情况及事情经过。地委重新研究认为，白瑞西没有任何过错与失误。不幸的是，半年后，靳介清还是被一些不讲政策的"左派分子"伤害致死。一直到 1982 年，太谷县委才为靳介清彻底平反。靳介清跟从党多年，与党忠诚合作，却在土改中惨遭不测。虽然白瑞西在靳介清事件中不负具体责任，但他仍为这件事深感遗憾。在尖锐的阶级斗争和复杂的人事关系中，白瑞西认识到，作为领导者不仅要有较高的政策水平，更要做一个正直的人，一个敢于坚持真理的人。

事后，白瑞西分析总结土改中的"左"倾错误，认为这是因为土改往往采取群众大会的方式，通常联合数个村庄召开斗争大会，群情激愤之下，极易发生殴打斗争对象的事情。当时紧张的政治、军事形势在一定程度上激化了批斗方式。仅凭个人力量，很难纠正这类"左"倾错误。而这类"左"倾错误蔓延很广，严重干扰了土地改革运动正常发展，引起中共中央高度关注。另外，土改对中农的处理过重，后来根据政策，退还中农果实。1947 年，中央召开十二月会议，要求各解放区纠正土改"左"倾错误，制止伤人。

太谷处于敌我斗争的前沿，白瑞西除履行县长职责外，还兼任八路军太谷县独立营营长。任县长的两年内，白瑞西每年大约有三分之一的时间要直接参加武装斗争。太谷独立营的前身是抗日战争时期的太谷自卫队，后改为太谷基干游击队（简称"县基干队"），队员从不脱产的游击队变为全脱产的敌后武装人员。1945年12月，县基干队扩编为太谷独立营（简称"县独立营"）。县独立营始设3个连，共400余人。县委书记毕继昌担任政委，县长白瑞西担任营长，董儒强担任第一副政委，马云汉担任第二副政委，马玉芳担任第一副营长，白少林担任第二副营长。

图 11-1　太谷独立营领导团队[①]

___

[①]　第二排右一为白瑞西。

太谷独立营成立当月，在回马河滩与抢粮阎军展开对垒。我独立营缴获敌军弹药物资若干，骡马 20 多匹，日制马拉小车 20 余辆，粮食若干，首战告捷。1946 年 1 月，阎锡山派重兵进攻太谷解放区，先后占领范村、小白、阳邑、回马等村，隔断太谷平川地区与太谷山区间的联系，土匪恶霸组织"还乡团""复仇队"反攻倒算，斗争形势十分严峻。为保护胜利果实，1946 年 5 月，太谷独立营在河西村伏击阎军工兵团，歼敌一个排。当年 6 月，配合三十八团袭击阳邑阎锡山保安十七团二营，毙伤阎军 200 余人，俘获其营长康在庚。在东、西炉村迂回包抄，毙伤阎军 200 余人、俘虏 300 多人。8 月，在朝阳伏击阎军驻韩村爱乡团近一个营，毙伤 27 人，俘获 5 人，缴获冲锋机枪、小炮、步枪等若干支。10 月，和路西武工队配合，击毙、俘虏进犯西山底村阎军 49 人。11 月，太谷独立营与范村民兵互相配合，在东贾伏击阎军保安二十三团，毙伤 30 余人，俘虏 19 人。12 月，在段村伏击阎军，击毙 2 人，俘虏 1 人；在小白村伏击阎军，击毙 8 人。

与敌顽斗争过程中，太谷涌现出了范村民兵英雄和模范集体。范村民兵队伍建立于 1940 年，以贾毛猴、孙五儿、乔够喜、祁维新、范三元等人为代表。在太行二分区及太谷县委的领导和指挥下，范村民兵多次配合八路军一二九师刘邓部队和太行二分区二十八团、三十团、四十一团、四十二团、四十三团等部队作战，屡建战功。1946 年春，范村民兵队扩编到 75 人，常年转战在晋中平原和太行山区，打太原、保晋中，参加大小战役三百多次。1946 年，太谷县民主政府授予民兵指导员孙五儿"杀敌英雄"称号；晋冀鲁豫边区政府授予范村民兵队队长贾毛猴"一等杀敌英雄"称号，授予范村"杀敌模范村"称号。1947 年 1 月 13 日《新华日报》（太行版）首版报道，"太谷独立营坚持平原游击战，上年度歼敌 300 余人，敌我伤亡 22 比 1，战绩显著，受到晋冀鲁豫军区元旦嘉奖"。

图 11-2　范村民兵英雄纪念碑

1947 年 1 月，太谷独立营在东里村伏击合围保安二十三团一大队二、六中队，毙敌 35 人，缴获机枪、步枪、轻炮等武器装备若干，而独立营无一伤亡。为此，晋冀鲁豫军区特通令嘉奖，称太谷独立营为"模范独立营"。1 月 31 日，太谷独立营追击进犯祁县梁村的阎军特务组织"沁县复仇队"，在南团柏附近与敌激战，毙敌 13 人。2 月 5 日，独立营在白城设伏，与民兵夹击从北洸出发到白城抓丁的阎保警三中队及政卫营三连 180 余人。战斗仅持续半小时，毙伤 4 人、俘获 21 人，缴获机枪、步枪、六〇炮若干。6 日，独立营经东西山底、惠安、王海庄赴四卦伏击抢粮的驻阳邑保安二十三团八中队，毙伤 20 余人，俘获 25 人，缴获机枪、步枪、子弹等若干。此次，太谷独立营在梁村、白城、四卦的战斗合称"八天三战三捷"。2 月中旬，太行第二分区首长通令表扬太谷独立营"八天三战三捷"的英雄战绩，特奖励 2 万元，称太谷独立营为"晋中游击战争之旗帜"。当月，《人民日报》（晋冀鲁豫版）第一版报道，"太谷独立营八天三战三捷，创造了零比九十三的辉煌战绩"①。同月，太谷独立营配合太行第二军分区解放小白村、白燕村。由于战绩突出，晋中军分区特通令嘉奖太谷独立营，誉之为"模范独立营"。

百战百胜，非善之善者也，不战而屈人之兵，善之善者也。白瑞西活用孙子兵法，创造性地将武装打击和政治攻势相结合，消灭、分化瓦解阎顽军，推进对敌作战进程，尽可能减少群众生命财产损失。由于对敌作战业绩突出，白瑞西受邀在《新华日报》（太行版）分享政攻及作战经验。1947年3月10日至4月13日，太谷县独立营在上庄、石象、阳邑、郭里、杏林、白城、沙沟、大白、段村八战八捷，毙伤阎军180余人，俘敌40余人。4月25日，县独立营在下庄伏击阎军九总队一个连，全歼阎军。4月29日，配合各区民兵开展斗争，以地雷封锁阎军行动，迫使阎军撤回据点。4月下旬，太行第二军分区参谋长会议总结春季对阎斗争，太谷独立营歼灭阎军168人，超过原定杀敌计划（一个排）的4倍，被评为全分区第一名。5月，《新华日报》（太行版）以"常胜独立营"报道太谷独立营的消息。6月25日，在白燕、王村、下庄、阳邑、郭里、里美庄、四卦等地与抢粮阎军战斗，取得五战五捷的胜利，配合四、六区群众割麦1530亩。6月28日，在阳邑、白燕两地分别伏击阎军九总队三团九连、九总队一营，一日两捷，毙、伤、俘敌军73人。

---

① 太谷独立营八天三战三捷 创造零比九十三辉煌战绩［N］. 人民日报，1947-02-18（1）.

图 11-3　连续不断开展政攻与瓦解阎顽军工作 [1]

1947 年 8 月，太谷县独立营在彭温庄整训，扩编为太谷独立团，成为太行军分区直属部队。白瑞西担任团长，县委书记陈杰担任政委，董儒强担任副团长，曹建纯担任副政委。独立团下辖 4 个步兵连、1 个机炮连、1 个特务连。8 月 27 日，县独立团配合四十一团、路西武工队和六区民兵使用围点打援战术，在阳邑伏击阎军牛双年团，击毙俘获 443 人。11 月初，县独立团破袭同蒲线榆次至祁县段，炸毁太谷乌马河铁路桥，切断阎军铁路交通。自改建为独立营以来，太谷独立营（团）先后迎战阎军保警二大队、保安队、爱乡团、工兵总队、八总队、九总队、十总队、保安十六团、十七团、二十三团、三十七师、四十六师三团等，共作战 380 余次，歼灭阎军 2900 余人，缴获各种火炮、轻重机枪、步枪及军用物资若干。同年 11 月，县独立团改编为太行第二军分区第四十三团，随后离境作战。[2]

因战事需要，太谷政府驻地经常迁移。1945 年底，县政府驻

---

① 此文由白瑞西撰写，发表于《新华日报》（太行版）1947 年 3 月 19 日第四版。

② 太谷县志编纂委员会. 太谷县志（中）[M]. 北京：中华书局，2015：1461-1462.

地设在东里村；1946年6月，县政府迁回根据地，先后驻扎在庞庄、官寨、下窑子头村。除开展土改、对敌作战之外，白瑞西还要组织各项建设工作。1946年1月13日，县民主政府召开文艺座谈会，传达了分区文艺座谈会精神，安排县区干部和青年教员前往新区开展宣传工作。1946年2月，太行二专署召开第三届司法会议，太谷县政府因肃清毒化工作表现突出，受到上级表扬。1946年2月22日，民主县政府发出《严惩贪污，树立干部廉洁奉公与行政法制观念》的命令，整顿太谷政权作风，狠抓干部队伍建设。

图 11-4　太谷工作期间留影

白瑞西长期从事敌后工作，既面临生命危险，又居无定所，所以，年届而立尚未成家。1946年，经地下党交通员介绍，白瑞西认识了在县政府教育科工作的杜励文。杜励文于1925年4月29日出生在太谷县武家堡村的一个旧知识分子家庭，其父以教书维持生计。1946年夏，杜励文越过阎军布置的数道封锁线，在太谷县民主政府临时驻地窑子头村山沟里，与白瑞西正式结为夫妻。随后，地区专署为培养前线卫生人员，组织选派杜励文到"华北医科大学"学习。起初，学校驻地设在河北邢台，后因战争又迁至山西长治，一学期后，由于前线急需医疗人员，杜励文便结束了培训学习。随后，杜励文被分配到左权县人民医院担任医生助理。解放战争和社会主义革命时期，白瑞西工作调动频繁，但杜励文毫无怨言，跟随丈夫辗转各地，成为白瑞西革命工作的贤内助。白瑞西也没有因为自己职位变化，而萌生为妻子谋求职务的念头。杜励文作为一名普通工作人员，一直在医疗战线工作。白瑞西和杜励文这对革命伉俪，从风华正茂到满头银发，始终保持着艰苦奋斗的作风，从未向组织提过任何要求，也没有利用职权解决子女升学就业问题，而是严格教育子女，要求他们自力更生。2020年12月23日，杜励文因病去世，遵其遗愿，捐献遗体。她把最后的光和热也奉献给了国家医学事业。

图 11-5 1946 年白瑞西与杜励文结婚合影

十二 南下中原忙建政

　　1946 年 6 月 26 日，蒋介石公然撕毁停战协议，以 30 万兵力向中原解放区发起总攻，内战全面爆发。1947 年 2 月，解放军由晋西山区推进到汾孝平原。同年 6 月，根据迅速变化的战争形势，党中央决定"举行全国性的反攻，即以主力打到外线去，将战争引向国民党区域，在外线大量歼敌"。6 月 30 日，遵照中央指示，刘邓大军从鲁西南重镇菏泽出发。是日夜，刘伯承、邓小平率领晋冀鲁豫野战军第一、第二、第三、第六纵队共 12 万人，一举突破黄河天险，发起鲁西南战役，揭开人民解放军战略反攻的序幕。1947 年 7 月 23 日，毛泽东向刘伯承、邓小平致电，"现陕北情况甚为困难（已面告陈庚），如陈谢及刘邓不能在两个月内以自己有效行动调动胡军一部，协助陕北打开局面，致陕北不能支持，则两个月后胡军主力可能东调，你们困难亦将增加"[①]。8 月 7 日，刘邓大军分三路向大别山挺进，犹如一把尖刀插入敌人心脏，有效地牵制国民党的军事行动，从此，全国解放战争进入新阶段。

　　巍巍大别山，矗立江淮间。东西瞰平原，雄踞鄂豫皖。为加

---

　　① 杨胜群，闫建琪. 邓小平年谱（1904—1974）（中）[M]．北京：中央文献出版社，2009：675.

快战略反攻、开辟新解放区工作局面，中央决定，在老解放区掀起参军运动，抽调干部南下。遵照中共太行二地委指示，太谷县委抽调干部随军南下，支援全国解放战争。1947 年 9 月，太谷县委抽调第一批干部南下，其中 4 人从太行二地委整风班选调，另外 11 人从县机关选调。太谷首批 15 名南下干部与榆社南下干部整编为一个排。9 月 18 日，首批南下干部在左权县石匣附近集结，后经河北、山东等地，进入河南、湖北交界的桐柏山区。随着中原解放战场节节胜利，为加强新区政权建设，急需从老解放区抽调政治可靠、年富力强且具有一定政策水平的干部补充到新解放区，担负起军事、政治、党务、文化教育等各方面工作。11 月，中共太行二地委指示，白瑞西不再担任太谷县县长，准备南下。11 月底，白瑞西等 10 余名太谷干部和参军的新兵编入太行新兵补充第一团。该团由昔阳、和顺、辽县、榆社、太谷等县的南下干部和新兵组成，白瑞西担任团长，冯泰镇[①]担任政委。新兵补充团实行军事化管理，设置营连排班建制，统一配发军装及枪支。经过短期军事集训，白瑞西所部及其他 4 个太行新兵补充团整装待发。

图 12–1　太谷南下干部合影[②]

---

① 冯泰镇时任山西平地县委副书记，新中国成立后曾担任沈阳机车车辆厂党委书记。

② 第二排居中为白瑞西。

　　1948 年 1 月，白瑞西与其他南下干部一同作为太行区党委第四次南征干部随军南下。为支援刘邓大军军需费用，南下干部均随身携带银圆，以便到国民党统治区使用。到达山东单县后，由于通讯联络中断，白瑞西所率团与总部失去联系。按计划，当天晚上他们要穿过河南商丘刘堤圈与马牧集间的陇海铁路封锁线。白瑞西一面派兵侦察，一面按预定计划继续前进。此时，南面枪声却越来越紧。狭路相逢勇者胜，经过冷静分析后，白瑞西决定朝着枪声密集的地方前进。他告诉大家，有枪声的地方，必定是敌我两方在交火。黄昏时分，白瑞西部遇到了三野十纵的战士，他们正在押解俘虏，准备穿越陇海线。一路侦查前行，当晚九时左右，白瑞西部终于与总部取得联系，顺利跳出敌人封锁圈。越过陇海线后，白瑞西部进入豫皖苏边区鹿邑、亳县一带。一个月后，队伍到达豫东沈丘县。中共中央中原局和二野派出一个纵队前来接应白瑞西所率的新兵补充第一团。二野一纵司令员杨勇代表部队表示谢意，并给全体干部作形势报告。此次行军经过了河北、山东、江苏、安徽、河南等地，穿越鲁西南和苏北之间的黄泛区，长途跋涉历时三个月。

图 12-2　1948 年 12 月南下前夕留影

中原局决定，南下干部就地安排工作。南下时，按照搭建政权组织的干部框架选调干部，以便接管新区政权，开展农村土改、减租减息、剿匪反霸等建设工作。白瑞西年富力强，革命工作经历丰富，被分配在中原局办公厅。1948 年 2 月，为发展中原战局，彻底粉碎国民党的中原防御体系，中央决定，刘邓野战军率主力转出大别山。2 月 24 日，转出大别山的刘邓野战军在淮西修整，刘邓前后方指挥部与中原局会合。中原局安排白瑞西负责组建战时民运工作组，在新区宣传群众、组织群众、武装群众、筹备建党建政等工作。随后，白瑞西与中原局民运部部长刘子久[①]一同开展农村调查，发动群众减租减息。

1948 年 5 月 19 日，中原局领导机关进驻豫西宝丰县赵官营村。6 月，撤销豫陕鄂边区建制，在鲁山县建立中共豫西区党委、豫西行署，李一清担任豫西行署主任。1948 年 8 月，白瑞西随中原局转移到豫西，被分配到豫西行署，担任民教处副处长。

洛阳战役、开封战役结束后，中原军区决定发起郑州战役。10 月 13 日，陈赓、陈锡联、杨勇、秦基伟等在禹县拟定了郑州战役计划。14 日，刘伯承、陈毅、邓小平、邓子恢、李先念向中央军委报告攻击郑州的时间及部署，"我决心以陈锡联集团于二十日开始围攻郑州，陈谢率部跟进加入作战"[②]。15 日，中央军委、毛泽东主席电示刘伯承、陈毅、邓小平关于攻击郑州的时机及部署。10 月 20 日晚，解放军分别由东、西、南三面向郑州

---

① 刘子久（1901—1988），山东广饶人。1924 年加入中国共产党，抗战爆发后，先后担任中共河南省工委书记、中共豫西省委书记、中共河南省委书记、八路军洛阳办事处主任等职。抗战胜利后，担任桐柏区党委书记兼军区政委。1947 年 7 月，随刘邓大军南下，历任豫鄂边区党委书记兼军区政委、中原局宣传部部长、民运部部长。新中国成立后，曾任劳动部副部长。

② 杨胜群，闫建琪. 邓小平年谱（1904 ~ 1974）（中）[M]. 北京：中央文献出版社，2009：766.

紧缩包围，至 21 日深夜，一纵队攻占城东祭城，九纵队进至城西须水、大李地区，九十七团占领城北双桥、岳岗地带，四纵队进至城西南近郊，完成对郑州的包围。22 日，郑州守敌弃城北逃，被主力部队分路夹击全歼，郑州宣告解放。郑州战役共歼敌 1 万余人。23 日，中共中央电贺郑州解放，电文称："郑州又告解放，陇海、平汉两大铁路的枢纽为我掌握，对于整个战局极为有利。"①

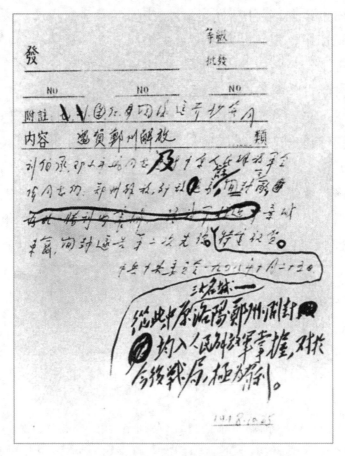

图 12-3　毛泽东电贺郑州解放的手稿

---

① 中央文献研究室. 毛泽东年谱（1893—1949）（下卷）［M］. 北京：人民出版社，中央文献出版社，1993：365.

手稿原文如下：

刘伯承、邓小平诸同志及中原人民解放军全体同志们：

济南、锦州、长春解放之后，郑州又告解放，陇海、平汉两大铁路的枢纽为我掌握，对于整个战局极为有利。特电祝贺

中国共产党中央委员会

一九四八年十月二十三日

1948 年 10 月 23 日，郑州市军事管制委员会成立。军事管制委员会下设秘书处、警备司令部、市政部、物资管理部、宣传部等，警备司令部为维持治安，决定从本月 24 日起在全市实行戒严。同时，中共中央中原局和中原军区党委决定，谷景生①代理中共郑州市委书记。25 日，郑州市军事管制委员会发出布告，宣布解散国民党、三青团及其一切特务等反动组织，还通告全市商户于本月 26 日一律开市，取消限价，自由交易。同日，中共郑州市委组织部、宣传部、政策研究室成立。27 日，郑州市分别建立第一、二、三区，市区总面积 5.23 平方公里，人口 16.4 万。28 日，郑州市人民民主政府成立，宋致和②担任市长，隶属豫西行署（1949年 5 月改隶河南省人民政府）。29 日，市政府召开各界人士座谈会，宋致和提出施政方针，申明除没收官僚资本外，对私人企业，不分大小，一律保护，并遵照中共中央发展生产、繁荣经济、公私兼顾、劳资两利的方针，扶植其发展。但必须坚决废除过去残

---

① 谷景生（1913—2004），山西临猗人。解放战争时期，担任中原野战军九纵政治部主任，二野第十五军政委；后入朝作战，新中国成立后曾担任新疆维吾尔自治区党委第二书记兼乌鲁木齐军区政委、新疆生产建设兵团第一政委、第一书记。

② 宋致和（1915—2013），河北唐县人。1933 年加入中国共产党。抗战爆发后，先后担任晋察冀边区第一行政督察专员公署专员，石家庄市委秘书长，豫西区行政主任公署副主任，郑州市市长。新中国成立后，历任河南省委书记处书记，物资管理部副部长，新疆维吾尔自治区革委会副主任，新疆维吾尔自治区人民政府副主席。

留的封建性剥削和待遇，建设工人福利事业。11月5日，郑州市人民法院成立，于瓯江①担任第一任院长。

1948年11月21日，中共郑州市委正式成立。郑州市委由谷景生、宋致和、刘道安、漆鲁鱼、孔从周、田裕民、李凌霄、熊复、刘子毅、葛惕非等10人组成，谷景生担任书记。随后，市委召开首次会议，确定大力搞好工商业，恢复教育，满足工作及群众生活的迫切要求。同时，有重点地清理敌伪残余。

1949年2月，中央决定，撤销豫皖苏中央分局、豫西区党委、桐柏区党委，筹备成立中共河南省委。3月1日，中共河南省委在开封成立，李雪峰担任省委书记，张玺担任副书记。3月7日，中原临时人民政府委员会第一次会议宣告成立中原临时人民政府，邓子恢担任主席，吴芝圃、李一清担任副主席。中原临时人民政府领导陕州、洛阳、郑州、许昌、南阳、确山、商丘、淮阳、陈留九个专区，开封、郑州两个直辖市和鄂豫、江汉、陕南三个行政区。随后，成立河南省军区，陈再道担任司令员，李雪峰担任政委。谷景生率部渡江南下之后，吴德峰担任郑州市委书记兼警备司令部政委。1949年4月，白瑞西被调至郑州市人民政府，担任秘书长。1950年春，白瑞西担任郑州市副市长，兼秘书长、市委委员。因于瓯江奉命南下，1950年4月27日，中共郑州市委免去于瓯江郑州市人民法院院长职务，任命白瑞西兼任郑州市人民法院院长。白瑞西成为郑州解放后第二任法院院长。

1949年6月，郑州市委决定创办《郑州日报》。由于中原局机关报《中原日报》南迁武汉（于1949年5月23日改版为《长江日报》），郑州缺乏反映本地社情民意的党报。为加强宣传工

① 于瓯江（1903—1954），山东威海人。1948年南下，担任豫西行署司法处长。广西解放后，担任广西司法厅长，后担任中南局军政委员会司法部办公室主任、部长等职。

作，加强党同人民群众的联系，时任市委书记赵武成牵头筹办《郑州日报》，白瑞西、张增敬、漆鲁鱼、陈国光、胡迦陵、温田丰、朱翔武等七位同志具体负责筹建工作。经过紧锣密鼓的筹备，1949年7月1日《郑州日报》正式创刊，创刊号四开四版，成为郑州解放之后办起的第一份报纸。

赴任郑州以来，白瑞西的工作重心由农村转为城市。尽管工作任务更为复杂艰巨，但白瑞西谦虚谨慎、勤奋努力，很快熟悉了城市工作方法。白瑞西协助宋致和市长工作，领导市政府机关，使郑州在很短的时间内从战乱中恢复过来，为接管郑州做出了重要贡献。转入城市工作之后，白瑞西深刻认识到，一定要严格要求自己，任何微小的放任或自满都会潜伏重大的失误，而不严格要求自己，必然有着犯错的可能性；其次，该做的事就要努力去做，而且要做好，不该做的事就不要逞强，更不能哗众取宠。

图 12-4　家庭合影（赴郑州前夕）

图 12-5 1950 年郑州工作照

图 12-6 家庭合影（1951 年于郑州）

　　1951 年 8 月，白瑞西到省委政策研究室负责经济组工作。1952 年 3 月，河南省人民政府成立政法委员会，白瑞西担任秘书主任。1952 年 8 月，白瑞西被任命为省人民政府办公厅副主任。白瑞西发扬务实精神，大兴调研之风，结合基层政权建设和经济发展实际，先后主持完成《河南省农村国民经济典型调查的初步研究》《关于乡政权建设的几个问题》等调查报告，为河南省制定政策提供了重要依据。1952 年 8 月 5 日，河南省人民政府提请中南军政委，将省会迁址事宜提交决策层，"鉴于河南省会在开封市，位置偏于全省东部，指导全省工作多方不便；郑州市则为中原交通枢纽，为全省经济中心，将来发展前景尤大，如省会迁往该市，则对全省工作指导及上下联系均甚便利，对该市发展也大有裨益……为此省人民政府第十三次会议暨省协商委员会常驻委员会第十次联席会议一致通过，决定将省会迁往郑州市"①。当年 9 月 19 日，省政府接到了中央人民政府政务院同意河南省省会迁址的复函。

图 12-7 1951 年秋农村考察②

1953 年春，省政府筹建河南省统计局，任命白瑞西为局长。实际上，省计委已设置了统计机构，但由于国家"一五"计划全面展开，中央要求各级政府加强统计监督，组建独立的统计局。

---

① 张松林. 创世古都·郑州［M］. 郑州：河南科学技术出版社，2011：30.

② 左一为白瑞西。

省主席吴芝圃[①]（1949年5月—1955年2月担任河南省人民政府主席，即省长）找白瑞西谈话，要求白瑞西牵头此项工作。虽然白瑞西从未从事过统计工作，但他还是服从组织安排，硬着头皮接受了这项新任务。作为统计局负责人，白瑞西主要关注两方面的工作。一是筹建机构，想方设法调入一批统计骨干，逐步充实统计业务部门的力量。白瑞西知人善任，让专业人士做专业事情，在当年的河南省夏收统计工作中，获得了比较准确的统计数据。二是训练、培养干部，健全组织机构与制度。基层业务单位通常缺少专职干部，而现有干部大多不熟悉业务，亟须培训提高。此外，统计制度不健全，统计科目混乱，统计方法各行其是，因此，要加强制度建设，使统计工作有规可循。他还组织人员创办统计工作专业刊物，以加强经验交流，促进业务水平提升。尽管白瑞西在河南省统计局工作的时间不长，但却为河南统计工作奠定了良好的基础。

[①] 吴芝圃（1906—1967），原名吴殿祥，河南杞县人。1925年加入中国共产党。抗战爆发后，历任豫西特委书记，豫皖苏边区党委书记，开封市委书记。1949年后，先后担任中原临时人民政府副主席，河南省人民政府主席，河南省省长、省委书记。

十三 对资改造促统战

1953 年 6 月 29 日，中共中央政治局扩大会议决定，今后对资本主义工商业的领导应集中于党中央及各级党委，日常工作在中央方面委托中央统战部管理。从 1953 年起，对资本主义工商业和资产阶级分子的双重改造成为中央统战部的一个工作重点。1954 年，新中国进入全面建设时期，各地政权组织已经建立健全，国家各项事务逐渐走上正轨。同年 9 月，召开了第一届全国人民代表大会，颁布《中华人民共和国宪法》和《中华人民共和国国务院组织法》。根据宪法规定，中央政务院改称国务院。国务院由全国人民代表大会产生，对全国人民代表大会负责，统一领导和管理全国的行政事务，为全国最高行政机关。按照《国务院组织法》，调整原政务院组织机构，撤销原政务院设立的政法、财经、文教三个委员会，设置八个办公室，即政法、文教、重工业、轻工业、财贸、交通、农林、对私改造办公室，统称为"办公机构"。1954 年 11 月 10 日，将中共中央财经委员会下设的第六办公厅，改为国务院第八办公室（简称"八办"）。"八办"的工作职责是协助总理周恩来、中财委主任陈云主持对资改造工作，并负责中央工商行政管理局的工作。在党内，"八办"接受中央统战部领导。中央统战部部长李维汉 [1] 兼任"八办"主任（此前兼任中央财经委员会副主任，分管中财委第六办公厅）。国务院"八办"内设工业组、商业组、政治组、综合组。1959 年 6 月，国务院全体会议第九十次会议决定，撤销国务院第八办公室，国务院财贸办公室负责管理中央工商行政管理局。

　　1954 年初，全国逐步开展资本主义工商业改造。中共中央中南局决定，由中南局统战部领导筹建一个政府专管机构——中南财委第五办公室，负责资本主义工商业的社会主义改造工作。组织决定，将白瑞西从河南省统计局调至中南财委第五办公室，担任第五办公室主任。对白瑞西而言，这又是一项崭新的工作。白瑞西认为，"只要组织需要，我可以一边学习一边工作，争取在壮年时期多为党的事业做些贡献"。白瑞西肯学习，求上进，很快便掌握了工作要领。因国家建设需要，党中央决定，撤销全国各大区一级行政机构建制。1954 年 10 月，中南行政委员会撤销，中南财委第五办公室也随之解散，干部大都就地另行分配工作。由于白瑞西业务素质较高，被选调到刚成立不久的国务院"八办"，负责"八办"工业组工作。"八办"与中南财委第五办公室的工作职责相似，它是国务院直属机构，研究、制定对资本主义工商业改造的重大政策；在党内，直属中央统战部领导，是党中央对资改造工作的派出机构。负责国务院"八办"日常工作的副主任

---

　　① 李维汉（1896—1984），又名罗迈，湖南长沙人。1922 年加入中国共产党。1933 年赴中央革命根据地，担任中央组织部部长。长征后，先后担任中央党校校长，陕甘宁边区政府秘书长。1948 年后，历任统战部部长，政协副主席等职。

是许涤新 ①、沙千里 ②、孙起孟 ③ 三位同志，他们共同协助李维汉主持对资改造工作。国务院"八办"为白瑞西提供了一个极佳的工作学习环境，"八办"的领导们政治素质高、专业能力强，而且工作本身又需要较高的政策理论水平和较强的业务技能知识。同时，因工作关系，还能经常聆听中央领导同志的讲话和指示，甚至还有面对面请教与讨论的机会。后来因工作调动，白瑞西离开了国务院"八办"，但他十分怀念那段经历。在纪念周恩来总理八十诞辰之际，白瑞西在华中师范学院学报撰文缅怀敬爱的周总理，深情回忆"八办"工作期间与周总理交往的点滴往事。④

白瑞西在国务院"八办"工作了四年，他抓住难得的学习机会和良好的工作条件，认真钻研社会主义国家和平改造资本主义工商业的历史经验，总结进行社会主义经济建设的伟大政治意义和历史意义，着力提高政策理论水平和业务素质。在调查研究的基础上，他针对我国资本主义工商业改造的实际情况，积极撰文宣传党和国家的对资改造政策，发表了多篇社论和论著。他先后为《大公报》撰写社论《增产节约中对私方人员的希望》《工商业者要消除顾虑》《回顾经济关，过好政治关》，另外，还为其

---

① 许涤新（1906—1988），原名许声闻，广东揭阳人，中共党员，民建会员。1952年后，历任中央统战部副部长，国务院"八办"副主任，国家工商行政管理总局局长；1955年，当选为中国科学院学部委员。

② 沙千里（1901—1982），原名沙仲渊，江苏苏州人，中共党员，民建会员，民盟盟员。新中国成立后，历任贸易部副部长，商业部副部长，政务院中央财政经济委员会第六办公厅副主任，国务院"八办"副主任，地方工业部部长，轻工业部部长，粮食部部长，中华全国工商业联合会秘书长等职。

③ 孙起孟（1911—2010），安徽休宁人，中共党员，民建会员。新中国成立后，历任政务院副秘书长兼人事局局长，中央人事部副部长，中央财政经济委员会第六办公厅副主任，国务院"八办"副主任等职。

④ 白瑞西. 忆敬爱的周总理二三事［J］. 华中师院学报（哲学社会科学版），1978（1）：1-3.

他报刊写过专论《放弃定息和自食其力》《劳动锻炼和熬一熬》《一样暴露两样性质》等文章。在学习中央政策的基础上，白瑞西出版了论著《改造资本主义工商业的道路》①，出色地完成了组织交办的任务，为巩固和发展统一战线作出了贡献。

图 13-1　1954 年白瑞西国务院工作证照

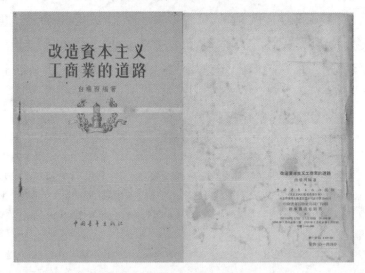

图 13-2　《改造资本主义工商业的道路》

---

① 白瑞西. 改造资本主义工商业的道路［M］. 北京：中国青年出版社，1956.

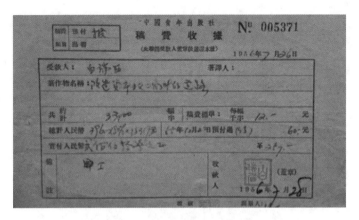

图 13-3　中国青年出版社稿费收据

图 13-4　与沙千里、许涤新合影①

---

① 右一为白瑞西。

十四　淡泊名利赴中南

　　1956 年，全国资本主义工商业掀起全行业公私合营的高潮，标志着我国资本主义工商业改造基本完成。数据显示，1956 年底，全国私营工业 8.9 万户的 99%、总产值的 99.6%，私营商业 240 万余户的 82.2%、资金的 93.3%，已分别纳入了公私合营和合作化的轨道。[①]1957 年底，各地妥善安置了在职私方人员和资方代理人 81 万余人。通过没收官僚资本主义经济与和平赎买民族资本主义经济，我国建立起社会主义全民所有制经济，意味着国务院"八办"的历史使命即将结束。1958 年初，对资改造接近尾声，白瑞西面临重新分配工作的问题。在"八办"工作期间，白瑞西表现优异，统战部领导十分欣赏他的工作才能，希望他留在中央统战部。在征求白瑞西工作安排意见的时候，白瑞西提出了去教育战线的想法。统战部领导理解他从事教育工作的意愿，但不同意他调出统战系统。

　　国内社会主义改造迅速完成，也带来了一些社会问题。为此，1957 年 2 月毛泽东在最高国务会议上作《如何处理人民内部的矛

---

① 中共中央统战部. 中国共产党统一战线史 [M]. 北京: 中共党史出版社, 华文出版社, 2017: 234.

盾》①的讲话，指出了解决两类性质不同矛盾的方法。在思想文化领域，为贯彻"百花齐放、百家争鸣"的方针，中央召开了全国宣传工作会议，倡导大家提出意见，帮助共产党改进作风，正确处理人民内部的矛盾。各级党政领导机关、高等学校、科学研究机构、文化艺术单位等党组织纷纷召开各种形式的座谈会，听取党内外群众的意见，欢迎大家"鸣""放"。然而，却出现了极少数人攻击党和社会主义制度的复杂情况，他们要求共产党退出机关、学校和企业。1957 年 5 月 15 日，毛泽东在《事情正在起变化》一文中指出，"最近这个时期，在民主党派中和高等学校中，右派表现得最坚决最猖狂。……右派的企图，先争局部，后争全部。先争新闻界、教育界、文艺界、科技界的领导权。他们知道，共产党在这方面不如他们，情况也正是如此"②。同年6 月，中央决定反击右派分子，特别批评部分高校党委反击右派不力，要求组织部门调配人员充实高校党委班子。根据反右工作的需要，中央民族事务委员会作出调整中央民族学院分院（即中南民族学院）主要领导干部的决定，任命白瑞西为院长，同时兼任院党委书记。

中央民族学院分院既不在北京，也不是一所普通高等院校，这与白瑞西的工作分配意愿相差甚远。然而，白瑞西仍以一名共产党员的标准严格要求自己，服从组织安排。由于中央民族学院分院主要领导已经调离，学校工作处于空窗期，组织希望白瑞西提前到任。白瑞西来不及安排搬家事宜，便匆匆赶往武汉，于1958 年 5 月 12 日正式上任。1958 年 7 月 5 日，国务院全体会议第 78 次会议通过，任命白瑞西为中南民族学院院长，随后周恩来

---

① 后改为《关于正确处理人民内部矛盾的问题》。

② 中共中央党校. 马列著作毛泽东著作选读（科学社会主义部分）[M]. 北京: 人民出版社，572–573.

总理签发任命书。需要注意的是，1957 年 6 月 12 日，高等教育部、教育部、中央民族事务委员会联合通知，将原由教育部领导、湖北省教育厅代管的"中南民族学院"改名为"中央民族学院分院"，归属中央民族学院领导，但任命书仍沿用校名"中南民族学院"。

图 14-1　国务院颁发的任命书 ①

图 14-2　离京前夕家庭合影 ②

① 图中折痕为"文革"期间毁损所致。

② 后排左一为长女白卫平，后排右一为长子白熊焰；前排左一为幼子白亦穷，左二为三女白又平，右一为二女白建平。

　　民族学院是中国共产党扎根中国大地办大学的生动实践，她传承了延安民族学院的红色基因。延安民族学院是一所因党而生、为党而立的革命干部学院。早在新民主主义革命初期，以毛泽东同志为代表的中国共产党人敏锐地认识到培养民族干部的重要性。1926年，毛泽东在主持广州农民运动讲习所时，培训了一批来自全国二十个省区的蒙古族、朝鲜族、满族、回族、壮族先进分子。毛泽东在与蒙古族学员高布泽博等谈话时指出，"要使民族解放，就得有本民族的干部"[①]。抗日战争时期，毛泽东特别强调民族革命干部的重要作用。1938年11月底，毛泽东在指示大青山游击战争的电文中明确提出，"要团结蒙汉人民联合抗日"，"吸收蒙人中知识分子，培养蒙民干部，做蒙民工作"[②]。延安民族学院成立前夕，中央指示大青山抗日游击根据地分期分批将一些蒙古族青年骨干送到延安进行培养。为适应少数民族地区革命工作需要，1941年春，西北工委向中央提议创办民族学院，培养蒙古族、回族等少数民族干部，团结更多的蒙古族、回族和其他民族的青年抗日救国。同年7月，中央决定将中央党校民族班、西北工委民族问题研究室、陕北公学民族部以及抗日军政大学、中国女子大学、鲁迅艺术文学院等院校的少数民族学员和干部集中起来创办民族学院。经过短暂而紧张的筹备，延安民族学院于1941年9月18日正式成立。

　　延安民族学院培养了一大批从事民族工作的杰出干部，成为推进铸牢中华民族共同体意识的重要基地，为中国新民主主义革命和中华民族解放事业做出了不可磨灭的贡献。开办之初，延安民族学院招收了蒙古族、回族、苗族、藏族、满族、彝族等各族

---

　　① 李捷，于俊道. 实录毛泽东（1893—1976）［M］. 北京：长征出版社，2013：314.

　　② 中共中央文献研究室. 建党以来重要文献选编（1921—1949）（第十五册）［M］. 北京：中央文献出版社，2011：790.

青年 200 多人，其中蒙古族占 40%，回族占 20%，藏族和彝族各占 4%。[①]毛泽东经常关心民族学院办学工作，强调"要经过民族学院培养一批实际工作（党、政、军、群工作等）、一批文教工作干部"[②]，还为民族学院送来题词"团结"。民族学院首任教育处长乌兰夫指出，"学院的任务是培养有革命觉悟，有一定文化和理论水平，有马克思列宁主义民族观，艰苦奋斗，不怕牺牲，坚决抗日，能联系少数民族群众，有志于投身少数民族解放事业的民族干部"[③]。1944 年，中央从延安民族学院抽调一批学习时间较长、年龄较大的学员前往绥蒙及陕甘宁边区回族地区开展工作。1945 年春，根据中央安排，民族学院部分高年级蒙古族学生跟随乌兰夫去内蒙古开展民族统战工作，顺利解决了所谓"内蒙古人民共和国临时政府""东蒙古人民自治政府"等重大而棘手的分裂主义问题，为建立内蒙古自治区奠定了坚实基础。此外，当时边区宗教协会、民族事务委员会、民族工作委员会等机构的工作人员大多在民族学院学习过，他们模范地执行党的民族政策，积极开展民族工作，使陕甘宁边区成为民族解放的灯塔。1948 年，延安民族学院并入三边分区干部学校。

新中国成立后，中央决定再次兴办民族学院。1949 年 11 月 14 日，毛泽东给彭德怀和西北局的指示强调，"要彻底解决民族问题，完全孤立民族反动派，没有大批从少数民族出身的共产主义干部，是不可能的"；"一切有少数民族存在地方的地委，都应开办少数民族干部训练班，或干部训练学校"。[④]1950 年 2 月

① 李维汉. 回忆与研究：下 [M]. 北京：中共党史出版社，2013：354.

② 中共陕西省委党史研究室，国家计划委. 贾拓夫 [M]. 西安：陕西人民出版社，1995：106.

③ 《乌兰夫传》编写组. 乌兰夫传（1906—1988）[M]. 北京：中央文献出版社，2007：84.

④ 中共中央文献研究室. 毛泽东文集（第六卷）[M]. 北京：人民出版社，1999：20.

21 日，西北军政委员会第四次行政会议决定，在兰州筹办西北民族学院。1950 年 6 月 26 日，中央统战部部长、政务院秘书长、中央民族事务委员会主任李维汉在中央民族事务委员会会议上阐述工作方针时说，解决国内民族问题的正确方针是实行民族的区域自治，为此，必须大量地培养少数民族干部，建议中央举办民族学院。同年 6 月，中央人民政府决定在北京筹建一所新型大学——中央民族学院，随后抽调在延安民族学院工作过的同志赴京建校。1950 年 8 月，西北军政委员会报请中央人民政府批准，在"西北人民革命大学兰州分校第三部"的基础上正式成立西北民族学院。①1950 年 11 月 24 日，周恩来总理主持政务院第 60 次政务会议，批准了中央民族事务委员会提出的《培养少数民族干部试行方案》和《筹办中央民族学院试行方案》。筹办民族学院是落实中央关于民族工作指示的具体行动，也是中央民族政策的重要创举。

《培养少数民族干部试行方案》系统阐述了举办民族学院的目的、任务、培养对象和教育内容。《方案》指出，"为了国家建设、民族区域自治与实现共同纲领、民族政策的需要，从中央至有关省县，应根据新民主主义的教育方针，普遍而大量地培养各少数民族干部"；"目前以开办政治学校与政治训练班，培养普通政治干部为主，迫切需要的专业技术干部为辅。应尽量吸收知识分子，提高旧的，培养新的，必须培养适当数量志愿作少数民族工作的汉民族干部，以便帮助各少数民族的解放与建设工作"；"为此目的，在北京设立中央民族学院，并在西北、西南、中南各设立中央民族学院分院一处，必要时还可以增设……各有关省份设立民族干部学校"；民族学院"应以中国历史与中国现状（包括中国各民族的历史与各民族社会经济情况等），中国人民政治协

_____

① 西北民族大学. 学校介绍［EB/OL］.［2023-05-28］. https://www.xbmu.edu.cn/xxgk/xxjs.htm.

商会议共同纲领，民族问题与民族政策，毛泽东思想与马列主义理论为长期班政治课的基本内容。短期班依此方向，规定当前实际工作需要的具体内容"；还要求"中央民族学院及其分院均应设立关于少数民族问题的研究室"。①《筹办中央民族学院试行方案》则具体规定了中央民族学院的任务、办学形式与层次、学制、培养对象、教学方法、领导体制等事宜，这也是其他民族学院办学的基本规程。

按照中央部署，一批民族学院迅速建立起来。1951 年 5 月 17 日，贵州民族学院正式开学。②1951 年 6 月 1 日，西南民族学院举行成立暨第一期开学典礼。③1951 年 6 月 11 日，中央民族学院举行首届新生开学典礼。④1951 年 8 月 1 日，云南民族学院在昆明宣告成立⑤。1951 年 11 月 29 日，中央民族学院中南分院举行首届新生开学典礼。

事实上，筹建中央民族学院中南分院历时近一年。1951 年 1 月，按照政务院颁布的《培养少数民族干部试行方案》，中南军政委员会启动建校工作。明确规定，中央民族学院中南分院由中南军政委员会教育部领导，由中南军政委员会财经委员会负责拨款，委托中原大学具体负责筹建事宜；任命中原大学副校长孟夫唐⑥兼任分院院长，朱明远、曹建章等同志组成筹建委员会。同

① 金炳镐. 民族纲领政策选编（第二编）［G］. 北京：中央民族大学出版社，2006：441–442.

② 贵州民族大学. 历史沿革［EB/OL］.［2023–05–28］. http://www.gzmu.edu.cn/xxjj/lsyg.htm.

③ 西南民族大学. 历史沿革［EB/OL］.［2023–05–28］. http://www.swun.edu.cn/xxgk/lsyg.htm.

④ 中央民族大学. 发展历程［EB/OL］.［2023–05–28］. https://www.muc.edu.cn/xxgk1/xxyg/fzlc.htm.

⑤ 云南民族大学. 云南民族大学简介［EB/OL］.［2023–05–28］. https://www.ynni.edu.cn/web/pc/3.

⑥ 孟夫唐（1896—1980），河北永年人。1942 年加入中国共产党。先后担任冀南行署主任，北方大学教务长，华北大学二部主任，中原大学副校长，中南民族学院院长，中南文教委员会副主任，中南教育局局长等职。1956 年后，历任湖北省文教部部长，湖北省副省长。抗战时期，他提出"三杆子"教育主张，即要求学生会拿"笔杆子""锄杆子""枪杆子"。

年 4 月，筹委会开始勘察校址，经三次变动，最终将校址确定在武昌洪山南麓。1951 年 5 月，中南军政委员会下达招生通知，明确招生名额、招生对象、招生范围及入学时间等。1951 年 8 月，首批学员陆续到校，194 名学员分别来自广东、广西、湖南、湖北四个省的 11 个民族，包括苗、瑶、壮、黎、回、侗、毛南、仡佬等少数民族。1951 年 11 月 29 日，中央民族学院中南分院在中原大学礼堂举行隆重的开学典礼，标志着中南地区第一所社会主义的新型民族院校正式诞生。时任中南军政委员会副主席张难先、中南民族事务委员会主任委员张执一、中南教育部部长潘梓年及出席中南军政委员会第四次会议的部分代表莅会祝贺。

图 14-3 《长江日报》报道"中央民族学院中南分院开学"（1951 年 12 月 1 日）

图 14-4　1952 年学校正门 [①]

　　创校初期，中央民族学院中南分院与中原大学保持着紧密联系。1948 年 7 月，以河南大学一批进步师生为基础，在河南省宝丰县成立中原大学，中共中央中原局任命范文澜为校长。中原大学是一所由中国共产党领导创建的革命大学。同年 11 月，中原大学迁入河南大学原校址办学。1949 年 5 月，中原大学迁往武汉。1953 年，中原大学奉命撤销。以中原大学财经学院为基础，整合中山大学、湖南大学、南昌大学、广西大学、私立中华大学、私立南华大学等院校的财经学科，成立了中南财经学院；以中原大学政法学院为基础，合并中山大学、湖南大学、广西大学的政治系和法律系，组建了中南政法学院；其民族学院在武昌独立成立中南民族学院。[②] 另外，中原大学的其他系科及学院成为华中师范

---

　　① 位于武昌洪山南麓，今湖北省军区。

　　② 中央人民政府高等教育部关于一九五三年全国高等学校院系调整的计划（一九五三年五月二十九日政务院第一百八十次政务会议批准）〔J〕//建国初期全国高等学校院系调整文献选载（一九五一年——一九五三年）．党的文献，2002（6）：59–71．

大学、武汉音乐学院、湖北美术学院及广州美术学院等高校的前身。

图 14-5 中原大学校庆纪念章

1952 年 10 月，中央民族学院中南分院搬出中原大学，迁至武昌洪山南麓的新校园。同年 11 月 27 日，经中南军政委员会批准，中央民族学院中南分院更名为"中南民族学院"，由中南民族事务委员会领导。1953 年，中南民族事务委员会停止筹建广东民族学院，将该院 200 余名干部及学员并入中南民族学院。1954 年 10 月，中南行政委员会撤销，中南民族学院改隶中央教育部，由湖北省教育厅代管。1957 年 7 月 1 日，上级批示"中南民族学院"改为"中央民族学院分院"，由高等教育部所属的中央民族学院领导。

建校之初，中央民族学院中南分院设党支部，接受中原大学党委领导。1953 年 5 月，组织批准，成立中共中南民族学院总支委员会（1953 年 5 月—1957 年 3 月，徐少岩担任书记），接受中共中南直属机关委员会第二分党委领导，属于机关党组织性质，不领导学院工作。1954 年 8 月，中南局组织部批准，成立中共中南民族学院党组（1954 年 8 月—1957 年 3 月，李守宪为书记），先后接受中共武汉市委高等学校党委和中共湖北省委文教部领导。1957 年 3 月，中共湖北省委文教部同意，成立中共中南民族学院临时委员会；同年 7 月，改称中央民族学院分院临时委员会。在白瑞西接任之前，学院院长也历经数次更迭。1953 年，因中原大学撤销，孟夫唐调任中南局文委副主任兼中南教育局局长；同年 11 月，孟夫唐辞去院长职务。1954 年 3 月，中南行政委员会任命中南民族事务委员会副主任熊寿祺兼任院长。不久，熊寿祺调往北京，由李守宪接任院长（1954 年 8 月—1958 年 5 月）。

作为一种新的高校类型，民族院校肩负着服务国家民族工作的历史使命。1949 年 9 月，《中国人民政治协商会议共同纲领》指出，"中华人民共和国的文化教育为新民主主义的，即民族的、科学的、大众的文化教育"①。在社会主义改造基本完成之前，中国仍处于新民主主义社会阶段，教育系统与其他经济社会系统一样面临着巨大的改造和建设任务。一是，在解放战争时期和建国初期，中国共产党在老解放区干部学校的基础上创办了一批革命大学，后来，这批学校或支援地方高校建设，或改组为干部学校。例如，以华北大学为基础合并组建中国人民大学，以中原大学相关学院为基础创办了好几所专业学院，南方大学则改组为中共中央华南分局党校等。二是，接收和改造国民党政府遗留下来的高等学校。党和政府有准备、有计划、有步骤地改革旧的教育制度、教育内容和教学方法，贯彻教育必须为生产建设服务、为工农服务、学校向工农开门的方针，逐步建立起新型文化教育制度。②在改造旧教育的过程中，经过"院系调整"，我国建立起新的高等教育体系。民族院校成为我国一种独特的办学类型，与综合大

① 袁瑞良. 人民代表大会制度形成发展史［M］. 北京：人民出版社，1994：556.
② 《中华人民共和国简史》编写组. 中华人民共和国简史［M］. 北京：人民出版社，当代中国出版社，2021：45.

学、工业院校、师范院校、农林院校、医药卫生院校、财经院校、政法院校、艺术院校、语言院校和体育院校并列，成为"扎根中国大地办大学"的集中缩影。

建校之初，民族院校以培养少数民族干部为办学目标。1951年9月20日至28日，教育部召开第一次全国民族教育会议，强调少数民族教育目前应以培养少数民族干部为首要任务。1953年10月11日，政务院颁布本年度高等学校院系调整方案，明确指出，1953年底全国有三所少数民族院校，分别是中央民族学院、延边大学、新疆民族学院[1]，其他民族学院属于干部训练性质。[2] 院系调整期间，部分高校的民族学、社会学、少数民族语言文学、历史学等系科转入民族学院，显著增强了民族学院的教学科研实力。1954年9月16日，《中共中央关于大区撤销后各地民族学院的领导关系的指示》发出，决定西北、西南、中南民族学院由教育部领导，中央民族事务委员会指导；甘肃、四川、湖北省教育厅及民族事务委员会对上述学院进行具体管理和指导；云南、贵州、广西省民族学院仍归各该省领导；要求有关省在变更民族学院领导关系之后，仍要加强对民族学院的领导和管理，切实把它们办好。[3] 1955年6月27日，教育部和中央民族事务委员会在北京联合召开第一次全国民族学院院长会议，会议主要讨论研究了民族学院的方针任务、教育工作和领导关系问题。[4] 会议指出，"民

---

[1] 1950年，新疆学院更名为新疆民族学院；1954年，复名为新疆学院。

[2] 国家民族事务委员会教育司. 新时期民族教育工作手册［M］. 北京：中央民族学院出版社，1991：371.

[3] 中央档案馆，中共中央文献研究室. 中共中央文件选集（一九四九年十月～一九六六年五月）（第17册）［M］. 北京：人民出版社，2013：119.

[4] 国家民族事务委员会教育司. 新时期民族教育工作手册［M］. 北京：中央民族学院出版社，1991：267.

族学院今后一个时期内，以提高在职少数民族区、乡级干部和部分县级干部的政治水平、文化水平和业务水平为主；个别地区根据建设事业上的需要和学生来源，可适当招收少数民族青年，进行一定专业训练和文化科学教育，培养少数民族的各种专业干部和知识分子"①。1956 年 6 月 4 日至 17 日，教育部和中央民族事务委员会在北京联合召开第二次全国民族教育会议，会议总结了新中国成立后的民族教育工作，讨论和确定今后民族教育的方针任务，研究了 1956—1967 年全国民族教育事业规划纲要。

1956 年，我国基本完成对生产资料私有制的社会主义改造，从新民主主义社会跨入社会主义社会。在新的时代背景下，民族学院的培养任务开始出现新变化。乌兰夫在党的八大发言中指出，除了继续培养少数民族干部之外，还应注意培养少数民族的科学、技术、教育、文艺方面的专业人才。毛泽东也曾强调，"自治地方要建设，就要有自己的干部，要有医生、工程师、科学家、文学家和艺术家，要有开汽车、开飞机、搞地质、搞气象、办工厂等等各方面的人才，没有这样的干部和知识分子，是不能建设社会主义的"②。1956 年 9 月 27 日，党的八大通过《关于发展国民经济的第二个五年计划（1958—1962）的建议》，明确提出要发展少数民族地区的文化教育事业，大力培养少数民族的干部和科学技术人员。③

截至 1956 年底，全国共有八所民族学院，奠定了中国民族

---

① 国家民族事务委员会教育司. 新时期民族教育工作手册［M］. 北京：中央民族学院出版社，1991：267.

② 《李维汉选集》编辑组. 李维汉选集［M］. 北京：人民出版社，1987：425.

③ 中国共产党第八次全国代表大会关于发展国民经济的第二个五年计划（一九五八——九六二）的建议［EB/OL］.（2011-09-30）［2021-08-01］. http://www.71.cn/2011/0930/632389.shtml.

院校发展的基本布局。从创办之初到 1956 年上半年，中南民族学院以培训少数民族干部为办学任务，先后开办过政治班、研究班、文化班、预科班、司法班、教育行政干部训练班、师范班、民族语文干部训练班、农业会计训练班、师范专修科等 10 种班次。社会主义改造完成后，中南少数民族地区的工农业和其他各项事业得到了较大发展，为了适应社会主义建设需要，中南民族学院计划举办专业教育。根据 1956 年第二次全国民族教育工作会议精神，中南民族学院决定，一方面继续办好各类专业短期干部轮训班，另一方面，于 1956 年秋季学期增设两年制的语文、历史师范科。从此，中南民族学院拉开了向全日制普通高等学校转型的序幕。

十五 谋篇布局展宏图

　　赴任中南民族学院之前，白瑞西对学院的了解非常有限。到校之后，他很快掌握了学院基本情况，结果却让他大失所望。当时的中南民族学院主要以短期干部培训为主，普通教育所占比例很小；另外，学院的办学规模小，办学水平低。学院从 1955 年开始招收预科生，当年仅招收了 86 名学生；随后两年，分别招收学生 134 名和 154 名。预科生成分复杂，其中既有十三四岁的少年，也有四十多岁的中年人；而且，预科生文化程度参差不齐，从初小到初中不等，与其说是预科班不如说是文化补习班。1956 年，学校首次举办专科，语文和历史两个专科班共招生 98 人；然而，1957 年却未招生。① 学院的教师队伍规模也很小，不足百人。其中，资深教师 4 人，其余教师皆为年轻人。学校仅有两位教授——岑家梧和严学宭，他们既担任学院的副院长，还同时兼任两个专修班的班主任。有讲师职称的中年教师人数稀少，绝大部分教师都是青年助教。干部队伍和工勤人员的数量，大体上与教师人数相当。

　　严格来说，当时的中南民族学院算不上一所真正意义上的高

---

　　① 中南民族学院院长办公室. 中南民族学院综合统计资料汇编［G］. 内部统计资料，第 14 页，1995 年 9 月 30 日.

等学校。当然，学院的发展状况是由民族学院的办学定位所决定的。1958年2月5日至11日，教育部、中央民族事务委员会在北京召开第二次全国民族学院院长会议。会议讨论了民族学院的教育方针、任务和进一步改进教学等问题。会议强调，"民族学院不同于一般大学，其性质基本上是政治学校。因此，在相当长的阶段以培养政治干部为主，同时培养专业人才"①。此次会议有关民族院校是"政治学校"的定性，在此后很长一段时间内影响着民族院校的发展轨迹，使民族学院徘徊于办"政治学校"与办"普通高校"之间。

在白瑞西赴任前，统战部领导与其谈话，向他介绍了学校的相关情况。但经过实地调查研究之后，白瑞西发现学院现状与他的预想大相径庭。面对这种处境，白瑞西思想上出现了矛盾，是敲退堂鼓，还是继续干下去。晚年回忆起这个选择时，白瑞西坦承当时也萌生过回北京的念头，"如果在中南民族学院继续干下去，把学校办成名副其实的高等学校，难度实在太大，恐怕非我白瑞西一己之力所能及"。毕竟，他的工作分配意愿是在教育战线发展，要求组织重新分配工作也是情理之中的事。况且，赴任前夕的组织谈话，领导也诚挚地告诉他，如果工作不满意，可以向组织申请调回中央统战部。经过反复思想斗争，白瑞西最终还是打消了调回北京的想法，决定服从组织安排，本着既来之则安之的态度，决意沉下心来，在基层干出一番事业。

办一所什么样的民族学院，是白瑞西思考的首要问题。调查研究是谋事之基、成事之道。没有调查，就没有发言权，更没有决策权。民族学院应朝着哪个方向发展，全院教师员工的意见不

---

① 国家民族事务委员会教育司. 新时期民族教育工作手册［M］. 北京：中央民族学院出版社，1991：267.

一。其中，有两种典型观点。一种观点认为，学院应转型为普通高校，类似于华北大学转设为中国人民大学；另一种观点认为，把学院办成干部培训学校，类似于南方大学改为广东革命干部学校。1957年，反右派斗争期间，部分专科班学生向时任院领导提出"由专科转系"的意见，结果遭到时任院领导拒绝，并且在群众大会上将此建议定性为右派言论，还组织批判了这部分学生。白瑞西上任的时候，反右派斗争的"高潮"已经过去，但运动还未完全结束，正处于组织处理阶段。为避免贸然表态造成错误，白瑞西与班子成员、领导干部、师生代表分别谈话交流，了解学校存在的问题，听取师生代表的心声。由于反右派斗争余波仍在，一些教师不敢明确表态，回答含含糊糊不置可否；一部分教师则认为学院有条件、有能力办系，可以首先将这两个专科班转设为系。经过两个多月的调查研究，白瑞西发现中南民族学院存在许多有利于发展的积极因素。虽然学校师资队伍总体规模较小，但中青年教师富有朝气，他们有着一股"力争上游"的担当精神，想把民族学院办成一所真正的大学。

白瑞西在与班子成员交换意见时指出，学校的办学条件相对简陋，但是全院教职员工斗志昂扬，这是我们开展工作的最大优势。白瑞西提议，从1958级开始招收本科生。经党委会讨论通过，白瑞西向上级汇报了办本科的发展思路。在调查学校发展状况的基础上，白瑞西组织编制学校发展史上第一份办学规划——《中央民族学院分院跃进规划纲要（1958—1962）》（详见本书附录）。《规划纲要》于1958年7月29日正式发布，这既是对前一阶段调查工作的总结，也是指引学校未来发展的蓝图。规划指出，要把中央民族学院分院建设成为一所面向全国培养少数民族工人阶级和知识分子的、全心全意为民族教育事业服务的民族高等师范学院；采取普及与提高并举，长期培养和短期轮训并举的原则，将在校生规模从现有的 706 人发展到 2600 人；陆续增设政治、教育、数学、生物、物理、化学等系；将干部政治轮训班并入政治系，作为政治系的组成部分，但仍保持一年制的轮训制度不变；从 1959 年秋季起，预科只招高中班，不再招收初中班，现有初中以下的班次办完为止；将教师规模从现有的 109 人发展到 250 人，建成一支以青年教师为主体的又红又专的师资队伍。规划还提出，科学研究必须为教学服务，增建教学科研用房 6 万平方米，拟办一份学术刊物。

总体而言，《规划纲要》提出的发展目标与国家发展民族教育的精神相一致，也符合学校的发展实际。1956 年，第二次全国民族教育工作会议通过了《1956—1967 年全国民族教育事业规划纲要》，明确提出，在 12 年内，民族中小学需要增加教师 25 万多人，随着民族教育的发展，对民族中学教师的需要也日益迫切，必须为少数民族单独建立高等师范学校。此外，《1956—1967 年全国民族教育事业规划纲要》指出，各地民族学院在今后一段时期内的主要任务是继续轮训干部，提高当地民族干部的政治文化水平和业务能力外，还有必要由民族学院培养政法、财经、文教工作干部，一部分中等技术人员以及民族地区中学的民族师资。根据条件，争取在 12 年内，逐步改建成为当地没有条件另外建立的民族高等学校。这也就是说，民族学院不仅要继续履行民族干部培训的职责，而且也要举办专业教育，逐步转设为普通高等学校是民族学院的发展方向。

另外，从学院面临的区域环境来看，中南民族地区亟须大量专业人才。党的"八大"吹响了全面建设社会主义的号角，中南地区的经济社会建设欣欣向荣，蓬勃发展。中南民族地区普遍反映干部数量不足、中学师资紧缺的问题。中南民族学院作为服务中南少数民族地区的高等学校，必须服从党和国家的战略布局，回应民族地区发展的现实需要。在这种情况下，中南民族学院不仅要继续培训民族政治干部，还要培养大量合格的中学教师。

1958 年 8 月，白瑞西赴中央统战部汇报工作。白瑞西向领导详细介绍了学校的发展现状和未来计划，表示在办好干部培训的基础上，还要开设更多的本科专业。他还指出，学校的办学条件和办学制度还不够完善，需要领导给予政策支持，尤其要增加教师编制、选派懂业务的干部。统战部领导对他大胆负责、善于担当的行为表示赞赏，承诺支持学校改善办学条件，并鼓励白瑞西把中南民族学院办好。

图 15-1　中央民族学院分院首届毕业留影[1]

---

① 第二排左七为白瑞西。

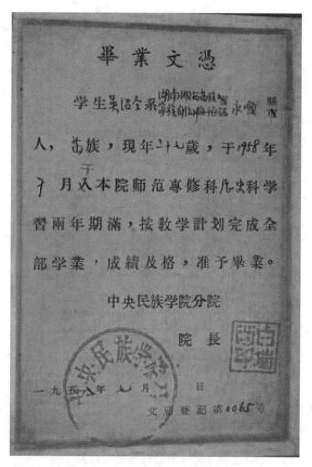

图 15-2　中南民族学院毕业文凭（1958 年 7 月）

　　1958 年秋，学院在语文、历史两个师范专科的基础上设置中文系、历史系，并增设中文、历史两个本科专业，共招收 100 名本科新生。1959 年，学院增设政治教育系，设置政治本科专业；1961 年，该系更名为政治系。1960 年，增设数学系，设置数学本科专业，办起了学院首个理科专业。截至 1961 年上半年，学院共建立中文、历史、政治、数学四个系，在校生规模达到 1189人，其中本科生 614 人；专任教师队伍由 97 人增长到 140 余人。1961 年，为筹建生物系，学院还从其他学校调入了 5 名教师。

  针对预科教育办学定位不明、教学质量参差不齐的问题，白瑞西决定提升预科教育的办学质量。1960年，学院撤销预备科建制，试行预本教育一条龙的体制。预科学员分配到各系，由各系根据专业培养需要展开预科教学。预本教育一体化的设想很好，无奈学生的基础不达标，过早强调专业，反而削弱了学生的基础知识学习，加重了学生的学习负担，不利于学生健康成长，与预期的改革效果相距甚远。试行一年后，白瑞西根据实际工作情况，恢复了预科单独建制。针对预科学员基础差异较大的现实情况，白瑞西决定根据学生的文化程度、年龄大小等，开展分层教学，分别开设普通高中班和基层干部训练班。高中班学员学习完结，可以升学；基层干部训练班学员结束学习后，返回原籍，由当地安排工作。

  干部培训班次繁多、教学要求不一，为提升教学质量，白瑞西决定加强干训管理。中南民族学院先后办过10种短期干部培训班，班次设置变化频繁，办学行为不连续。例如，1955年秋，学院开办一年制的政治班和司法班，但在1958年暑假停办；1957年秋，学院开办高山族在职干部培训班，但在1959年暑假停办。鉴于此，学院于1959年撤销干训部，将干训工作纳入新建立的政治教育系。然而，试行一段时间后，发现调整效果不理想。因此，在1963年秋，学院又恢复干训部单独建制。为加强干训部的管理，学院任命副院长叶尚志[①]兼任干训部主任。1965年2月，干训部开办会计辅导员训练班，为湖南、广西、贵州等民族地区培训区和公社一级的脱产农业会计。这个会计训练班针对性

---

  ① 叶尚志（1919—2014），安徽宿松人。新中国成立后，先后主持中央统战部干部三处（分管民族干部工作）和中央民族事务委员会人事司工作。他于1959年5月调到中央民族学院分院（即中南民族学院）任副院长，1964年调至中共华东局，任上海市宗教局党组书记。"文革"后，叶尚志出任上海市委统战部副部长、组织部副部长。

强，为中南民族地区培训了 468 名农业会计。截至 1966 年 9 月，学院共举办了四期会计培训班。其中，第一、二、三期会计培训班的学习时间为 5 个月，共计培训学员 268 人；第四期培训时间为两个月，学院采取送教上门的方式，为湖南吉首县和贵州晴隆县培训了 200 名基层会计人员。

图 15-3　政治师资训练班毕业合影（1961 年 7 月）[①]

学院积极发展函授教育，把多层次、多种形式的办学作为学校发展的一项重要工作。1960 年，学院面向湖南、广西等少数民族地区招收函授学生，拓展人才培养新通道。学院举办的函授教育受到当地少数民族群众的热情欢迎。为此，学院专门派人赴湖南、广西调研学员及用人单位的办学意见。截至 1961 年上半年，学院共有 1072 名函授生，其中政治系学员 504 人，中文系学员

---

① 第二排右八为白瑞西。

568 人。学院函授教育办学行为规范，教学质量有保障，获得了教育部认可。

1957 年开展的整风运动与反右派斗争对教育领域产生了深远影响，具体表现在强调教育为无产阶级政治服务和教育与生产劳动相结合。如何处理好政治领导与办学治校的关系，是白瑞西亟待解决的现实问题。毫无疑问，教育应为无产阶级政治服务。但当时采取"拔白旗、插红旗"的方式，批判所谓资产阶级学术思想，组织学生编教材、编讲义等措施却不符合教育发展的实际。1958 年 3 月 4 日，中共中央发出《关于反保守反浪费运动的指示》，决定"以两个月到三个月的时间，在全国进一步普遍地开展反浪费、反保守、比先进、比多快好省地建设社会主义的运动"[①]。因此，"双反"运动在高等教育界轰轰烈烈地展开，全国高校声势浩大地拉开批判知识分子的政治运动。1958 年 5 月，白瑞西到任后发现，"拔白旗、插红旗"犯了"左"倾错误，不符合学校工作实际。白瑞西认为，不能把反对浮夸、实事求是的人和所谓具有资产阶级学术观点的人都作为"白旗"予以批斗；不能把红和专对立起来。白瑞西认为，办大学必须尊重知识分子，落实党的知识分子政策。因此，白瑞西压下"拔白旗"运动的势头，在学院倡导"又红又专"的知识分子道路。直到运动结束，中南民族学院都没有拔掉一面"白旗"，这保护了一批知识分子，激发了他们的工作积极性。

教育与生产劳动相结合是马克思主义理论的重要观点，也是社会主义新中国教育的基本方针。但当时强调教育与生产劳动相结合，主要指要开展不同形式的勤工俭学，组织师生大炼钢铁，大办各类工厂。[②] 新中国成立后，教育领域暴露出轻视生产劳动

[①] 《彭真传》编写组. 彭真年谱（1955 ~ 1959）（第三卷）［M］. 北京：中央文献出版社，2012：292.

[②] 罗平汉. 1958 年的"教育革命"［J］. 党史文苑，2014（19）：27-34.

的倾向，毛泽东重申"教育与生产劳动相结合"是中国教育发展的基本原则。1958 年 3 月，毛泽东在成都会议上严厉批评教育领域照搬苏联的教条主义。1958 年 8 月 12 日，毛泽东在视察天津大学时，再次指出，"高等教育应抓三个东西：一是党委领导；二是群众路线；三是把教育与生产劳动结合起来"①。1958 年 9 月 8 日上午，在最高国务会议第 15 次会议上，毛泽东谈道，"几千年来，都是教育脱离劳动，现在要教育与劳动相结合，这是一个基本原则，是一个革命。大体上有这样几条：一条是教育与劳动相结合，一条是党的领导，还有一条是群众路线，中心问题是教育与劳动相结合。我们社会主义国家，马克思讲了的，教育必须与劳动相结合。我在天津看了两个大学，有几个大工厂，那些学生们在那里做工。老读书，实在不是一种办法。书就是一些观念形态，人家写的，让这些没有经验的娃娃来读，净搞意识形态，别的东西看不到。如果是学校办工厂，工厂办学校，学校有农场，人民公社办学校，勤工俭学，或者半工半读，学习和劳动就结合起来了。"②

1958 年 9 月 12 日下午，白瑞西接到通知，带领全体师生前往武汉大学集合。在武汉大学行政楼前的操场上，武汉大学、武汉测量制图学院（即后来的武汉测绘学院）、武汉水利学院和中南民族学院的师生列队等候毛主席接见。白瑞西和学院其他领导站列于主席台左边。下午 7 点多钟，一辆轿车开到主席台附近，毛泽东从轿车里走了出来！他身着白色衬衣、灰色长裤，在庄严响亮的《东方红》乐曲中，健步走上主席台。霎时间，场上掌声雷鸣，群情沸腾。在主席台上，毛泽东先后与白瑞西、严学宭等

---

① 毛主席在天津［N］. 人民日报, 1958-08-16（02）.

② 中共中央文献研究室. 毛泽东年谱（1949—1976）（第三卷）［M］. 北京：中央文献出版社, 2013：442-443.

学院领导握手。当天，毛泽东接见了 1.3 万余名武汉高校师生，其中包含中南民族学院全体师生，这是中南民族学院的光荣。严学宭回忆道，当晚他回家后，用这双伟人握过的手，紧紧地握住妻子的手，与她分享自己的幸福。严学宭一生中见过不少大人物，但见到毛主席更让他激动不已，正如清代诗人龚自珍《投宋于庭翔凤》诗云：万人丛中一握手，使我衣袖三年香。后来，武汉大学为铭记这个历史时刻，将此操场命名为"九一二"操场。

图 15-4　毛主席在武汉大学接见学院各族师生（1958 年 9 月 12 日）

实际上，在毛泽东接见中南民族学院师生的当天，他已在武汉大学参观了校办炼焦厂、空气电池厂、硫酸厂、硅胶厂、炼铜厂等，称赞实行半工半读的学生，说青年人就是要有志气。毛泽东听取学校负责人汇报后说，"学生自觉地要求实行半工半读，是学校大办工厂的必然趋势，应给他们以积极的支持和鼓励。在教学改革中应注意发挥广大师生的积极性，多方面地集中群众的智慧"①。同年 9 月 19 日，中共中央、国务院颁布《关于教育工作的指示》，指出要把新民主主义教育方针转化为社会主义的教

_____

① 中共中央文献研究室. 毛泽东年谱（1949—1976）（第三卷）［M］. 北京：中央文献出版社，2013：445.

育方针，"党的教育工作方针，是教育为无产阶级的政治服务，教育与生产劳动相结合"[①]；"教育的目的是培养有社会主义觉悟的有文化的劳动者"[②]。

为落实教育与生产劳动相结合的基本原则，中南民族学院也进行了一系列探索。1958 年 7 月，学院报请武汉市城市建设委员会批准，将南湖骆驼咀土地拨给学院开办教学实习农场。学院计划，将教学实习农场建设成一个集农业、园艺、饲养为一体的现代化农场，使之成为劳动教育基地和副食品生产基地。1958 年，新学年第一课就是生产劳动，白瑞西以身作则，与全院师生员工一起前往农场劳动。白瑞西亲自部署，领导农场建设，快速完成了简易办公房、宿舍、猪圈、牛圈、饲料仓库、工具库房、抽水站等建设任务。当年秋季学期，农场开垦出 60 亩荒地，栽种蔬菜、小麦等农作物，积肥 2000 余担，修筑农场道路 500 米。每天，约有 200 名师生在农场工作。在三年困难时期，校办农场发挥了重要作用。1959 年 7 月，中共湖北省委发出了争取提前实现蔬菜、生猪自给的指示。为了落实省委指示精神，保障学院师生健康，白瑞西召开会议，研究落实院办农场三年发展规划，要求在 1959 年第四季度基本实现蔬菜自给，1960 年元月，实现猪肉自给。1961 年是最困难的一年，校办农场收获粮食两万多斤，红薯十万斤，各类蔬菜三十多万斤，肉类约五千斤，鱼两千来斤，牛奶四万多斤。[③] 校办农场极大地改善了学院生活物资匮乏的状

---

① 中央档案馆，中共中央文献研究室. 中共中央文件选集（一九四九年十月～一九六六年五月）（第 29 册）［M］. 北京：人民出版社，2013：34.

② 中央档案馆，中共中央文献研究室. 中共中央文件选集（一九四九年十月～一九六六年五月）（第 29 册）［M］. 北京：人民出版社，2013：37.

③ 中南民族大学校史编纂委员会. 中南民族大学校史［M］. 武汉：湖北人民出版社，2011：66.

况，保障了师生员工身体健康，也贯彻落实了"一手抓教学，一手抓生活"的工作方针。除大办农场之外，学院还组织学生到工厂和公社参加生产劳动。1960年3月下旬，全院学生分别到武汉锅炉厂和南湖人民公社参加生产劳动。

图 15-5　白瑞西参加劳动

　　在劳动中接受锻炼，是贯彻党的教育方针的基本要求。然而，当时存在着劳动过多、计划多变、教学偏少等问题。鉴于此，1958年12月18日，白瑞西作了《全面安排我院今后的工作》的报告，他提出"要在贯彻党的教育方针的前提下，全面安排学习、劳动和休息"的要求。白瑞西认为，教学、生产劳动、科学研究三结合是可行的，重在协调好三者之间的关系。根据各教学单位的情况，宜采取三种不同的制度安排，以便使教学、劳动、休息有机结合，各项工作得到协调发展。具体而言，中文、历史两系采取"一三八"制（即全年一个月假期，三个月劳动，八个月学习）；预科采取"一二九"制（即全年一个月假期，二个月劳动，九个月学习）；干训部采取"一一十"制（即全年一个月假期，一个月劳动，十个月学习）。在教学改革方面，白瑞西提出"边教边改，边破边立"的方针。他指出，课堂教学原则上应采取启发式的讲授方法，人文社会科学可以通过分析辩论，来提高学生的认识，并进行专题总结。自然科学教学可采用课堂讲授与现场教学相结合的方式，其他学科也要努力改进教学方法，但所有学科都要贯彻启发式教学，认真讲解基础知识。科学研究应贯彻为教学服务的精神，教什么就研究什么，既要打破神秘感，也要具备严肃性。要倡导群众性的科研活动，发挥集体力量。对已提出的科研计划，要争取按时完成。生产劳动要建立以农业为重点，以学院农场为中心的生产体系，组织劳动，搞好生产。政治思想工作方面，各个部门都要做好，促使人人关心政治，努力进步，保证各项工作任务圆满完成。根据这一工作安排精神，决定1959年全院以教学改革为重点开展工作。[①]

《关于教育工作的指示》规定，"在一切高等学校中，应当实行学校党委领导下的校务委员会负责制"[②]。为贯彻指示精神，学院于1959年1月30日至2月1日召开全院第一届党员大会。会议主要总结了1958年教育革命的正反经验，提出了1959年的工作任务和今后发展的意见，并改选党委会。白瑞西代表党委向大会作了《1958年工作总结报告》，指出经过整风运动，全院师生员工接受了一次深刻的思想教育和政治锻炼，形成了向民族师范高等学校发展的共识；解决了领导之间长期存在的认识分歧；基本消除了某些教工互不协作的矛盾。谈到经验教训时，白瑞西

---

① 中南民族大学校史编纂委员会. 中南民族大学校史［M］. 武汉：湖北人民出版社，2011：49.

② 中央档案馆，中共中央文献研究室. 中共中央文件选集（一九四九年十月～一九六六年五月）（第29册）［M］. 北京：人民出版社，2013：36.

强调，维护党的团结，加强党的领导，是完成各项工作任务的根本保证；贯彻群众路线，发扬民主作风，尊重群众的创造精神，是推动各项工作前进的重要措施；贯彻党的统一战线政策和知识分子政策，组织劳动锻炼，是密切党群关系，促进知识分子走又红又专道路的关键环节；正确对待群众意见，开展批评与自我批评，是改进工作作风，振奋革命精神的有效办法。白瑞西积极评价教学改革取得的效果，他强调指出，要继续贯彻党的教育方针，以搞好教学为纲，组织各项工作跃进。全院 260 名党员参加会议，经选举产生中共中央民族学院分院第一届委员会委员 11 人；党委设常委会，由 4 人组成，白瑞西任书记，黄明家任副书记。这是建院以来召开的首次党员代表大会，也是一次统一思想、凝聚共识的大会。

把教学工作摆在首位，是白瑞西抓教育工作的基本原则。在第一届党员大会上，白瑞西提出"以搞好教学为纲"的要求。1959 年 3 月 14 日，白瑞西召开全院教工大会，作了《千方百计提高教学质量的报告》。会上，白瑞西提出"实现以'三好'为基本要求，提高教学质量为努力目标，开展一个提高教材质量，改进课堂教学为中心环节"的"五要""十好"运动。他指出，"三好"是基本要求，即教师必须教好、学生必须学好、干部必须领导好。"五要"是从教材内容方面提出的具体要求，即一要有正确的政治方向，鲜明的阶级观点；二要有理论又要有实际，理论和实际密切地结合起来；三要有鲜明的人民性和思想性；四要有正确而丰富的资料和科学上的新成就，还要有确切的典型；五要有相当完整的科学性和系统性。"十好"是从课堂教学方面提出的要求，分别是：一要目的明确，准备好；二要观点正确，立场好；三要重点突出，掌握好；四要理论实际，结合好；五要通俗易懂，讲解好；六要层次分明，条理好；七要说服有力，分析好；

八要引证恰当，比喻好；九要反复讲解，辅导好；十要热情耐心，态度好。为做好"五要""十好"，白瑞西提出了十条措施：一是，认真读书，做到知识广博、精深；二是，保证充分的备课时间；三是，相互听课，定期座谈，交流经验；四是，深入辅导，了解学生，听取意见，改进教学；五是，改进图书和资料借阅使用办法；六是，为教研组提供办公室，改善备课、学习条件；七是，有计划地结合教学开展科研；八是，把课堂教学和现场实习、调查访问适当结合；九是，与兄弟院校联系，互通资料，交流经验；十是，党团员在教学改革中要起模范带头作用。白瑞西提倡的"五要""十好"运动实际上是一套系统完整的教学管理思想，体现了深刻的辩证法意蕴，对学院的教育教学具有重要的指导价值。

为贯彻教育方针，白瑞西还提出"一条保证""四项并举"。"一条保证"是指加强党的领导；"四项并举"则包括政治与业务并举、教学与劳动并举、智育与体育并举、教师团结和师生友爱并举。《千方百计提高教学质量的报告》不仅体现了中央教育方针的基本要求，而且也紧密结合了学院教学工作的实际情况。结合白瑞西的讲话精神，学院相关部门进一步细化工作目标和要求，把学院工作推向一个新阶段。例如，院办号召所有教师干部和学生开展"六好"运动，即"思想好、学习好、工作好、劳动好、团结好、身体好"。白瑞西重视教师工作，他得知林之棠①教授完成东北支援任务，即将回汉，他通过多种方式联系林之棠，将其调入学院。

1959 年 9 月，院长白瑞西在开学典礼上作重要讲话——《一切工作为了提高教学质量》。白瑞西总结了过去一年的工作情况，提出新学年的三大任务。一是，统筹兼顾，全面安排，建立和巩

---

① 林之棠（1896—1964），福建福安人，曾担任华中大学中文系教授兼系主任。1958 年支援东北，1962 年调回武汉，1964 年因急症昏倒在课堂上，抢救无效逝世。

固新的教学秩序。学院要以教学为中心，把教学、劳动和科研更加合理地结合起来。要不断调整内部关系，加强团结。要加强发挥教师的主导作用和发展教学相长的新型师生关系，加强青老年教师互助合作关系，加强教学和行政两方面的密切协作。二是，不断提高教学质量。要为教师创造提高业务水平和思想水平的有利条件。在教学中，教师可就业务问题发表独创见解，提倡开展学术研究的风气；对学生则要培养认真读书，独立思考的风气。三是，在贯彻以教学为中心和勤俭办学方针的前提下，全院人员要加强责任感，厉行增产节约，发扬艰苦朴素的精神，搞好副食品生产，克服生活上的困难，更好地完成党所交给的任务。同时，白瑞西号召全院师生努力工作，把学院建设成为政治热情高，学习风气好，工作干劲大，人人健康活泼，心情舒畅，团结友爱的民族大家庭。①

图 15-6　白瑞西与优秀学员合影②

---

①　中南民族大学校史编纂委员会. 中南民族大学校史［M］. 武汉：湖北人民出版社，2011：54.

②　第二排右一为白瑞西。

党的八大之后，我国实行党委领导下的校务委员会负责制，党委全面领导学校的工作，校务委员会负责学校行政事务。1959年5月28日，全院师生员工选举产生首届院务委员会，由白瑞西任院务委员会主席，严学宭任副主席；会议通过了《中央民族学院分院院务委员会暂行条例》。随后，院务委员会组织讨论，修订教学计划。同年7月，院务委员会作出决定：一是，调整上课时数。减少本科学时200余个，规定上课学时与自习学时的比例为1：1。二是，规定政治理论课的学习顺序。照顾课程之间的联系，第一学年开展社会主义共产主义教育，第二学年开设中共党史，第三学年开设哲学，第四学年开设政治经济学，马列主义民族问题与民族政策放在第一或第二学年开设。三是，规定公共课和各学年生产劳动的主要内容。各系均须开设教育学、心理学、逻辑学、教学法和中国语文，未开设的必须补开。第一、二学年以参加农业生产劳动为主，第三学年以工业劳动为主，第四学年则是教育实习。四是，增强课程安排的科学性。

1960年5月3日，教育部和中央民族事务委员会在北京联合召开第三次全国民族学院院长会议，会议重点讨论了民族学院在贯彻党的教育方针中的经验和存在的问题。1960年6月25日，中央民族事务委员会在北京召开民族学院院长和西藏公学校长座谈会，研究在少数民族地区加强教育工作的问题。会议要求各民族学院必须加强阶级教育，开展教育改革，高速度培养少数民族的共产主义干部。中南民族学院较好地贯彻了党的教育方针，加强了师生员工的思想教育，组织师生参与生产劳动，结合教学实际开展社会调查，引导知识分子走又红又专的道路。同时，学院也高度重视人才培养，积极进行教学改革，采用"干部、教师、同学"三结合的形式备课，围绕课堂教学抓好"备课、讲课、自学、辩论、总结、考查"六个环节，探索出适合本校实际的办学模式。科研工作也是学院的工作重点，白瑞西强调教学要与科研相结合，大力支持创办学报，为师生的科学研究提供交流平台。1960 年，《中央民族学院分院学报》正式创刊，成为首家创办学报的民族学院。

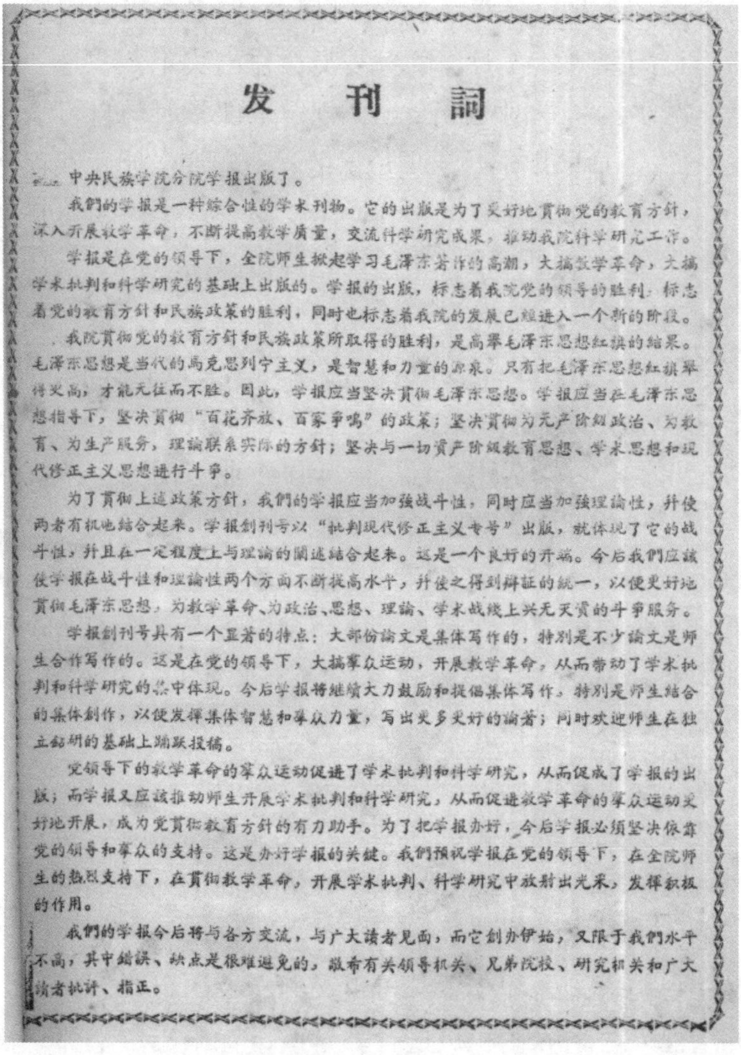

发刊詞

中央民族学院分院学报出版了。

我們的学报是一种綜合性的学术刊物。它的出版是为了更好地貫徹党的教育方針，深入开展教学革命，不断提高教学質量，交流科学研究成果，推动我院科学研究工作。

学报是在党的領导下，全院师生掀起学习毛澤东著作的高潮，大搞教学革命，大搞学术批判和科学研究的基础上出版的。学报的出版，标志着我院党的領导的胜利，标志着党的教育方針和民族政策的胜利，同时也标志着我院的发展已經进入一个新的阶段。

我院貫徹党的教育方針和民族政策所取得的胜利，是高舉毛澤东思想紅旗的結果。毛澤东思想是当代的馬克思列宁主义，是智慧和力量的源泉。只有把毛澤东思想紅旗舉得更高，才能无往而不胜。因此，学报应当坚决貫徹毛澤东思想。学报应当在毛澤东思想指导下，坚决貫徹"百花齐放、百家争鳴"的政策；坚决貫徹为无产阶級政治、为教育、为生产服务，理論联系实际的方針；坚决与一切資产阶級教育思想、学术思想和現代修正主义思想进行斗争。

为了貫徹上述政策方針，我們的学报应当加強战斗性，同时应当加強理論性，并使两者有机地結合起来。学报創刊号以"批判現代修正主义专号"出版，就体现了它的战斗性，并且在一定程度上与理論的闡述結合起来。这是一个良好的开端。今后我們应該使学报在战斗性和理論性两个方面不断提高水平，并使之得到辯証的統一，以便更好地貫徹毛澤东思想，为教学革命、为政治、思想、理論、学术战綫上兴无灭資的斗争服务。

学报創刊号具有一个显著的特点：大部份論文是集体写作的，特别是不少論文是师生合作写作的。这是在党的領导下，大搞群众运动，开展教学革命，从而带动了学术批判和科学研究的集中体现。今后学报将继續大力鼓励和提倡集体写作，特别是师生結合的集体創作，以便发揮集体智慧和群众力量，写出更多更好的論著；同时欢迎师生在独立鉆研的基础上踴跃投稿。

党領导下的教学革命的群众运动促进了学术批判和科学研究，从而促成了学报的出版；而学报又应該推动师生开展学术批判和科学研究，从而促进教学革命的群众运动更好地开展，成为党貫徹教育方針的有力助手。为了把学报办好，今后学报必須坚决依靠党的領导和群众的支持。这是办好学报的关鍵。我們預祝学报在党的領导下，在全院师生的热烈支持下，在貫徹教学革命，开展学术批判、科学研究中放射出光采，发揮积极的作用。

我們的学报今后将与各方交流，与广大讀者見面，而它創办伊始，又限于我們水平不高，其中錯誤、缺点是很难避免的，敬希有关領导机关、兄弟院校、研究机关和广大讀者批評、指正。

图 15–7　《中央民族学院分院学报》（1960 年第 1 期）

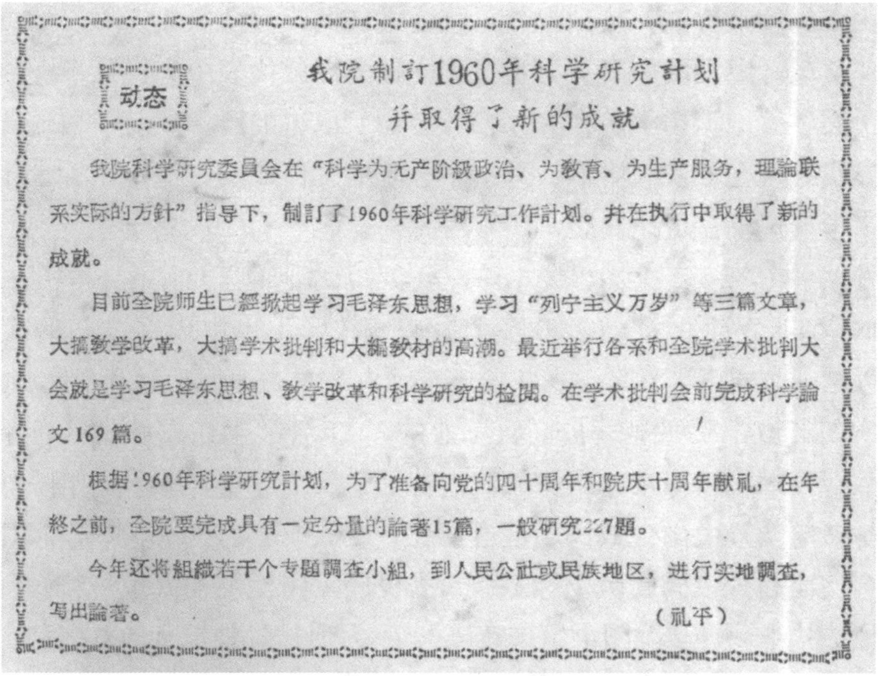

动态

我院制訂1960年科学研究計划 并取得了新的成就

我院科学研究委員会在“科学为无产阶級政治、为教育、为生产服务，理論联系实际的方針”指导下，制訂了1960年科学研究工作計划。并在执行中取得了新的成就。

目前全院师生已經掀起学习毛泽东思想，学习“列宁主义万岁”等三篇文章，大搞教学改革，大搞学术批判和大編教材的高潮。最近举行各系和全院学术批判大会就是学习毛泽东思想、教学改革和科学研究的检閱。在学术批判会前完成科学論文169篇。

根据1960年科学研究計划，为了准备向党的四十周年和院庆十周年献礼，在年終之前，全院要完成具有一定分量的論著15篇，一般研究227題。

今年还将組織若干个专题調查小組，到人民公社或民族地区，进行实地調查，写出論著。

（祇平）

图 15–8 《学报》刊载的科研成就简报

白瑞西的工作成绩有目共睹，时任副院长叶尚志高度评价道，“他工作认真、严谨、有主见、责任心很强”①。总体而言，1958—1961 年，学院工作基本上朝着《中央民族学院分院跃进规划纲要（1958—1962）》的办学目标稳步前进。由于学院事业不断发展壮大，对民族地区的辐射影响日益加强，1960 年 6 月，中央民族事务委员会将中央民族学院与中央民族学院分院一同列为委属重点高等学校。

1961 年 11 月 29 日，中南民族学院举行建校 10 周年庆祝大会，全校 1500 余名各族师生员工参加庆祝活动。中央民族事务委员会副主任薛向晨、湖北省副省长孟夫唐出席院庆大会。中共中央

① 叶尚志．我与民族工作和民族学院的渊源——为热烈祝贺中南民族学院创办 50 周年而作［J］．人才开发，2001（11）：15–17．

中南局发来贺电，热烈祝贺学院为发展民族教育事业所做出的重要贡献。中央民族事务委员会副主任薛向晨代表中央民族事务委员会致辞，赞扬学院在人才培养方面所取得的巨大成就。白瑞西在庆祝大会上发表讲话，总结了学院的工作成绩，他指出，十年来学校规模在迅速发展，1951 年建院之初只有 194 名学生，现已发展到 1072 人（其中党、团员占 80%）；他们来自中南、华东、西南 11 个省（区）的 20 多个民族。教职工也由成立之初的 23 人增加到 407 人，其中少数民族教师占 23%，他们来自 9 个民族。学院的教学质量显著提高，毕业的 3411 名学生在民族地区各条战线发挥积极作用，不少人获得功臣、模范等荣誉称号。学院师生参与调查中南少数民族基本情况、民族成分识别、少数民族社会性质和少数民族历史等工作，为民族工作提供了大量资料，科研成果丰硕。学院图书馆现有藏书 15 万册，各种报刊 500 多种。学院还建有一座民族文物陈列馆，收藏了 1.3 万多件各民族珍贵文物。白瑞西表示，这一切成绩都是党对少数民族的关怀和对民族教育事业大力支援的结果。今后，学院要更好地完成培养少数民族干部的光荣任务。① 为庆祝建院十周年，学院民族文物陈列馆主办了建院 10 周年成就展，用图片和实物展现了学院发展的辉煌成就。

由于学校办学业绩突出，为进一步加强对学院的领导，1961年 12 月 19 日中央民族事务委员会决定，中央民族学院分院改由中央民族事务委员会直接领导。

---

① 中南民族大学校史编纂委员会. 中南民族大学校史［M］. 武汉：湖北人民出版社，2011：68.

图 15-9　1960 年代初期家庭合影

十六 建章立制抓落实

　　多快好省地发展我国文化教育事业，是当时教育领域的总要求。1958 年 8 月，中共中央、国务院颁布《关于教育事业管理权力下放问题的规定》，明确指出："新建高等学校和中等工科技术学校，凡能自力更生解决问题的，地方可自行决定"①。1958年夏，河南省遂平县嵖岈山卫星人民公社办起了红专综合大学；河北省徐水县办起一所有 10 个系的综合大学。据《光明日报》1958 年 10 月 1 日报道，当年新建高等学校（不含红专大学等业余学校）800 余所，全国已有高等学校千所以上（其中国家举办的只有 200 多所）。"教育大跃进"风潮席卷南北，但中南民族学院总体发展平稳。1961 年 1 月，中共八届九中全会纠正了"大跃进"的错误方针，确定对国民经济实现"调整、巩固、充实、提高"的八字方针。1962 年初，中共中央召开扩大会议（即"七千人大会"），总结 1958 年以来社会主义建设的基本经验和教训，提出调整国民经济的主要任务。随即，各战线召开会议，落实中央精神。

---

　　① 中国共产党中央委员会、国务院关于教育事业管理权力下放问题的规定［J］. 中华人民共和国国务院公报，1958（26）：570-572.

　　在总结正反两方面经验的基础上，中共中央相继制定了有关农业、工业、商业、科学、文艺等方面的工作条例草案，比较系统地总结了社会主义建设的经验。根据中央指示，教育部草拟了《教育部直属高等学校暂行工作条例（草案）》（以下简称《条例》）。[①]1961年7月，由邓小平主持的中央书记处会议对《条例》作了细致讨论。1961年9月，毛泽东主席在庐山主持召开中央工作会议，审议通过此《条例》（通称为"高教六十条"）。中央在批转文件时指出，近几年对待知识、知识分子简单粗暴现象有所滋长，必须引起严重注意，加以清理甄别，批判错了的要纠正，解除他们的思想疙瘩；在学术问题上，必须鼓励自由探讨、自由辩论、自由竞争。[②]制定《教育部直属高等学校暂行工作条例（草案）》的目的，是为了总结建国十二年来我国高等教育的经验，特别是1958年之后三年教育革命的经验，肯定成绩，克服缺点，建立起新的、适合我国情况的一套高等学校的规章制度，使全体干部和师生充分认识到，应该做什么，不应该做什么，应该怎样做，不应该怎样做，以保证党的教育方针得以真正贯彻执行，为社会主义建设事业培养出又红又专的合格人才。《条例》分总则、教学工作、生产劳动、研究生培养工作、科学研究工作、教师和学生、物资设备和生活管理、思想政治工作、领导制度和行政组织、党的组织和党的工作等10章，共60条。[③]"高教六十条"强调，学校的中心任务是教学，教学是学校的经常性工作，

　　① 《中国教育年鉴》编辑部. 中国教育年鉴（1949-1981）［Z］. 北京：中国大百科全书出版社，1984：237.

　　② 《中华人民共和国简史》编写组. 中华人民共和国简史［M］. 北京：人民出版社，当代中国出版社，2021：103.

　　③ 《中国教育年鉴》编辑部. 中国教育年鉴（1949-1981）［Z］. 北京：中国大百科全书出版社，1984：237.

学校要以教学为主。

为贯彻落实"调整、巩固、充实、提高"的八字方针，学院于1961年5月初到6月下旬，在全院范围内开展了教学整风运动。整风运动中，全院师生多次讨论，学院领导反复检查，充分肯定三年来的办学成绩，不回避办学过程中的"左"倾失误。白瑞西坦承，对有些工作要求过高过急，步子过大，偏离实际，需要及时纠正；他表示，还没有很好地掌握学校工作的基本规律、学校内部的各种比例关系以及按比例发展等。[①]针对教学整风运动中存在的各种问题，白瑞西组织师生集体讨论，提出相应的整改措施，制订了《改进教学工作，提高教学质量试行方案》，以纠正教育革命中的偏差。

根据上级组织安排，1961年7月23日，学院党委召开中央民族学院分院第二届党员代表大会。会上，白瑞西代表院党委作报告——《两年半来的工作总结》。白瑞西指出，自第一次全院党员代表大会以来，学院贯彻党的教育方针，开展教育革命，围绕教学中心开展各项工作，取得了可喜的成绩，促进了学院事业的发展。同时，他也实事求是地总结了工作中存在的缺点和"左"的错误，分析错误产生的原因。根据当时的办学形势，白瑞西提出今后应抓好几项重点工作：一是，全面贯彻"八字"方针，争取实行"四定"（定方向、定专业、定规模、定编制），同时组织和领导各部门把教学、政治思想、行政及群众的生活福利工作全面地抓起来；二是，围绕提高教学质量的总要求，抓好教师水平的提高，教学的改进和学习质量的检查；三是，在全院教工中，特别是在各处、室和系以上的领导干部中，要开展马列主义，毛

---

① 中南民族大学校史编纂委员会. 中南民族大学校史［M］. 武汉：湖北人民出版社，2011：60.

泽东著作和党的方针政策的学习；四是，抓生活，保健康，克服当前的困难；五是，抓党的思想建设和组织建设，发挥党组织和党员的先进作用；六是，提高院党委领导水平，做好党政分工，发挥行政部门的职能作用。出席本次会议的代表有 89 人，代表全院 305 名党员。大会选举产生了新一届党委委员及常委，白瑞西任党委书记，黄明家任党委副书记。这次党员代表大会，为整顿办学秩序、规范办学行为做了思想上和组织上的准备。

"高教六十条"为办好社会主义高等教育指明了方向，提出了准则。落实中央精神，执行好"高教六十条"，成为学院的中心工作。1961 年 10 月中旬，院党委和院务委员会多次召开会议，研究贯彻"高教六十条"的具体问题，部署相关部门组织学习，改进各项工作。1962 年 5 月 8 日，学院召开第二届院务委员会，白瑞西当选为院务委员会主席；第二届院务委员会第一次会议讨论通过《中央民族学院分院暂行工作简则（草案）》。《简则》明确规定学院各级行政组织机构的职责范围，以及学院运行规则，表明学院已经按照普通高校的要求实行正规化办学。1962 年 11 月 10 日，第二届院务委员会第三次（扩大）会议，讨论通过了学院《关于试行教育部直属高等学校暂行工作条例（草案）的初步总结》。1963 年 8 月，学院正式发布《中央民族学院暂行工作条例》（详见本书附录），共 100 条。《中央民族学院暂行工作条例》指出，为更好地贯彻党的教育为无产阶级政治服务、教育与生产劳动相结合的方针，适应国家社会主义建设和民族地区的需要，稳定教学秩序，提高教学质量，学院依据"高教六十条"的基本原则，结合学院实际情况，制定了本暂行工作条例。该条例对学院的基本任务和工作，包括教学工作、生产劳动、科学研究工作、教师、干部轮训部、本科、预科学生的组织和行政管理、物资设备和生活管理、思想政治工作、领导制度和行政组织、教工会、团委会、学生会、党的组织和党的工作等各方面，分别作出原则规定和具体要求；对未能作出详细规定的部分，各单位可根据本条例的基本精神，作出必要的补充规定和具体工作条例。该条例是中南民族学院建院以来最系统、最完备的一部办学规程，类似于当前的大学章程。

为树立好的校风，形成好的学风，培养好的作风，1962年3月10日白瑞西在院党委会上提出"勤学、朴实、团结、活泼"八字校风。在全院师生员工大会上，白瑞西详细阐述"八字"校风的具体要求。"勤学"指的是要勤奋学习；"朴实"要求纯朴踏实；"团结"是我们一切事业胜利的保证；"活泼"就是要富有生气。校风反映学校的精神面貌，体现学校人才培养的基本要求，提出"八字"校风促进了学校社会主义精神风貌的发展，潜移默化地影响了师生员工的人生观价值观。[①]"八字"校风是从学院办学实际出发提出来的，与当时我国高等教育发展的具体要求相一致，具有现实意义和价值。然而，"文革"中八字校风被认为有违"三八作风"，构成了白瑞西的一条罪状。"三八作风"，是中国人民解放军在长期革命斗争中养成的优良作风，即三句话八个字。分别是：坚定正确的政治方向；艰苦朴素的工作作风；灵活机动的战略战术；团结、紧张、严肃、活泼。[②]"文革"期间，教育战线大兴"三八作风"，倡导继承抗大革命传统。

1964年3月31日至4月7日，院党委召开全院第三届党员

---

① 中南民族大学校史编纂委员会. 中南民族大学校史［M］. 武汉：湖北人民出版社，2011：69.

② 1939年5月26日，毛泽东在题为《抗大三周年纪念》的文章中提出，"抗大的教育方针是：坚定正确的政治方向，艰苦奋斗的工作作风，灵活机动的战略战术，这三者是造成一个抗日的革命的军人所不可缺一的。抗大的职员、教员、学生，都是根据这三者去进行教育与从事学习的。"1937年上半年，毛泽东指示林彪以"团结、紧张、严肃、活泼"八个字作为抗大校训。

大会。院党委书记白瑞西代表党委在会上作《工作报告》。会议总结了三年来学院在思想政治工作和教学工作中的主要经验。大会认为，三年来，经过抓生活、保健康、调整关系，学院贯彻了党的知识分子政策，加强了民主集中制，贯彻了高等学校暂行工作条例，进一步明确树立了以教学为主的思想，稳定了教学秩序，教学质量不断提高。党的八届十中全会以来，院党委加强了以阶级教育为核心的思想政治工作和反对现代修正主义的教育，特别是通过"五反"运动及在师生中进行社会主义自我教育运动，提高了全体师生员工的阶级觉悟，促进了思想革命，使全院出现一派生气勃勃积极向上的局面。① 此次学院党代会共有 135 名党员参会，经选举产生中共中央民族学院分院第三届委员会委员 21 人。本届党代会设常委会，白瑞西任书记，胡觉民、黄明家任副书记。1965 年 10 月 1 日，学院恢复原名中南民族学院，党委亦随之改为中共中南民族学院委员会。②

1964 年 6 月，毛泽东严厉批评文艺界，指责文联所属协会及其所办刊物，"十五年来基本上不执行党的政策，做官当老爷，不去接近工农兵，不去反映社会主义革命和建设，最近几年，竟然跌到了修正主义的边缘。如不认真改造，势必在将来的某一天，要成为像匈牙利裴多菲俱乐部那样的团体"③。随着文艺界和学术界展开批判运动，高教战线也将教学改革提上议事日程。1964 年 9 月，高教部发布《关于积极进行教学改革的意见》。该意见

---

① 中南民族大学校史编纂委员会. 中南民族大学校史［M］. 武汉：湖北人民出版社，2011：73.

② 中共中南民族学院委员会组织部. 中共中南民族学院组织史资料（1951.1 ~ 1993.12）［Z］. 1993：1.

③ 中共中央文献研究室. 建国以来重要文献选编（第 19 册）［M］. 北京：中央文献出版社，2011：447.

提出了小、中、大三类教改方案，并强调循序渐进，防止一哄而上，搞乱教学秩序：普遍进行小改，即在学习年限、专业划分和教学计划大框架不变的前提下，在各门课程、各个教学环节的教学中，进一步精选教学内容，改进教学方法和考试方法，并对少量课程的学时进行调整；有重点地进行中改的试验，须报部备案；研究大改的方案，须报部批准。依据高教部文件精神，学院成立以白瑞西为组长的教学改革领导小组，在调查研究、总结经验的基础上，学院决定采用小步子教学改革方案。白瑞西指出，要本着少而精的原则，普遍修改教学大纲，精简合并课程，减少部分课程学时，对学制、专业、教学计划等不做大的变动，保持稳定的教学秩序。

在办学过程中，白瑞西躬耕不辍，潜心育人。他高度重视青年学生思想政治教育工作，夯实学校高标准、高质量发展的思想基础、政治基础。白瑞西选取政治系 63 级本科班作为改革试点，亲自蹲点指导。在同学们眼里，他是党的高级干部，能到一个班上蹲点，让大家感到难以置信。有同学回忆道，刚开始大家都很拘谨，但白瑞西住在学生宿舍楼四层，同学们每天早晚都有机会遇到他，他总是微笑着与大家打招呼，时间一长，大家逐渐熟悉了他。白瑞西经常让蹲点班级的同学去他办公室进行座谈或个别交谈，大家感觉十分亲切。民族学院学生大多家境贫穷，即便国家给予生活补贴，可还是有不少学生难以维持学业。60 级历史系学生彭英明，家庭极其困难，打算辍学返乡。白院长得知后，分别在 1961 年、1962 年年底两次给予彭英明 20 元困难补助，使其渡过了难关。①

---

① 彭英明. 中南民大：我心中的图腾［J］. 武汉文史资料，2020（8）：26-33.

白瑞西同志在政治系6 3級

“关于貫徹‘七三’指示的蹲点总結报告”記录

現在我把政治系六三級前段貫徹“七三”指示的情况簡单的总結一下，其目的是回顧一下前一段那些做对了，那些做的还不夠，使大家提高認識，以便克服缺点，继續前进。另一方面6 3級在貫徹“七三”指示方面根据党委的意見先走一步，以便摸索出一些經驗，普遍推广。所以今天各单位也都派了代表参加这个大会。

总結的內容分五个問題来講：

一、貫徹“七三”指示以后的变化和估价：

隨着对“七三”指示精神的領会不断提高，行动上也产生了效果，根据同学們的討論，一致認为在这段時間全班的面貌有頗大的变化，主要表現是：

1.学习目的性比以前更明確了。本学期初，同学們在学习問題上的看法有爭論，但要求是一致的——抓紧一切时間搞好学习。有的同学認为經过一年参加四清运动的鍛炼感到理論基础差，需要好好学习，有的認为一年級时感到沒学到什么东西就过去了，二年級时搞了一年的“四清”少学了一年，因此务必在三、四年級尤其要在三年級把学习大抓一把。所以当“七三”指示貫徹时，就碰到了不少同学这种抵触思想。即减輕学生負担和增加学习量的矛盾。因此，对教学改革抱怀疑态度，不放心，对減輕学习負担抵触，唯恐从教学总量中砍掉三分之一，使自己少学了知識。为了澄清思想，統一認識，在学习“七三”指示的过程中反复討論学习的目的。在开始討論中不少的同学在这个問題上暴露出形形色色的个人主义的想法，这主要是認为学习是为了能學到书本知識，考試考得好，老师相信，領导看得起，毕业时能分配个好的工作，而所謂好的工作就是大城市大机关大学校，这和国家面向农村、面向农民、面向基层的要求恰恰相反，由于思想激开了，批評与自我批評也展开了，逐步明确了为革命而学的目的，

图 16-1 白瑞西在政治系 63 级蹲点的总结报告首页①

① 此件收藏于中南民族大学档案馆，档案号 119-003,1965 年 12 月 4 日。

十七 风云变幻难遂愿

　　1961 年，学院按照第二届党员代表大会确立的主要任务，聚焦"四定"（即定方向、定专业、定规模、定编制），统筹推进教学与思想政治工作。1961 年 11 月，中央民族事务委员会副主任丹彤来学院视察，他肯定了学院十年办学成绩，同时提出民族学院要坚持办预科，扩大干部轮训任务，控制系的发展。他认为，民族学院的任务就是办干部政治轮训班和文化补习班，办本科系是"好高骛远"，不应该办本科。当然，他的这种看法与当时的政治形势紧密相关。1958 年"教育大革命"之后，受"左"的思想影响，片面强调培训少数民族政治干部的重要性，将民族学院定性为政治学校，限制了本科专业发展。1961 年 1 月，中央提出"调整、巩固、充实、提高"八字方针，因此，教育战线压缩了"大跃进"期间过度膨胀的高等教育规模。实际上，中南民族学院在这一时期，总体发展平稳，未出现不切实际的冒进，其跃进规划纲要是基于中南少数民族地区发展需要而做出的科学规划。为迎接建校十周年，学院依据"高教六十条"，不断规范办学行为，健全教育教学制度，着力提升质量，整个学院呈现出欣欣向荣的局面。

　　1962 年 4 月 21 日至 5 月 29 日，全国民族工作会议在北京召开。会议指出要调整民族关系，加强民族团结，调动和发挥少数民族群众的积极性，恢复和发展生产，改善人们生活。会议客观总结了近几年来民族工作的成就和经验，纠正了民族工作中的缺点和错误；然而，由于"左"倾错误的恶性膨胀，上级部门认为民族学院大力发展专业教育偏离了民族学院的政治定向。因此，中央民族事务委员会决定，除政治系外，民族学院的其他专业均要限期停办。这种做法显然是要让这所刚刚初具规模的高等学校重新回到办干部轮训班的轨道上去。1962 年 6 月 10 日，中央民族事务委员会指示学院，"历史系除 1962 年停止招生外，在校学生办到毕业为止"①。同时指出，"各地中等学校也在压缩，今后数学系应将目前培养数学教师的任务做相应的压缩，逐步担负起为少数民族地区培养会计师的任务"②。另外，中央民族事务委员会要求停办两年制的农林专修班。

面对上级指示，白瑞西和学院师生均感到万分困惑。从全国社会主义建设的总体要求来看，高等教育领域的调整主要是针对那些不具备办学条件的高校和不切实际的教学科研目标。但是，中南民族学院的办学目标基本上符合实际，没有不切实际的"大跃进"。另外，从人才供需角度来看，学院以中南民族地区人才需求为导向，科学设置专业及人才培养方向，人才培养质量有保障。1961 年冬，学院再次派出调研组到广东、广西了解人才需求情况，调查发现，地方确实亟须民族干部和中学师资。白瑞西认为，民族学院应该办成名副其实的高校。白瑞西难以说服自己接受中央民族事务委员会的专业调整指示。为广泛了解师生员工关于停

---

① 中南民族大学校史编纂委员会. 中南民族大学校史（1951—2011）［M］. 武汉：湖北人民出版社，2011：46.

② 中南民族大学校史编纂委员会. 中南民族大学校史（1951—2011）［M］. 武汉：湖北人民出版社，2011：46.

办撤销专业的意见，1962 年 7 月 26 日，学院党委召开扩大会议，专门讨论专业停办撤销事宜。经过慎重研究，学院党委认为历史学不宜撤销，数学系培养方向也不宜调整。

1962 年 8 月 22 日，白瑞西以个人名义向中央统战部领导和中央民族事务委员会党组写信（详见本书附录）。他在信中详细阐述了不宜撤销的理由，充分论证了专业设置及培养方向的合理性。此信一万两千余字，有理有据，言真意切，拳拳之心溢于字里行间。白瑞西委托教务处处长张志平将此信带到北京，并向中央民族事务委员会领导汇报学院党委关于停办撤销专业的意见。在白瑞西的坚持下，学院的系与专业暂时得以保留下来。以同时期西南民族学院为例，该校办学规模大幅缩减，原有的六个系合并为师范系，下设汉语文、数学、物理与化学、藏语文、彝语文、政治与历史六个专业，在校生由 3000 余人降到 1500 余人。

1964 年 5 月 15 日，中央民族事务委员会、高等教育部在北京联合召开全国第四次民族学院院长会议。会议讨论了民族学院的方针任务、思想政治工作、教育体制和管理体制等问题。会议指出，"民族学院是培养少数民族共产主义干部的学校，是革命的抗大式的政治学校"；"要把轮训和培养少数民族政治干部的工作列为首要任务。要调整本科专科，切实办好预科"；"在今后两到三年内，八所民族学院培养轮训少数民族政治干部在校生人数所占的比例要达到 60%—70%"；"民族学院的本科、专科同一般大专院校应有适当分工。过去没有举办本科、专科的，今后一般不再举办；已经举办的，可根据当前少数民族地区的需要，对现有学科进行适当调整"。① 根据会议精神，1964 年 6 月学院

---

① 国家民族事务委员会教育司. 新时期民族教育工作手册 [M]. 北京：中央民族学院出版社，1991：268.

编制了《中央民族学院分院 1965—1970 年六年事业发展规划》（详见本书附录），明确提出将调训在职干部和培养政治干部的比例提高到 70%，预科和语文系本科的专业规模控制在 30% 以内。具体而言，学院将以培训少数民族政治干部为主，本科教育方面仅设置政治系和语文系，政治专业每年招生 85 人，语文专业每年招生 40 人。

1964 年 9 月，中央民族事务委员会再次指示学院，历史系、数学系应该停办，因为这类专业人才，一般高等学校可以培养。1965 年 5 月，中央民族事务委员会要求，撤销中文系建制；数学系学生 1967 年暑期毕业后，立即停办。每次收到上级关于办学方向的指示，白瑞西都积极组织学院师生讨论，主动向上级反映学院意见，希望上级领导能够从民族教育事业长远发展的立场来考虑，保留兴办不久的本科专业。从 1962 年到 1965 年，学院与上级领导围绕专业撤销问题争论三年之久。在保留个人意见的同时，白瑞西及学院党委还是服从上级指示，忍痛撤销了千辛万苦办起来的几个专业。1962 年，遵照中央民族事务委员会指示，停办筹建的生物系；1964 年，停办历史系、数学系；1965 年，停办中文系。这样一来，刚刚兴办起来的四个本科专业，就只剩下政治专业。

虽然停办了三个系及其专业，但白瑞西有意保留了师资和办学规模。1953 年 4 月，中南民族事务委员会将中南少数民族问题研究室转设于中南民族学院。遵照中南民族事务委员会的指示，该研究室负责中南地区民族情况和问题的调查研究工作，主要研究中南民族地区少数民族的历史文化、社会经济和语言文字，并搜集整理有关民族问题的理论和资料，为中南民族事务委员会工作和学院教学工作提供参考。1956 年 8 月，学院撤销了中南少数民族问题研究室。按照指示要求，白瑞西撤销了历史系；同时，又恢复了民族问题研究室，由学院直接领导该研究室。他将历史系教师调入研究室，最大限度地保留了历史学师资和相关教学研究资源。此间，尽管学院专业发展受到严重制约，但学院本科招生规模却呈现先下降后恢复的变化态势。具体数据如下：1958年，学院招收194名本科生；1959年招收209名本科生；1960年招收224名本科生；1961年招收137名本科生；1962年招收126名本科生；1963年招收159名本科生；1964年招收153名本科生；1965年招收201名本科生。随着"文化大革命"到来，1966年学院完全停止了本科招生，当年仅招收了105名干部培训学员。停办撤销本科专业是学院发展过程中一段艰难曲折的历程，致使学院发展偏离了《中央民族学院分院跃进规划纲要（1958—1962）》所预定的航向。后来，在回忆学院发展历程时，白瑞西对此深表惋惜。他表示，如果学院能够在相对稳定的社会环境中持续发展下去，那么学院会另有一番气象。

从1958年到1966年"文化大革命"开始之前，白瑞西在这八年的工作时间里既有过撸起袖子大干一场的舒畅喜悦，也有过想改变环境却困难重重的烦恼苦闷。白瑞西的目标是把中南民族学院打造成一所名副其实的高等学府，在今天看来，这是一个符合时代趋势的正确选择；然而，在当时，他的想法却显得那么不合时宜。民族教育事业发展遇挫，白瑞西的满腔热情遭受冷遇。他深感失望，但他并没有就此消沉，他多次与中央民族事务委员会分管领导争论学院发展定位。白瑞西也曾料到，这样做的结果可能是"无效劳动"，但他深知作为一名共产党员应该向上级表达自己的不同意见，即便不被采纳，也可为将来发展提供参照。因此，白瑞西不计个人得失，曾连夜向组织写信（即1962年8月22日他写给中央统战部领导和中央民族事务委员会党组的信），详细阐述自己的观点，并批评了无知专断的工作作风。

　　遗憾的是，个别领导的错误主张变成了中央民族事务委员会的文件，正式下达。在这种情势下，白瑞西表示，按照这位领导同志的意见继续下去，中南民族学院不会有多大希望；而自己在中南民族学院继续干下去，也没有任何意义。他认为，自己正处于年富力强志未衰的阶段，愿意将自己的时间和精力投入到更有价值的工作中去。他向分管领导申请工作调动，却只得到口头承诺，一直未见行动。山雨欲来风满楼，形势正在发生变化。1962年10月，中央统战部贯彻八届十中全会"千万不要忘记阶级斗争"的精神，虽未点名批评李维汉，但否定了一些正确的统战政策。1964年的中央工作会议上，中央统战部被再次点名批评；当年12月，李维汉中央统战部部长的职务被撤销（1948年10月—1964年12月任中央统战部部长）。

　　白瑞西的办学蓝图就此搁浅，他为此感到焦虑、郁闷和失望。1964年9月11日，中共中央、国务院发出《关于组织高等学校文科师生参加社会主义教育运动的通知》。《通知》指出："高等学校文科脱离实际的倾向十分严重，资产阶级和修正主义的思想影响相当普遍。今后的方向，是使文科院校附设工厂或迁到农场，办成半工半读或半耕半读的学校。当前必须抓紧组织高校师生参加社会主义教育运动，使他们在实际斗争中接受教育和锻炼，提高社会主义觉悟，改造世界观"[1]。"四清"运动是一次在城乡普遍开展的社会主义教育运动。在城市，源于1963年3月中共中央发布的《关于厉行节约和反对贪污盗窃、反对投机倒把、反对铺张浪费、反对分散主义、反对官僚主义运动的指示》（简称"五反"运动），以打击和粉碎资本主义势力猖狂进攻社会主

---

　　[1]　杜成宪. 共和国教育70年（第1卷）［M］. 南昌：江西教育出版社，2009：231-232.

义的革命斗争。在农村，源于 1963 年 5 月 20 日中共中央通过的《关于目前农村工作中若干问题的决定（草案）》，要求开展大规模的群众运动，打退资本主义和封建势力的进攻，并提出"阶级斗争一抓就灵"。1964 年，"四清"运动在全国范围内展开，按照上级指示，学院干部与师生都要参加"四清"运动。

1964 年 9 月，白瑞西率领 401 名师生到广西三江侗族自治县和湖南湘西土家族苗族自治州吉首县，开展"四清"运动。1965 年 7 月 16 日，白瑞西带领的这批师生全部返院，历时 10 个月。"四清"运动对改变农村干部作风有一定的积极意义，但在"左"的思想指导下，把许多问题的性质归结为阶级斗争，致使不少基层干部蒙受不公正的处理，伤害了农村基层干部的积极性。白瑞西不赞同"四清"运动中一些"左"的做法，他尽量在自己的处理范围内使事情朝好的方向发展。1965 年 8 月，贾青波同志又带领第二批师生再次来到三江县，继续开展"四清"运动。当第二批"四清"工作队返校时，"文革"已经开始，学校陷入停顿状态。1965 年，赵登贤、张立业同志带领部分师生前往湖北江陵县、沔阳县（今仙桃市）参加社会主义教育运动。学院参与社会主义教育运动的师生态度端正，与农民同吃、同住、同劳动，深刻体验了基层工作的真实面貌，接受了生活的磨炼，树立起了正确的阶级立场和感情。1965 年 6 月 4 日，在吉首县参加社会主义教育运动的数学系助教罗秀麟同志，突遇山洪暴发，为抢救农民财产，光荣牺牲，被湖南省人民政府追认为革命烈士。由于大批师生参加为期一年的社会主义教育运动，学院正常教学秩序受到严重冲击，对此，白瑞西感到既可惜却又无能为力。

图 17-1　学院师生参加社教运动 ①

图 17-2　学院师生参加生产劳动 ②

---

①　1964 年 9 月，中南民族学院师生在广西三江侗族自治县参加社会主义教育运动，给当地学生和群众演讲。

②　1964 年 9 月，中南民族学院师生在广西三江侗族自治县参加社会主义教育运动，与当地群众共同参加生产劳动。

图 17-3 1965 年 "备战备荒为人民" 训练照[①]

---

① 图中投掷者为白瑞西。

十八　胸怀坦荡意志坚

　　1962 年"七千人大会"之后，中央提出为"反右倾"运动中被错误批判的同志甄别平反，大多数被划为"右派分子"的人摘掉了帽子。但是，这些纠正并不彻底，没有从根本上改变"左"倾错误的指导思想，甚至还有所发展。1965 年 11 月 10 日，《评新编历史剧〈海瑞罢官〉》一文在上海《文汇报》发表，成为引发"文化大革命"的导火线。1966 年 1 月中旬，白瑞西接到省委通知，要求各地市、省直各部门和大专院校负责人前往广州，参加中南局召开的重要会议。白瑞西代表中南民族学院出席了这次会议。中南局第一书记陶铸和其他几位书记分别做了报告和讲话，提出了进行"文化大革命"的问题。

　　1966 年 6 月上旬，白瑞西回到学校。虽然他对中央的决议不甚理解，但也只能依样画葫芦。1966 年 8 月 29 日，白瑞西等学院党政主要领导和一些知名教授首先被隔离看管，学院党组织受到严重冲击。随即，白瑞西被定性为混进党内的走资派。"文革"期间的种种不堪和屈辱，白瑞西无一幸免：被打倒、被批斗、关牛棚、做检查……他被监禁在一间学生宿舍中，接受审查。但白瑞西坚信，造反派加在他头上的各项罪责都是可以调查清楚的。

严学宭在回忆中讲道，批斗党委书记白瑞西时，作为副院长的他也要陪斗，照样"游街"，承受着极大的精神压力。[①] 当年9月，中南民族学院知名教授岑家梧被定性为"资产阶级反动学术权威"，受迫害后含恨离世。[②]

历时三年的"批斗"，"造反派"没有查出白瑞西的历史问题。随即，"工宣队"在全院大会上宣布，"解放"白瑞西，让其下基层锻炼。事实上，白瑞西历史清楚，政治清白，无愧于党，无愧于人民。

1969年10月26日，中共中央发出《关于高等院校下放问题的通知》。《通知》规定：国务院各部门所属的高等院校，凡设在外地或迁往外地的，交由当地省、市、自治区领导；与厂矿结合办校的，交由厂矿领导。教育部所属的高等院校，全部交给所在省、市、自治区领导。此后，中央所属的高等院校，包括北京大学、清华大学在内，全部下放地方管理。根据中央下放高校的通知精神，中央民委[③]决定，将中南民族学院下放给湖北省革命委员会管理。1970年春，湖北省革委会决定撤销一批武汉地区大专院校，中南民族学院名列其中。1970年9月，湖北省文教战线工宣队指挥部召开第一次会议，文教战线指挥长王德平口头传达湖北省革命委员会决定，撤销中南民族学院建制，合并到华中师范学院。当时全省29所高校，有16所被撤销，像中南民族学院、湖北大学（中南财经政法大学前身）等已经办得有一定起色的高

① 刘宝俊. 严学宭评传［M］. 北京：中华书局，2020：281.

② 岑家梧（1912—1966），海南澄迈人，民盟盟员。1954年3月—1959年5月，任中南民族学院副院长，兼民族问题研究室主任。他被学界誉为"中国人类学、民族学的一代宗师"。

③ 中央人民政府民族事务委员会于1949年成立，简称"中央民委"。1970年6月22日，中央民委被撤销，成立中央民委业务留守组。1978年2月26日，根据中华人民共和国第五届全国人民代表大会第一次会议的决定，建立中华人民共和国国家民族事务委员会。

校都横遭撤销。

自 1971 年全国高校调整以来，华中师范学院由省委和省革委会直接领导。从 1971 年开始，大批干部陆续"解放"，按照革命的"三结合"方针，逐步恢复他们的工作。1972 年 6 月 6 日，中共湖北省委决定撤销整党建党领导小组，成立华中师范学院临时党委，任命白瑞西为临时党委书记。同年 10 月 25 日，中共湖北省委批准，白瑞西任华中师范学院革委会主任。随后，军宣队撤出华中师范学院，学院恢复院系两级党组织和行政机构。1979 年 1 月 5 日，根据中共湖北省委（1978）43 号文件《关于撤销企事业单位革命委员会的有关通知》和教育局颁发的《全国重点高等学校暂行工作条例》，撤销华中师范学院革命委员会，撤销学院政治部，实行院党委统一领导下的院长分工负责制，白瑞西改任华中师范学院院长。

1968 年 7 月 21 日，毛泽东批阅《从上海机床厂看培养工程技术人员的道路》的调查报告，指出"大学还是要办的，我这里主要说的是理工科大学还要办，但学制要缩短，教育要革命，要无产阶级政治挂帅，走上海机床厂从工人中培养技术人员的道路。要从有实践经验的工人农民中间选拔学生，到学校学几年以后，又回到生产实践中去。"[①]7 月 22 日，《人民日报》刊登了这份调查报告及编者按语。随后，全国各地办起一大批"七二一"大学。1970 年，北京大学、清华大学率先提出《关于招生（试点）的请示报告》；6 月 27 日，经中共中央批准试行。根据毛主席的指示，废除统一考试、择优录取的招生办法，实行群众推荐、领导批准和学校复审相结合的办法，招收"工农兵学员"，学制缩短为 2 至 3 年；并确定工农兵学员的任务是"上大学、管大学、用毛泽

---

① 何东昌. 中华人民共和国教育史（上）［M］. 海口：海南出版社，2007：450.

东思想改造大学"，简称"上、管、改"。在停止招生五年后，华中师范学院于 1971 年 2 月恢复招生，首批 8 个专业招收了 700 余名工农兵学员。

白瑞西坚持求真务实的工作作风，有条不紊地推进学校工作。1974 年初，学院临时党委按照上级要求召开"批林批孔"大会。结果，学院"造反派"闻风而动，他们动员一批已经毕业离校几年的"造反派"学生，返回学校开展运动，严重破坏了学院的正常教学秩序。白瑞西尽己所能，力图扭转这种歪风邪气。后来，"四人帮"又挑起"反击右倾翻案风""天安门事件"等动乱，这都让学校工作受到了不同程度的干扰，特别是在师生员工中造成了思想混乱。

图 18-1　白瑞西给学员颁发毕业证（1974 年毕业典礼）

图 18-2　1975 年华中师范学院化学系教育革命试验班毕业留影 [1]

图 18-3　白瑞西大会发言照（1976 年于华中师范学院礼堂）

　　"文革"期间，白瑞西虽然自身处境困难，但他还是竭尽全力关心和帮助教师。中文系教师黄瑞云 [2]，家庭困难，白瑞西一

<hr>

　[1]　第二排左七为白瑞西。

　[2]　黄瑞云（1932—），湖南娄底人。1958 年，毕业于武汉大学中国语言文学系；1972 年 8 月，被派到华中师范学院一附中工作；1973 年 8 月，调入华中师范学院中文系任教。为解决家属问题，于 1980 年调入湖北师范学院，曾任学院副院长。

次就送给黄瑞云 60 斤粮票。① 当时城市人口每月也仅有粮食定量 21 斤左右。白瑞西三次找黄瑞云谈话，希望他能留在华中师范学院，答应帮其解决后顾之忧。然而，由于人事部门的原因，黄瑞云还是调离了华中师范学院，但他始终对白瑞西心存感念。

1976 年 10 月 8 日，《中央关于粉碎王洪文、张春桥、江青、姚文元反党集团的通知》逐级传达，犹如一声惊雷，冲破了人们头顶的沉沉雾霭。白瑞西欣喜万分，认为这给全党全国社会主义事业恢复整顿创造了有利条件，学校工作也将别开生面。外部环境的好转，使得白瑞西能够将工作重心转移到教学科研方面。1977 年 10 月，学院召开群英会，表彰在教学科研方面取得杰出成绩的教职员工。从这张留存的群英会合影来看，生物学家李琼池② 位居照片中心位置，白瑞西陪坐一旁，无声地反映了党组织对知识分子的尊重与关心。

图 18-4　1977 年 10 月，学校群英会合影③

---

① 黄瑞云. 杜鹃花依旧开放 [J]. 长江文艺，2003（4）：11.

② 李琼池（1908—2003），湖南隆回人。1938年，获美国康奈尔大学昆虫学博士学位。回国后，曾任教于厦门大学、东吴大学、湖南师范学院、华中师范学院。

③ 1977 年 10 月学校群英会合影，前排右一华中师范学院党委副书记李开蕊，前排右三华中师范学院临时党委书记白瑞西，前排左二先进集体标兵代表、化学系新农药水胺硫磷研究室张景龄，左四是先进个人标兵、生物系教授、系主任李琼池，后排左二是先进集体标兵代表、物理系大屏幕电视研究室李谟介。

职称评定不仅反映着高校教师的学术水平，而且也是对高校教师学术贡献的认可，对于调动教师工作积极性、促进教育事业发展具有重要价值。然而，自1952年建校以来，华中师范学院就未晋升过教授、副教授；1962年之后，也未评定过讲师。1977年12月6日，白瑞西组织学院临时党委研究决定，晋升黄家元等六人为讲师。随后，华中师范学院院刊发表评论员文章《恢复学衔职称，促进教育革命》，指出这标志着我院知识分子的地位开始得到改善和提高。1978年3月7日，国务院批转教育部的报告《关于高等学校恢复和提升职务问题的请示报告》（国发〔1978〕32号），重启高校教师职称评定。1978年5月18日，学院认真贯彻落实知识分子政策，晋升邱永喜等27人为教授、副教授，充分调动知识分子的积极性。著名语言学家邢福义即是在此次职称评审中，由助教破格提升为副教授，同事们戏称他"一步登天"。① 从某种意义上而言，恢复高校教师职称的意义不亚于1977年恢复高考。

1978年1月27日，华中师范学院召开"文革"结束以来全校首次科学报告会。在报告会上，白瑞西总结学校近年来在科学研究方面取得的丰硕成果，鼓励教师交流科研工作经验。1978年3月18日，全国科学大会在北京人民大会堂隆重召开，邓小平同志在会上提出"知识分子是工人阶级的一部分""科学技术是生产力""现代化的关键是科学技术现代化"等论断，扫清了发展科学技术的思想障碍。在本次大会上，华中师范学院共获得了四项科研奖励，成果丰硕，分别是"大屏幕电视组"获先进集体奖、"油膜光阀外光源黑白大屏幕电视"获合作完成奖、"新农药水胺硫磷"获完成奖、"钩端螺旋体病原学和流行病学研究——长江三峡和

---

① 邢福义. 寄父家书［M］. 北京：商务印书馆，2018：274.

湖北神农架自然疫源地调查"获合作完成奖。1978 年 4 月 12 日，白瑞西召开党委扩大会议，传达全国科学大会精神，表彰我校获得全国科研奖励的团体和先进个人，号召全院师生向科学技术现代化进军。

1978 年 4 月 22 日，全国教育工作会议在北京召开。会上，邓小平同志指出："要提高教育质量，提高科学文化的教学水平，更好地为社会主义建设服务；学校要大力加强革命秩序和革命纪律；教育事业必须和国民经济发展的要求相适应；尊重教师的劳动，提高教师的质量。"[1] 全国教育工作会议澄清了笼罩在教育工作者头上的迷雾，明确了学院今后的办学方向、办学方针和办学目标，学院及时撤销"上、管、改"委员会，恢复学生会组织，重建教学秩序。1978 年，学院党委决定把工作重心转移到教学上来，重新制订本科教学计划，修订培养方案，优化培养目标，改革课程设置，强调教育工作要以教学为中心。白瑞西从建立和健全规章制度入手，加强管理，整顿校风，学校办学风气为之一振。1978 年 10 月 8 日，华中师范学院学术委员会成立，这是知识分子参与学院治理的重要平台，标志着华中师范学院在依法办学方面迈入一个新阶段。同年 10 月，国务院批准华中师范学院为教育部直属师范院校，由教育部主管，以中南五省（即湖北、湖南、河南、广东、广西）为主要招生范围。

1977 年 11 月 18 日，《人民日报》发表《教育战线的一场大论战——批判"四人帮"炮制的"两个估计"》，推倒了多年来压在教育界和知识界头上的"两个估计"，对肃清"文化大革命"在其他领域的影响起到了标杆性带动作用。[2] 随后，学院党委组

---

① 王伟光. 社会主义通史（第八卷）[M]. 北京：人民出版社，2011：802.

② 《改革开放简史》编写组. 改革开放简史[M]. 北京：人民出版社，中国社会科学出版社，2021：7.

织全体教师学习该文，深入批判"两个估计"，解除套在教师头上的精神枷锁。党的十一届三中全会之后，白瑞西组织全体师生员工围绕《实践是检验真理的唯一标准》展开大讨论，批判"两个凡是"的错误思想，拨乱反正，提高对毛泽东思想体系的正确理解。1978年12月22日，学院临时党委召开全院教职员工大会，为陶军、岑家梧、张恕生、李琼池、张舜徽等平反昭雪，恢复名誉。紧接着，学院陆续平反了一大批冤假错案。通过思想政治学习，华中师范学院解决了"文革"期间的派性斗争问题，恢复了正常的教学秩序，提高了知识分子的政治待遇，激发了师生员工的办学积极性。1979年4月，中央工作会议提出"调整、改革、整顿、提高"八字方针，要求积极发展科学教育文化事业，加速培养人才。随后，学院党委召开会议，统一认识，破除"以阶级斗争为纲"的思想桎梏，要求学院将工作重点转向教学和科研，多措并举推动学校快速发展。

1980年1月2日，白瑞西在《华中师院》校刊上发表新年祝辞。他殷切地希望，全体教师"要充分发挥主力军的作用，既要努力提高教学质量，又要不断提高科研水平。在学术上要敢于探索新领域，攀登新高峰，取得新的造诣，使自己逐步成为又红又专的学者、专家，为四化培养更多的建设人才"。白瑞西的新年祝辞使全体教师精神振奋，斗志昂扬。

十九 运筹帷幄谋复办

在特殊时期，中央民族学院、广西民族学院虽未遭受裁撤之痛，但也曾一度停止招生。然而，其他七所民族学院却被勒令撤销。事实证明，各地撤销民族学院的决定过于草率。有些地方撤销民族学院后，不久就申请复办。1970 年 1 月，西藏自治区革命委员会决定撤销西藏民族学院；次年 1 月，西藏军区党委通知西藏民族学院革委会，要继续举办西藏民族学院。1971 年 4 月，青海省革命委员会决定，恢复上一年 7 月撤销的青海民族学院。1972 年 3 月，停办三年之久的云南民族学院得以恢复，开设两年制汉语文专业和政治专业，招收首届"大学普通班"学员。[①]1972 年 11 月，甘肃省革命委员会向国务院呈送《关于恢复西北民族学院的请示报告》，报告坦承，"'文化大革命'以来，由于我们对民族工作的特殊性和长期性认识不足，于 1970 年撤销了西北民族学院……遵照毛主席关于'要彻底解决民族问题，完全孤立反动派，没有大批从少数民族出身的共产主义干部，是不可能的'教导，为了培养少数民族干部，发展少数民族经济、文化，巩固无产阶

---

① 大学普通班，指 1970—1976 年入学的高等院校毕业生，即工农兵学员的学历，学制为 2 至 3 年，国家承认为"大学普通班"。

级专政，我们意见，应该恢复西北民族学院。"①1973 年 3 月 17 日，国务院科教组发出通知，批准恢复西北民族学院、云南民族学院。②1974 年 6 月 4 日，国务院教科组发出通知，恢复和新建 27 所高等院校，其中包括西南民族学院和贵州民族学院；当年，还批准恢复了广东民族学院。至此，除中南民族学院外，其他被撤销的民族学院都先后恢复。

1977 年 8 月，中国共产党第十一次全国代表大会在京举行，大会宣告"文化大革命"已经结束，重申了在 20 世纪内把中国建设成为社会主义现代化强国的目标。同年 10 月，中央政治局批准了教育部《关于 1977 年高等学校招生工作的意见》，决定从本年起，恢复"文化大革命"中被废弃的高考制度，高等学校招生采取自愿报名、统一考试、择优录取的办法。一石激起千层浪，广大学子求学深造的梦想被再次被激发。文化事业百废待兴，恢复和增设高等学校迫在眉睫。1978 年 4 月 28 日，教育部下发《关于同意恢复和增设普通高等学校的通知》（[78] 教计字 335 号），批准了包括上海师范学院在内的 55 所高等学校恢复原建制；1978 年冬，教育部发出《关于同意恢复和增设一批普通高等学校的通知》（[78] 教计字 1427 号）。教育部陆续发布通知，要求恢复和增设的高等学校名单，然而却始终没有中南民族学院的名字，白瑞西看在眼里、急在心里。

1978 年 2 月 26 日至 3 月 5 日，第五届全国人民代表大会第一次会议在京召开。会议决定恢复中华人民共和国国家民族事务

---

① 西北民族学院校史编写委员会. 西北民族学院校史［M］. 兰州：甘肃民族出版社，2000：101.

② "文革"期间，教育部被撤销，由国务院科教组代行相关职能。

委员会，任命杨静仁①为国家民族事务委员会主任。尽管此时的
国家民族事务委员会也面临机构重建的繁重任务，但白瑞西敏锐
地意识到，复办中南民族学院的机会来了。1978年4月22日，
白瑞西赴京参加全国教育工作会议。于会议间隙，他拜访了刚任
职不久的国家民族事务委员会主任杨静仁，向他详细汇报中南民
族学院的办学历程和成就，讲述学院被强令撤销的始末，表达中
南少数民族干部群众要求恢复和重建学院的强烈愿望。杨静仁对
白瑞西倾心民族高等教育事业的热忱深表钦佩，答应认真研究此
事。1979年春，杨静仁在京约见白瑞西、黄明家，他一方面细致
了解中南民族学院的原址及办学概貌，另一方面也详细询问复办
中南民族学院的可行性和面临的困难。

　　1978年12月，党的十一届三中全会胜利召开，从根本上冲
破了长期'左'倾错误的严重束缚，端正了中国共产党的指导思
想，重新确立了马克思主义的思想路线、政治路线和组织路线。
伴随着思想解放的巨大潮流，党的民族工作重新回到正确的轨道
上来。1979年5月22日，国家民族事务委员会在天津召开第一
次委员会（扩大）会议。会议的主题就是拨乱反正，传达中央精神，
摘掉强加在统战、民族、宗教工作部门头上的"执行投降主义"
的帽子，为李维汉等统战干部平反。会议明确提出，社会主义阶
段是各民族共同发展、共同繁荣的阶段，必须坚持无产阶级的民
族观，不断加强各民族的大团结。会上，中南组各省代表一致呼
吁，强烈要求国家民族事务委员会立即恢复被迫撤销的中南民族
学院。与会的全国政协副主席、国家民族事务委员会主任杨静仁
等领导同志对此表示理解与支持。6月1日，会议签发"中南五

　　① 杨静仁（1918—2001），回族，甘肃兰州人。1937年加入中国共产党。曾任宁夏回族
自治区政府主席、国家民族事务委员会主任、国务院副总理、中共中央统战部部长、政协副主席等职。

-188-

省代表强烈要求中南民族学院尽快在原址复办"的简报。简报指出，违背中央和国务院指示，侵犯少数民族利益的错误做法是不能同意的。代表们建议收回中南民族学院，由国家民族事务委员会领导。1979年6月18日，第五届全国人民代表大会第二次会议在京举行，南方少数民族代表提出了恢复中南民族学院的提案，再次引起中央领导同志的重视。

恢复重建后的国家民族事务委员会，决定加强对民族高等教育的领导。1979年1月15日，国家民族事务委员会和教育部向国务院请示，改变西北、西南民族学院的领导关系。国家民族事务委员会表示将认真办好民族院校，加强对西北、西南民族学院的领导，并经甘肃、四川省委同意，将由甘肃、四川省领导的西北、西南民族学院改为由国家民族事务委员会和甘肃、四川省双重领导，以国家民族事务委员会为主。不久，国务院批准了这个请示。1979年8月4日，国家民族事务委员会、教育部在京召开第五次全国民族学院院长会议。会议批评了"左"倾思潮对民族学院教育事业的干扰和破坏，总结了民族学院数十年来的办学成绩和经验。会后，国家民族事务委员会、教育部向国务院提交《关于民族学院工作的基本总结和今后的方针任务的报告》（以下简称《报告》）；经国务院批准，11月2日国家民族事务委员会、教育部印发了该报告。《报告》充分肯定了民族学院在解决国内民族问题、推进少数民族和民族地区经济社会建设、加强民族团结、巩固国家统一、增强中华民族共同体意识等方面所发挥的积极作用，报告还阐述了新时期民族院校改革发展的办学方针、任务等。《报告》指出，党和国家中心工作已转向改革开放和经济建设，根据当前培养少数民族干部工作的实际和"四化"对少数民族干部的需要，民族学院最近三年应当坚决执行"调整、改革、整顿、提高"八字方针，在调整中，恢复过去的规模，并力求有所发展，为以后较大幅度的发展打下基础……规划的后四年，在国民经济按比例地高速度发展的情况下，各民族学院应有适当的较大幅度的发展。《报告》特别强调，现在应抓紧中南民族学院的恢复工作，争取一、两年内开学。

然而，复办学院并非易事。中南民族学院原址已被湖北省军区开发利用，让他们退出原址既不现实，也不可行。军区进驻后，学院设施早已面目全非，不再适合办学；若让省军区搬走，则需协调军地多方面的关系，难度很大。如果让湖北省承担校址重建任务，省财政也拿不出这笔巨额费用。而国家民族事务委员会也才恢复不久，百废待兴，需要使用资金的地方很多，无法独自承担建校开支。关于复办学院的提案，湖北省领导起初的意见是异地恢复。省领导认为，湖北省是个散杂居民族较多的省份，没有设立民族自治地方[①]，建议中南民族学院到外省恢复，广东、广西、湖南等地都是可行的选择。

不久，国家民族事务委员会副主任胡嘉宾专门主持会议，研究重建中南民族学院的问题。待各方代表畅所欲言后，他掏出一份文件影印件，不疾不徐地说道，李先念同志批示"中南民族学院应立即恢复，地址就在武汉"[②]。时任中共中央副主席、主持国务院日常工作的副总理李先念直接将这条批示写在湖北省革委会呈给中央的请示报告上方。听到这个消息，大家纷纷鼓掌称赞。至此，关于是否恢复中南民族学院的争议不再成其为问题，先前那种左右为难的情绪一扫而空。

---

① 1983 年 8 月，撤销恩施地区行政公署，成立鄂西土家族苗族自治州。此前，未设置民族自治州、县。

② 章孟林，林晋. 中央领导批示：中南民院就设在武汉 [J]. 武汉文史资料，2020 (1)：31-33.

遵照中央领导同志的批示，1979 年 11 月初，中共中央统战部副部长张执一、国家民族事务委员会副主任胡嘉宾及工作人员一行六人赴汉，落实重建中南民族学院的校址和经费等问题。湖北省革委会主任韩宁夫、副主任田英、文教部部长史子荣、统战部副部长何定华等出面接待。双方围绕恢复中南民族学院的问题展开深入交谈。白瑞西带领与会双方考察了原校址（位于今街道口湖北省军区），大家认为此地不再适合办学，且周边没有发展空间，一致同意重选校址。随后，他们来到关山一带考察备选校址。当时，尚无民族大道，考察组经熊家咀、洪山高中才绕到现今校址附近。眼前湖水一望无际，羊肠小道盘桓于石板头，于是考察组弃车步行，实地勘察。国家民族事务委员会副主任胡嘉宾不悦地说，"把我们民族院校搞到这么偏远的地方"，何定华副部长连忙解释道，"不会，不会，武汉市远期规划，这里将是市区的中心地段"。[①] 听罢，胡嘉宾副主任没再说什么，校址也就这样选定了。关于建校经费问题，中央工作组与湖北省革委会领导同志经过商谈，达成共识，同意由国家民族事务委员会、湖北省革委会和省军区三家分摊，各出三分之一。为此，时任湖北省委书记陈丕显给中央军委副总参谋长张震打电话，希望军队给予支持。会后，湖北省人民政府和国家民族事务委员会联合起草了关于恢复中南民族学院的报告，韩宁夫和胡嘉宾代表双方签字，并报送国务院。此次商谈，落实了学院恢复的几个关键问题，极大地推进了重建进程，其内容如下：

---

① 章孟林，林晋. 中央领导批示：中南民院就设在武汉［J］. 武汉文史资料 2020（1）：31-33.

湖北省革命委员会、国家民族事务委员会关于恢复 中南民族学院的报告

中南民族学院是一九五一年根据政务院批准的《培养少数民族干部试行方案》的规定，在武汉市开办的。截至一九六六年，该学院培训的少数民族政治干部和专业人才达六千余人，为中南和华东各民族地区的社会主义革命和经济文化建设作出了积极贡献。"文化大革命"以后，由于林彪、"四人帮"极左路线的干扰、破坏，中南民族学院于一九七〇年被撤销。一九七三年，该学院全部校舍由湖北省军区价购作为办公室和宿舍。

打倒"四人帮"以后，中南各省、区和华东、西南一些省的少数民族干部、群众强烈要求恢复中南民族学院，上书、上访，连绵不断。在全国五届人大二次会议上，又提出了恢复该学院的提案。最近，中央统战部、国家民族事务委员会和湖北省革委会遵照中央领导同志的批示，共同协商，一致认为：为了贯彻执行三中全会和五届人大二次会议的精神，实现党在新时期的总任务，落实党的民族政策，贯彻中央领导同志多次强调要大力培养为四化建设服务的少数民族干部的指示，需要立即着手恢复中南民族学院。鉴于湖北省军区在中南民族学院原校园之内增建了一些工程，并对原有校舍进行了改建，因此，决定在武昌拨地一千亩，进行建设。现将恢复和重建中南民族学院的有关问题，报告如下。

一、学院的规模：在校学生三千人，教职工一千二百人。在今后三年内，先恢复到"文化大革命"前在校学生一千至一千五百人、教职工三百五十人至五百人的规模。学院招生面向中南五省、区，兼顾华东。力争在一、二年内恢复招生。

二、专业的设置和学制：目前先恢复过去设有的干训部、政治系、语文系、历史系、数学系和预科。本科学制四年，干训和

预科一至二年。以后的扩建阶段再增设物理系和化学系。

三、复办中的基本建设，分两期进行：

第一期，在一九七九年至一九八二年内，由湖北省负责按学院原有建筑面积三万七千四百平方米的规模还建。基建投资（含人防工程投资），除现存的湖北省军区购买校舍的价款二百零五万元和请总后略多补助的部分以外，不足部分由湖北省革委会和国家民族事务委员会平均分担自筹。所需建材由湖北省负责调拨。省军区在人力和运输方面给予大力支持。

第二期扩建，从一九八三年起，按在校学生三千人的规模，逐步扩建，总建筑面积累计达到十万平方米。扩建工程由国家民族事务委员会编报计划，经批准后执行。

四、原有教职员的归队和设备的回收：中南民族学院原有的教师和干部，原则上动员归队；原有的设备、图书、家具等要全部归还，凡原物还在的，退还原物，原物已损坏的，由使用单位折价偿还。由湖北省革委会通知有关单位贯彻执行。

五、复办的领导班子和办事机构：学院的重建工作，由湖北省革委会领导，指定一位负责同志为首，包括省委统战部、省文办、计委、建委、教育局、财政局、军区和原中南民族学院的代表，组成领导小组。下设办公室，负责进行基建和原有教职员归队、原有设备回收的工作，其办公地点由湖北省解决。至于招生和教学的准备、编制学院事业计划等工作，由学院负责。

六、中南民族学院恢复起来以后的领导关系：恢复重建工作完成以后，实行国家民族事务委员会和湖北省双重领导，以国家民族事务委员会为主。具体分工按照国务院［1978］27号文件的规定执行。

1979 年 11 月 9 日

图 19-1 白瑞西一行勘察校址

二十　摩顶放踵建新校

　　不久，国务院批复了湖北省革命委员会、国家民族事务委员会关于恢复中南民族学院的报告。1980年1月7日，教育部发文通知国家民族事务委员会、湖北省人民政府，明确表示同意恢复并重建中南民族学院。对基础设施建设投资、管理体制、服务面向、专业设置与办学规模等方面做了具体安排。通知如下：

教育部关于同意恢复中南民族学院的通知[①]

国家民族事务委员会、湖北省人民政府：

　　经国务院批准，同意恢复并重建中南民族学院。设置政治、语文、历史等专业（待有条件时再增设物理、化学），并附设干训部和预科。学制本科四年，干训部和预科一至两年。规模三千人。面向中南，兼顾华东，由国家民族事务委员会和湖北省双重领导，以国家民族事务委员会为主。具体分工，按照国务院国发[1978]27号文件的有关规定执行。

　　中南民族学院恢复后，学校的重建工作，由湖北省人民政府统一领导，所需基础设施建设投资，请按湖北省、国家民族事务

---

　　① 该通知源自中南民族大学学校档案馆。

委员会、军委总后勤部商定的意见定排，即除动用现存湖北省军区购买原中南民族学院校舍的价款二百零五万元和军委总后补助的投资之外，不足部分由湖北省和国家民族事务委员会平均分担自筹，所需建材由湖北省负责调拨。

1980 年 1 月 7 日

至此，终于解决了影响学院复办的基础设施建设与管理关系等重要问题。那么，接下来的就是，由谁来领导学院的重建工作。1979 年 11 月初，中央统战部副部长张执一、国家民族事务委员会副主任胡嘉宾一行来汉商议学院重建工作，当时便与湖北省人民政府省长韩宁夫、副省长田英讨论了学院恢复后的人事问题。他们一致提议，将白瑞西从华中师范学院调出，继续担任中南民族学院的领导。当时，白瑞西诚恳地表示，自己已经年逾花甲，身体状况欠佳，难以胜任繁重的复办工作。中央统战部、国家民族事务委员会及湖北省领导反复劝说，要求白瑞西再次担任中南民族学院的负责人。他们认为，白瑞西对民族高等教育事业有着深厚的感情，具有独到的办学思路和见解，作风过硬，是主持学院复办的不二人选。

为加快中南民族学院的建院工作，湖北省人民政府决定成立筹建中南民族学院领导小组。1980 年 1 月 21 日，在武昌饭店召开了筹备恢复中南民族学院领导小组会议。会议由何定华（省委统战部副部长）主持，田英（副省长）、史子荣（省文办主任）、何定华（省委统战部副部长）、白瑞西及国家民族事务委员会教育司副司长张红等人出席会议。贾青波简要介绍了前段时期的工作，汇报了即将提交给国家民族事务委员会党组的报告《关于落实国务院批示的若干具体意见》。会议还讨论了基础设施建设任务、规划、投资、队伍、人员归队、校产回收、办公地点、交通运输等事项。研究决定动员原中南民族学院的干部和教师归队，拟按人事隶属关系分期、分批推进，凡现工作单位在文教战线的干部和教师，由省文办下调令；在其他战线工作的干部和教师，则由省人事部门下调令。1980年2月至3月，办理第一批干部教师的调令；7月至8月，办理第二批；1981年1月至2月，办理第三批。

1980年1月25日，湖北省建委召开了统建中南民族学院的第一次会议，讨论了征地、勘测、设计任务和施工进度等事项。2月1日，筹建领导小组办公室副主任贾青波陪同湖北省勘察院、设计院的相关人员实地勘测校址。商讨后认为，南湖向家山林场湖光山色优美，地势平坦，拆迁工作量较少，适合建校。2月4日晚，在武昌饭店再次召开筹备恢复领导小组扩大会议。会议确定了学校选址，决定先划地一千亩。研究提出，以湖北省政府和国家民族事务委员会名义上报建校计划任务书。3月14日，湖北省建委同意中南民族学院校址定于武昌关山鲁巷以南向家山一带。

1980年3月16日晚，筹备恢复中南民族学院领导小组办公室召开第三次会议。会议研究决定，修改建校计划任务书，将计划任务书报国家计委审批。分两期进行基础设施建设：第一期为还建，恢复中南民族学院原有的建筑面积；第二期为扩建。会议明确筹建办公室、洪山区委及有关公社等负责解决土地征购问题。会议要求湖北省财政局拨款505万元。3月25日，湖北省人民政府正式下发《关于成立筹建中南民族学院领导小组的通知》（鄂政文[1980]12号）。领导小组由田英任组长，史子荣、何定华、白瑞西任副组长；傅庞如、邹作盛、夏文彬、潘任之、陈启明、黄明家为领导小组成员。领导小组下设办公室，黄明家兼任办公室主任，徐少岩、贾青波任办公室副主任。

1980 年 3 月 28 日晚，筹建中南民族学院领导小组、湖北省建委、武汉市规划局以及相关人员在湖北省第二招待所召开会议。会议商讨了规划用地红线，最后确定规划红线范围为 1074 亩。4 月初，规划红线审批盖章之后，筹建领导小组办公室正式通知湖北省设计院绘制总平面布置图。在最后提交的整体设计图中，学院建筑典雅庄重、造型优美，校园布局呈现园林式特色，具有浓郁的民族风格。

了解民族地区人才需求是办好民族学院的前提。复办之初，白瑞西派遣干部和教师赴民族地区调研人才需求状况，为学院的专业设置、课程安排和教学改革提供依据。1980 年 4 月至 5 月期间，白瑞西分别派出三个调查组赴西北、西南地区和广西、湖南调研人才需求规模与类别。白瑞西身先士卒，先后带队调研西北、西南等地，考察西北民族学院、西南民族学院、云南民族学院的办学现状，学习兄弟民族学院的办学经验；另外，深入民族地区，调研经济社会发展现状，掌握民族地区人才供需状况。

1980 年 7 月，省委文教部长史子荣主持华中师范学院干部会议，宣布白瑞西调回中南民族学院。交接完华中师范学院的工作，白瑞西开始全身心地投入到中南民族学院的重建工作之中。1980 年 8 月 23 日，经中共国家民族事务委员会党组同意，正式成立中共中南民族学院临时委员会。白瑞西、黄明家、贾青波、王树棠、张麟、赵登贤、黄子亮、唐奇甜等 8 人任学院临时党委委员（后增补徐少岩）；白瑞西担任书记，黄明家、贾青波担任副书记。1981 年 2 月，中组部批复，白瑞西任中南民族学院院长。

图 20-1　国家民族事务委员会党组关于成立中共
中南民族学院临时委员会的文件

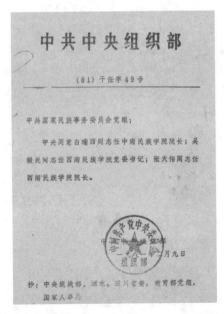

图 20-2　中央组织部任命白瑞西为中南民族学院院长的文件

1980 年 10 月，中南民族学院重建工程破土动工。在向家山这片远离喧嚣的郊区，白瑞西等老同志和广大中青年教职工一道在简易楼里办公，在草棚食堂就餐，晴天一身土，雨天两脚泥。大家同甘共苦，仅用短短 10 个月时间，就完成了场地三通一平、房屋建筑等各项基础设施建设任务，如期实现了 1981 年秋季开学的目标。

图 20-3　中南民族学院一期工程会战誓师大会

图 20-4　白瑞西工作证

根据全国第五次民族学院院长会议的精神和国务院复办中南民族学院的指示，白瑞西结合中东部民族地区政治干部、技术干部数量不足以及中学教师奇缺的现状，组织相关人员编制了学院的"六五事业发展规划"。1980 年 10 月 11 日，学校发布《1981—

1985 年的"六五"事业发展规划》。该规划计划到 1985 年，学院将分别设置三个文科系和三个理科系，分别包括政治、汉语言文学、历史、数学、物理、化学；另外，建立干部轮训部、大学预科部，以及民族研究所。1981 年，政治、汉语言文学、历史、数学 4 个系和干部轮训部、大学预科部要开始招生；1983 年，物理、化学 2 个系要开始招生。到 1985 年，全校教职工将达到 751 人，在校学生总数达到 3075 人，其中本科生 2400 人，干部轮训学员 250 人，大学预科部学生 350 人，研究生 15 人，进修生 60 人。1980 年要建立民族研究所，暂设二室一馆，即民族理论与民族政策研究室、民族史研究室和少数民族文物馆。民族研究所既是教学单位，也是科研机构；当前以教学为主，在完成教学任务的前提下，侧重中南、华东少数民族的现状和历史研究。为顺利完成"六五"规划，首先要加强领导，建立组织机构，充实领导班子，实现领导班子年轻化、知识化和专业化。建立健全各种规章制度，改进工作作风。其次，要抓好师资队伍建设，一是要抓好原有教师归队，积极壮大师资队伍。在 1981 年招生前，力争师资队伍达到 200—250 人左右，并在 1982—1985 年期间，每年净增教师 100 人左右。要抓好教师"五定""四落实"的工作，即定教师岗位、定教师方向、定教师任务、定教师要求、定教师时间；落实教学任务、落实教材和参考资料编写、落实科研任务、落实进修人员。三是要抓好思想政治工作，做到上下一致、群策群力、同心同德，为实现五年教育事业规划而共同努力。

客观地说，学院的发展思路完全符合民族地区的实际需要。1981 年 2 月 16 日至 25 日，教育部和国家民族事务委员会在北京召开第三次全国民族教育工作会议，会议总结新中国成立 30 多年来民族教育工作的经验教训，研究部署了下一阶段民族教育的任务。会议确定了调整和发展民族教育的方针、政策，明确了办好民族教育必须照顾民族特点，从民族地区的实际出发，重实效，出人才。特别指出，要调整和办好少数民族高等教育，加强民族师范教育。不难看出，中南民族学院"六五"规划的举措与会议精神是一致的。1981 年 5 月，学院在"六五事业发展规划"的基础上，又编制了学院教育事业十年规划（详见本书附录）。

人才是立校之本，白瑞西亲自延揽各方人才。白瑞西认为，一个学校的好坏，关键在教师队伍，必须把好教师队伍入口关。他通过各种方式，动员中南民族学院老教工调回学校。他托人在武汉大学、华中工学院 ① 等高校打听有调动意愿的教师，遴选并调进了一批教学科研骨干。"文革"前，有一批北大、清华等重点大学的毕业生被分配到中学任教，这些大学生基础较好，具备到高校任教的资格，白瑞西吩咐人事部门留意这些信息，主动与他们联系并将他们调到学院。毕业于武汉大学的何联华教授回忆道，在调入中南民族学院之前，朋友曾劝他，"不要去那里。第一，业务上没奔头，他们是以培养民族干部为主的；第二，你不是少数民族，在任用上没有优势" ②。白瑞西得知何联华犹豫不决，便约他到自己家中长谈，诚挚地邀请何联华来中南民族学院工作。白瑞西说，"中南民族学院才筹建，刚搭架子，各方面条件很差，困难很多，但发展前景是美好的，欢迎你到那里与我们共同创业"。当时，严学宭也参加了谈话，并热情地欢迎何联华到中南民族学院中文系任教。这让何联华大为感动。另外，白瑞西还从华中师范学院及其他单位选调了一批有能力的管理干部。

在艰苦的建校过程中，白瑞西发扬三八式干部作风，以身作则，与大家一起工作、一起吃住、一起坐通勤车、一起在工棚工作。

---

① 现华中科技大学。

② 何联华. 我曾为民族文学鼓与呼［J］. 武汉文史资料，2020（10）：31-35.

这批教师和管理干部艰苦奋斗、无私奉献，为中南民族学院复办立下了汗马功劳。白瑞西长子白熊焰先生回忆道，为了各项还建和新建工程项目，白瑞西在与国家民族事务委员会、湖北省、武汉市等各级部门打交道的过程中有许多委屈与无奈。尽管当时的白瑞西已经年逾花甲，但他殚精竭虑，夙夜为公，不计个人得失，为民族教育事业的发展付出了不懈的努力。

图 20-5　复办初期的校门及行政楼

图 20-6　1983 年建成的文科楼

图 20-7　1984 年建成的大礼堂

二十一 奋楫扬帆誓翻身

　　受"文革"影响，那些刚刚平反的干部和知识分子仍然心有余悸，不敢越雷池半步。即便中央号召改革开放，大多数人还是谨言慎行。改革开放初期，推动改革的难度与阻力可想而知。尽管有阻力，但改革开放的新征程已经开启，对于有志之士来说是一个重大机遇。虽然已年届65岁，但白瑞西仍怀着年轻人一般的决心与气魄。出于对民族事业的热爱，白瑞西决意立即行动，他要改变民族高等教育不发达的局面。

　　在推进基础设施建设的同时，学校克服重重困难，排除种种障碍，决定在一年内恢复招生工作。1981年9月17日，中南民族学院举行了复办后首届新生开学典礼。政治系、中文系、历史系、数学系共招收160名本科生，预科部、干训部各招收100名学生，首届招收的学生来自9个省区17个民族。国家民族事务委员会、湖北省人民政府、省委统战部、文教部等单位的负责同志莅会祝贺。当时，学院共有教职工592人，其中专任教师259人，教辅人员21人，行政人员161人，工勤人员151人。

图 21-1　1981 年复校后首届新生开学典礼 ①

图 21-2　新生开学典礼合影 ②

---

① 第一排右四为白瑞西。
② 第三排右六为白瑞西。

图 21-3　开学典礼会场

　　1981 年 9 月，学院临时党委在《下半年主要工作任务》中提出了培育良好校风的要求。白瑞西指出，良好校风应具备以下五大标准：一要虚心好学、艰苦奋斗；二要深入实际、实事求是；三要知难而进、雷厉风行；四要先公后私、先人后己；五要团结友爱、助人为乐。1982 年，学校临时党委再次将加强培养优良校风作为学校工作的重点，并对校风建设提出了五点具体要求：其一，以学为主，全面发展；其二，艰苦创业，任劳任怨；其三，坚守岗位，遵守纪律；其四，执行任务，雷厉风行；其五，民族团结，助人为乐。1983 年 2 月 28 日，学校召开了新学期的第一次党委会议，研讨如何开创学校新气象。经过充分讨论，将中南民族学院的校风概括为"勤奋、朴实、团结、创新"八个字。同年 3 月，白瑞西在学校系、处干部会议上详细阐释了"八字"校风的意蕴：勤奋，既指学习和工作，也指作风。在学习上，要有勤奋学习、刻苦钻研的精神；在工作上，要勤勤恳恳、奋发图强；

在作风上，要艰苦创业，勇于克服困难。朴实，就是要求师生员工思想纯朴，生活朴素，行为大方，保持劳动人民的本色；工作踏实，实事求是，一切从实际出发。团结，一是全校师生员工之间要团结，二是各民族师生员工之间要团结。创新，就是贯彻执行党的十二大精神，走改革的道路，在建设中南民族学院的过程中，要开创新局面；在教学科研中，要把学习外国的、历史的、书本的知识同自己的独创结合起来，要发扬一代新人的创造性，适应改革的潮流。①

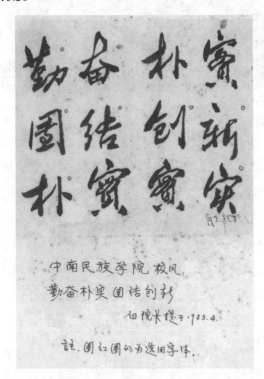

图 21-4　白瑞西手书校风选字（1983 年 4 月）

队伍建设是办学必须要解决的首要问题，对于停办 10 年的

---

①　白瑞西. 要培养勤奋、朴实、团结、创新的校风［N］. 中南民族学院报，1983-03-25（01）.

中南民族学院来说尤为重要。教师是学校事业发展的核心力量，直接关系到学校人才培养质量，也关系到学校能否在高校林立的武汉立足。1981 年 10 月 25 日，学院制定《1981—1990 年师资培养十年规划》，指出"建设和培养一支又红又专的教师队伍。对我院来说，更为迫切，更加需要，是一项具有战略意义的任务，是办好学校的关键。"同时，提出了加强师资队伍建设的三条措施：第一，贯彻落实党的知识分子政策，为造诣较深的老教授配备助手，继承其学术成就，同时着重解决中年知识分子问题，在住房、工作条件和家务负担等方面切实为他们解决一些实际问题；第二，切实做好现有教师的培养提高工作，对其中比较冒尖、有发展前途的中年教师，减轻他们的事务工作，让其集中精力从事教学科研活动。对现有青年教师，采取在职为主、校内为主、校外为辅相结合的方式进行培养提高，经三年努力使他们绝大部分走上科研第一线，能系统讲授一门课，并在科研上有所成就；第三，抓好教师职称评定工作，使教师队伍逐步形成年龄结构和知识结构布局合理，比例适当的梯队。[①]1983 年，学校争取到上级主管部门的支持，派出了首批出国进修的教师。1984 年，学校教职工人数达到 966 人，其中教学及教辅人员 504 人，干部 224 人，工人238 人。教师队伍中有教授 5 人，副教授 32 人，讲师 181 人，助教及教员等 171 人。经过五年努力，中南民族学院基本建成一支规模适当、结构合理、充满活力的师资队伍。

---

① 中南民族大学校史编纂委员会. 中南民族大学校史［M］. 武汉：湖北人民出版社，2011：112.

图 21-5　物理系师资进修班集体合影（1983 年 6 月 16 日）

图 21-6　与出国进修教师合影（1983 年 6 月）

　　办大学必要有大师，大师在教师队伍中发挥着重要的示范引领作用。在白瑞西的盛情邀请下，著名的民族学教授吴泽霖同意来校执教。1982 年 3 月,时年 84 岁的吴泽霖来到学院,支援学院重建。随后,吴泽霖主持民族研究所,出任学院学术委员会副主任。白瑞西安排吴泽霖居住在学院大礼堂附近的"小八家"①,与自己做邻居。吴泽霖的弟子谈道,吴泽霖先生在武汉这段日子过得十分愉快,他在那里讲民族学,还在那里建立了硕士点;他住得很宽敞,学院还请赵培中夫妇②做他的助手,雇人照顾他的生活。③白瑞西在怀念吴泽霖的文章中写道,"吴老确是一位为人极为热情,并又不知疲倦、辛勤治学的长者。吴老虽然年事已高,视力又明显地下降,但他为带好研究生和从事著述,每天总是要工作到深夜。"④

---

① "小八家",学院复办时为资深教授及学院领导建设的八套房子,简称"小八家"。位于今天学校中心食堂以北,美术学院以南,音乐与舞蹈学院以西。严学宭、吴泽霖、白瑞西均居住于此。

② 赵培中夫妇是吴泽霖在清华大学社会学系任教时的学生。

③ 李绍明,伍婷婷. 变革社会中的人生与学术 [M]. 北京:世界图书出版公司北京公司,2009:280.

④ 白瑞西. 怀念吴老 [M] // 哈正利,张福强. 吴泽霖年谱. 上海:上海文艺出版社,2018:253.

图 21-7　国家民族事务委员会同意吴泽霖教授调动的文件（1982 年）

图 21-8　白瑞西与吴泽霖在家中书房亲切交流

　　复办中南民族学院之际，白瑞西敏锐地意识到，新时期的民族学院不仅要办，而且要办好。1982年8月，白瑞西提出我们要打一场"打翻身仗"，使中南民族学院走在民族院校的前列，使中南民族学院走在武汉高校的前列。自十一届三中全会以来，党和国家把工作重心转向经济建设，民族学院既不能办成早期的民族干部学校，也不能办成民族高等师范学院，而是要办成文理综合性院校。民族学院要改变以往重文轻理、重基础轻应用的弊端，也要避免专业设置过窄、教育内容陈旧等问题。尽管有人对学院的办学定位不理解，甚至还有所抱怨，但白瑞西总是通过讲道理、摆事实，把大家的思想统一起来。11月3日，白瑞西在学院副科长以上、教研室副主任以上的全院干部大会上指出，复办中南民族学院，几乎等同于新建一所学校。学院要调整办学形式、层次和结构，过去主要开办文科专业，现在要逐步增设理科、财经和政法类专业，朝综合性大学的方向发展，培养民族地区"四化"建设所需要的多方面人才，特别是各类科学技术人才。为了重点扶持理科专业的发展，学院于1984年拨出专款设立了28个理科专项，鼓励教师开展科学研究。在"六五"期间，中南民族学院的化学专业建立了条件完备的实验室，整体实力在民族院校中首屈　指。1985年，学院设置计算机软件本科专业，首招30名学生，成为委属高校中最早举办新兴战略性专业的学校；同年，学院还设置了经济管理系、外语系，并开设了英语言文学和国民经济管理两个专科专业；此外，学院还办有一个中专层次的农业经济专业。

图 21-9　白瑞西陪同杨静仁考察化学系

重新定位预科教育的层次，提升预科教育的质量。1981年，学校恢复了预科部，并决定从参加全国高考的学生中招收预科生。学院不再举办初中或高中层次的预科教育，这表明预科教育定位发生了改变，从以文化补习为目的转向为大学教育做准备。此外，学院还积极探索预科办学新模式，1983年，学院招收了一批两年制的预科生；学院还为其他高校代培预科生。不久，学校预科部在中东南地区就有了一定的知名度，成为全国具有影响力的大学预科教育机构。

筹建期间，白瑞西设想将政治短训班改为两年制的政治专科班。后来，将其折中为既办短期培训，也办两年制专科班；复办之初，主要以短期培训为主。1981年11月2日，干部轮训部第一期干训班正式开学。到1983年，学院将短期干部培训调整为正规的学历教育，学制为两年；学院先后开设了行政管理、企业管理、经济管理、公关文秘等专科专业。干训部的成立不仅提高了在职干部的文化素质和政策水平，符合新时期干部知识化、专业化的时代要求，还有效地提升了学院在民族地区的影响力。

教学与科研相互促进，相辅相成。在 50 年代时，白瑞西就多次强调教学与科研同等重要，并指出科研也是高校的重要职能。1981 年 9 月 10 日，《中共中南民族学院临时委员会文件》（民党字［81］9 号）指出："正确处理好教学与科研的关系。教学为主，不等于科研不重要或放松科研，二者应该是相辅相成，互相促进。"复办学院之初，白瑞西要求设置民族研究所，鼓励新办的理科系积极开展科学研究。他认为，科研活动能够提升教师的学术能力，是提高教学质量的源头；此外，科研也是衡量一所学校办学水平的重要标志，做好科研活动有助于开展学位授予工作、增强学科实力。事实也证明，白瑞西的见解极具战略眼光。复办第五年，学院就开始正式招收汉语史、中国民族史、基础数学、有机化学等四个专业的硕士研究生，为学校研究生教育打下了坚实的第一桩。

白瑞西鼓励教师参与各类学术活动，提升学院的学术影响力。1983 年 9 月 15 日，全国首届民族学讲习班在中南民族学院开学。这期讲习班由中国民族学会和中南民族学院联合举办，为期 3 个月，是改革开放之后首次举办这么大的活动。[1] 成功举办全国民族学讲习班扩大了中南民族学院在全国民族地区和学术界的影响力，为民族学的发展创造了良好的外部环境。白瑞西以身作则，积极参与筹办湖北省高等教育研究会，与湖北高校同行一道总结办学经验，探讨高等教育管理规律。1982 年 1 月，白瑞西出席湖北省高等教育研究会成立大会。

---

① 哈正利，张福强. 吴泽霖年谱［M］. 上海：上海文艺出版社，2018：258.

图 21-10　白瑞西出席"湖北省高等教育研究会成立大会"①

　　1981 年 7 月 1 日,《中南民族学院学报》(哲学社会科学版)
1981 年第 1 期正式出版,标志着学报复刊成功。这期学报,比首
届新生入学还早了两个多月,这是白瑞西重视教师科研的具体表
现。《中南民族学院学报》的前身即《中央民族学院分院学报》,
创办于 1960 年 7 月。创刊不久,因形势变化,随后停办。1980
年 11 月 11 日,国家民族事务委员会批复: "同意你院复办《中
南民族学院学报》(哲学社会科学版),可于 1981 年起先对国
内发行,过一段时间再对国外发行较妥。"② 在《学报》复刊首期,
白瑞西发表文章《从实际出发,重建中南民族学院》,详细阐述
他的办学思想。1983 年底,白瑞西赴湘西调研民族地区人才需求
状况,在此次考察的基础上,他又撰写了《湘西行的启示》(发
表于《学报》1984 年第 2 期),深入探讨民族学院应该如何为民

---

　　① 　前排右八为白瑞西。

　　② 　中南民族大学校史编纂委员会. 中南民族大学校史 [M]. 武汉:湖北人民出版社,
2011:116.

族地区培养人才的现实问题。

编　后

《中南民族学院学报》复刊了！

《中南民族学院学报》是在那史无前例的灾难年月中，随同中南民族学院一道被扼杀的。今天，她在党的诞生六十周年的喜庆日子里，和广大读者重新见面了。抚今追昔，感慨万千。这更使我们憎恨林彪、"四人帮"的滔天罪行，对我们敬爱的党就更加热爱，更加拥护。我们一定坚决执行党的十一届三中全会以来的路线、方针和政策，认真坚持四项基本原则，切实贯彻"双百"方针，把学报办成生动活泼、百家争鸣的学术园地，为民族地区的教育、科研事业和四化建设贡献力量。

复刊后的《中南民族学院学报》，主要刊登水平较高的哲学社会科学学术论文和有价值的民族问题调查研究材料。本期刊登了有关民族教育、民族理论、民族历史、民族文学等方面的论著，这些都是作者多年来教学实践和科学研究的成果。今后我们力图从各个角度来反映少数民族中各方面值得探索的问题，把学报办成具有一定民族特色的学术理论刊物，以适应民族地区四化建设的需要。

图 21-11　学报复刊首期刊载的《编后》

图 21-12　白院长与吉首地区校友合影（1983 年 12 月 16 日）①

———————
① 第二排左五为白瑞西。

办大学，要有办大学的样子。图书馆作为大学校园中的重要组成部分，是立德树人的重要场所，在校园文化建设中具有举足轻重的地位。学校恢复重建之初，白瑞西将图书馆建设和图书资料购置纳入优先安排范畴，图书资料组是和人事组、基建组最早设置的一批机构。白瑞西多次强调："图书和报纸杂志是学校的基本资源，一旦错过了它的出版发行时期，就再也买不到了。"他指出，学校的复办虽然很艰难，但图书资料工作不能放下，要遵循边基建、边办学的精神，逐步推进。首先，要将图书馆列入还建工程计划任务书，加快馆舍建设；其次，组织力量，抓紧寻找、搜集和搬运老民院撤销后遗留的图书。白瑞西打听得知，学院撤销后，部分图书资料转移到了华中师范学院及武汉化工学院[①]。他多方协调、请示报批，成功收回了这部分失散的图书。

在讨论学校重建的时候，白瑞西力主将中南少数民族文物陈列馆列为还建工程。1982 年 5 月，白瑞西派民族研究所吕林波教授一行 3 人拜访民族文化宫顾问吴泽霖教授，请教文物陈列馆相关事宜。同期，在赴京开会的间隙，白瑞西又特地去中央民族学院拜访吴泽霖教授，并盛情邀请他来校主持中南少数民族文物陈列馆的重建工作。学院撤销时，中南少数民族文物陈列馆收藏的 9907 件少数民族文物被移交给中央民族学院。为推进文物回归，白瑞西积极与中央民族学院沟通，妥善解决了这个历史遗留问题。1984 年 3 月，吴泽霖提议将原中南少数民族文物陈列馆更名为民族学博物馆。同年 8 月 27 日，经国家民族事务委员会（民教字 [84] 第 388 号文件）批准，原中南少数民族文物陈列馆正式更名为"中南民族学院民族学博物馆"。1986 年 11 月 29 日，全国第一所民族学博物馆——中南民族学院民族学博物馆正式落成开馆，时任

---

① 即现武汉工程大学。

国家副主席的乌兰夫同志亲笔题写馆名，白瑞西等老同志参加开馆剪彩仪式。

图 21-13　白瑞西陪同杨静仁考察民族学博物馆

白瑞西积极争取校外援助，改善学院办学条件。1981 年复办之初，白瑞西请示国家民族事务委员会，希望申请联合国开发计划署援助项目，为物理系、化学系引进仪器设备，并为教师提供国外访学和进修的机会。1982 年 9 月，联合国开发计划署批复给学院一个 50 万美元的项目——"加强少数民族教育设施"（项目编号：CPR/81/042），由联合国教科文组织负责执行。受此项目资助，学院派出四人小组出国考察，了解国外少数民族教育发展现状；另外，还选派 14 名教师出国进修，引进了价值 21 万美元的仪器设备。1986 年 3 月，联合国开发计划署、联合国教科文组织和中国政府三方联合评审项目进展，认为达到了预期目的，对项目实施情况表示满意。

复办之初，学院位置偏僻，交通不便，师生员工出行困难。为此，学院出资修筑了一条从鲁巷（今光谷广场转盘）到学校的便道，这条路长期被称为"民院路"，后来才扩建为"民族大道"。作为省人大代表，白瑞西提交代表议案，建议武汉市政府将公交车延伸至中南民族学院，改善学院师生员工的出行条件。学校附近没有中小学和幼儿园，教师子弟上学困难。1981年9月8日，白瑞西召开校内协调会议，决定成立"中南民族学院附属学校"。随后，学校建立附属幼儿园、附属小学、附属中学，这些举措给师生员工提供了生活便利，解决了教师的后顾之忧。

在白瑞西和全体教职工的辛勤努力之下，中南民族学院这所曾经被撤销的学校又重新出现在中南地区。1983年底，白瑞西退居二线，此时学校已经建成六个系（即政治系、中文系、历史系、数学系、物理系、化学系；文理各三个）、两个部（即干部轮训部、大学预科部）和一个所（即民族研究所），为中南民族学院的后续发展奠定了坚实的基础。经过三年建设，中南民族学院迅速成为一所具有一定办学水平的高等院校，打了一场漂亮的"翻身仗"。白瑞西用办学实绩让那些不了解民族学院的同志不再有误解，让那些不看好民族学院的人不再敢轻视。

二十二 老骥伏枥志犹在

　　"人事有代谢，往来成古今"。拨乱反正之后，各项事业逐步走上正轨。那些被"十年浩劫"耽误的老同志，不计个人得失，不忘初心，不弃使命，积极投身于党的工作。随着社会主义建设事业不断前进，党中央提出废除干部职务终身制，实现干部队伍革命化、年轻化、知识化、专业化。这既是对历史经验的总结，也是实施四个现代化建设所必需的举措。1982 年 1 月 13 日，邓小平在中央政治局会议上将新老交替和精简机构比喻为"一场革命"。随后，党中央于 1982 年 2 月作出《关于建立老干部退休制度的决定》，废除领导干部职务终身制。一大批老干部响应号召，主动要求离开领导岗位，离休、退休或退居二线，一批经过考验的中青年干部走上领导岗位。[1] 白瑞西高度认同中央做出的决策，决意退出领导岗位。1982 年春，白瑞西赴京参加国家民族事务委员会扩大会议。会议期间，他向民族事务委员会领导表示，因年龄原因要求退出学院领导班子，但未获批准。

　　1983 年初，湖北省委召开了第四次扩大会议。会议传达了

---

　　① 《中国共产党简史》编写组.中国共产党简史[M].北京：人民出版社，中共党史出版社，2021：239.

中央关于废除领导干部职务终身制，建立老干部退休制的决定。白瑞西再次响应中央号召，明确表示要求离职休养。白瑞西特意还向组织提交了申请离休的书面报告，以示郑重。1983年7月，国家民族事务委员会负责教育工作的领导同志来校调研，口头传达国家民族事务委员会领导同意白瑞西退出一线工作的意见，并征求白瑞西对新一届学院领导班子人选的态度。尽管当时白瑞西因病住院，但他仍以对民族高等教育事业高度负责的态度，坦诚直言，向组织陈述关于选任新一届领导班子的看法。

1983年12月中旬，国家民族事务委员会党组委派国家民族事务委员会副主任洛布桑同志来汉，参加学院新任领导班子的就职宣布大会。湖北省委文教部副部长尤洪涛和干部处王震中处长也参加了会议。洛布桑宣布，国家民族事务委员会党组同意白瑞西退出领导岗位，担任学院顾问。在学院新老领导成员交接会上，白瑞西明确表示服从组织决定，全力支持新任领导班子的工作，绝不保留对学院发展的意见。作为一名老共产党员，白瑞西以他的觉悟和担当，对新任领导班子需要着重解决的问题提出了五点建议。著名语言学家严学宭因年龄原因也不再担任学院副院长，与白瑞西同时退出了领导岗位，转任学院顾问。他深情地回忆道，自1958年白瑞西任中南民族学院院长、党委书记以来，一起共事二十六年，互相尊重、理解和支持。他盛赞白瑞西做事民主、开明，待人温和、平易，尊重知识和知识分子。他表示自己在中南民族学院的教学、科研以及行政管理工作，都离不开老领导、老同事白瑞西的帮助和支持。[①]

复办工作千头万绪，能在三年半的时间内完成校园还建，恢复办学秩序，实属不易。但白瑞西却谦逊地认为自己只做了五件

---

① 刘宝俊. 严学宭评传［M］. 北京：中华书局，2020：355.

事。一是重建教职工队伍。把学院撤销前的教职工调回 100 余人，并通过多种渠道引进 700 余人，使得教职员工总数接近 900 人，其中教学人员约 350 人，这支队伍成为学院教学科研的主力军，也是学院发展的宝贵财富。二是恢复本科专业。在不到一年的筹备期内，学院于 1981 年秋季如期开学，四个系、两个部同时招生，新生人数达到 360 人。1983 年秋，物理、化学两系也按计划招收新生，当年在校生总数接近 1500 人，搭建起了学院发展的基本框架。三是添置教学设施。学院大量购置图书、仪器，各种图书达 30 余万册，为物理、化学、数学等系采购了一批先进仪器和设备，基本满足教学科研需要，其中还从国外进口了一批新设备。四是推进基础建设。1983 年底，完成校园还建工作，校园建筑面积超过 6 万平方米，基本能满足师生员工的日常生活需要；同时着手进行校园扩建工作，拓展学院发展空间。五是建立规章制度。学院初步建立了各项必要的规章制度，使教学秩序和工作秩序步入正轨。白瑞西认为，学院能打赢复办"翻身仗"，是全体教职工团结一致、艰苦创业、奋发向上的结果。

为恢复中南民族学院，白瑞西付出了全部精力和心血。然而，他还是苛责自己没有处理好一些问题。首先，未能妥善抓好基建工程。有的项目因为施工单位未能按期履行合同，拖延工期，影响交付使用；有的项目为了赶工期，忽视工程质量，导致不少建筑物达不到设计标准。其次，未统筹好建设与办学的关系。在建设与办学同时进行的情况下，势必会因条件准备不充分而影响教育质量，这是任何学院初创时期都会面临的问题。但白瑞西认为，如果工作准备更充分些，可以将负面影响降到最低。三是未能解决好生活出行的问题。学校地处郊区，给教职工生活带来了一定困难。改善交通和生活设施需要很长一段时间，难以在建校初期全部配套建设起来。四是未能突出思想工作。因建校任务繁重，思想工作有所放松。此外，社会上过分重视业务工作而忽视政治工作的倾向也在学院有所露头。加之学校制度不够健全，要求不够严格，致使部分职工纪律松弛，缺乏艰苦创业精神。

办好中南民族学院是白瑞西晚年最大的愿望。退居二线后的两年时间里，白瑞西在力所能及的情况下，协助学院领导班子做了许多有益于学校建设与发展的事情。白瑞西充分发挥顾问"传、帮、带"的作用，总结自己丰富的办学经验，为学院新班子做参谋。他经常围绕有关学院发展的重大问题，与学院班子成员交流意见，帮助一线领导改进工作，希望新班子后来居上，开创学院发展新局面。1985 年 11 月，白瑞西申请离休；12 月底，国家民族事务委员会正式批复，白瑞西离职休养。

离休后，白瑞西依然成天忙碌。尽管不再担任学院顾问，但白瑞西仍然关注学院发展。1984 年 9 月，在西安召开了全国民族学院书记、院长预备会议。会议指出，民族学院的办学方针和任务必须适应当前民族地区"四化"建设和"三个面向"的要求，首先必须办好本专科专业，实现多层次、多规格、多渠道的办学方式；同时，要加强工科和外语专业建设；还要发挥民族学院的优势，办出民族特色。① 此次大会精神与数年前白瑞西关于民族学院的办学定位基本一致，体现了白瑞西扎根民族地区办大学的远见卓识。经过 40 余年的探索，民族学院终于回归正常发展轨道。为把多年来积累的办学治校经验留给后来者，白瑞西克服身患疾病、行动不便等困难，笔耕不辍。1991 年 7 月，白瑞西在《中南民族学院学报》（哲学社会科学版）第 4 期发表了论文《民族高等学校领导工作的几个问题》。1994 年 11 月，白瑞西的专著《决策和管理：在民族院校的实践与体会》在华中师范大学出版社出

---

① 吴仕民. 中国民族教育［M］. 北京：长城出版社，2000：62.

版。该书既遵循高等教育发展的一般规律，又考虑到民族院校发展的特殊性，从民族地区经济社会发展的全局思考民族院校办学之道。他认为，民族院校担负着铸牢中华民族共同体意识、培养造就大批高素质人才的重大历史使命，这是民族院校发展的根本动力，也是检验民族院校发展成效的标准。白瑞西的论著不仅是中南民族学院办学经验的理论总结，而且也是民族高等教育发展与改革的现实映照。

图 22-1　著作《决策和管理：在民族院校的实践与体会》

图 22-2　离休后在家写作

离休不离志，退休不褪色。晚年，白瑞西积极参加社会活动，助力学院发展。1983 年 11 月，他被中国南方少数民族哲学及社会思想史学会聘为顾问。1984年4月，他应邀参加全国民族院校政治经济学教材审稿会。为服务教职工离退休生活，白瑞西大力支持学院老年大学工作，为老年大学的发展出谋划策，并组织老干部、老同志参加老年大学举办的各项活动。1989年12月，国家民族事务委员会表彰白瑞西为民族团结进步事业做出的重要贡献，并予以嘉奖。

图22-3　南方少数民族哲学及社会思想史学会顾问聘书

图22-4　全国民族院校政治经济学教材武汉审稿会
留影（1984年4月30日）

图 22-5　武汉老年大学中南民族学院教学区
开学合影（1987 年 9 月 23 日）

图 22-6　白瑞西从事民族工作三十年荣誉证书

　　白瑞西忠诚践行革命信仰，打造良好家风，永葆革命本色。他不仅从严要求自己，而且从严管教家人，筑牢纪律防线。他有两个不准许，一是不准许子女在自己的单位工作；二是不允许子女亲属利用自己的影响谋求私利。白瑞西从未动用过他的职权，为子女争取升学机会，也没有将子女安排在自己身边工作，而是让子女们自力更生、自食其力。长子白熊焰的亲身经历，便是白瑞西严以治家的真实写照。1963 年白熊焰中学毕业，刚满 16 岁的他就不得不去农场做临时工。三个月后，白熊焰得知武汉市劳动局要招收一批青年工人，决心凭本事报考。报名前，白瑞西特意强调，不允许填写他的任何信息。直到录取政审环节，工作人员方才得知，其父是中南民族学院党委书记兼院长。当工作人员询问是否需要照顾时，白熊焰明确表示不需要。就这样，白熊焰成为了一名学徒工。三年后，他被分配到湖北省南漳县长坪工具厂。直到1984年，白熊焰才按照国家政策重新调回武汉。80年代初期，学校重建需要大量教职工，但白瑞西坚决不同意将自己的子女和亲属调入学校，并告诫他们："在自己手下工作，不利于个人的发展，也会对领导的评价和决策产生影响。要正确对待自己，正确对待他人，不要以权谋私，要通过自己的努力去争取，要为党和人民认认真真地工作，扎扎实实地办事，老老实实地做人。"

白瑞西自幼修习书法，造诣颇深。离休后，白瑞西时间更为宽裕，经常在家挥毫泼墨，笔走龙蛇，创作出一幅幅工整隽秀、充满意境的书法作品，展示了他爱党爱国、矢志不渝的精神风貌。他在书法作品中，常自号"三山老叟"。1985年，白瑞西应吉首地方政府邀请，为湖南永顺县不二门国家森林公园风景区题写了巨幅石刻"森林独秀"。

图22-7 石刻"森林独秀"的近景图与远景图

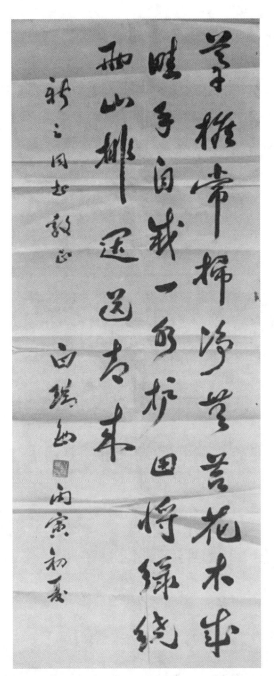

图 22-8　白瑞西手书王安石《书湖阴先生壁》

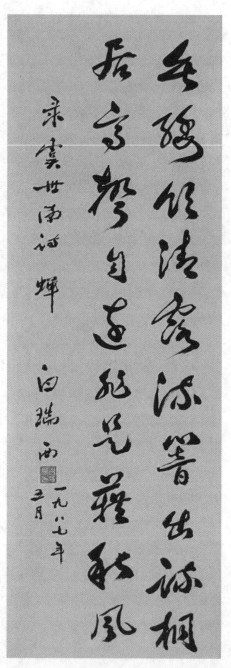

图22-9 白瑞西手书虞世南《蝉》

1998 年 9 月 26 日 14 时 40 分，白瑞西不幸因病逝世，享年82 岁。白瑞西逝世后，国家民族事务委员会派专人前来吊唁。中共湖北省委、湖北省人大、湖北省政府、湖北省政协、河南省政协、河南省人民政府办公厅、湖北省委组织部、湖北省委统战部、国家民族事务委员会办公厅、国家民族事务委员会教育司、郑州市人民政府、中共山西省太谷县委及县政府、中央民族大学、华中理工大学、中国地质大学、武汉水利电力大学、同济医科大学、华中师范大学等 30 多个部门、单位和团体发来唁电、唁函；全国政协原副主席杨静仁及夫人吕琳、中共中央农村工作部原部长杜润生、中共中央统战部原常务副部长平杰三、湖北省原副省长田英、国家教委原副主任邹时炎、湖北省政协原副主席史子荣、湖北省政协原副主席尤洪涛、湖北省委文教部原副部长朱九思、上海市委组织部原副部长叶尚志及夫人秦毅敏、武汉汽车工业大学原党委书记鲍振世、湖北省原高校工委书记余凤盛、武汉大学原校长刘道玉、海南省三亚市原副市长高国才等生前领导、同事、好友和学生 70 余人也发来唁电、唁函、挽联、挽诗和怀念文章。

白瑞西生前要求丧事从简，将骨灰撒在学院南湖边。逝世后，中南民族学院党委和华中师范学院党委分别提出，将白瑞西的骨灰葬在各自学校。经两校党委商议，把白瑞西的骨灰分为两份，一份安放在华中师范学院行政楼前，一份安放在中南民族学院图书馆湖边。后来，由于学校建设需要，又将其骨灰迁至中南民族学院大礼堂北侧花坛。

在民族危难之际，白瑞西毅然投身革命，在太行山成长为坚定的共产主义战士。他心怀"国之大者"，书写了一名共产党员为国解难、为国尽责的人生华章。在新民主主义革命、社会主义革命时期，他为民族独立和国家解放不懈奋斗；在社会主义建设时期，他投身于民族高等教育事业，辛勤开拓、鞠躬尽瘁，培养了一大批学术功底扎实、专业知识过硬的高层次人才。白瑞西同志先后当选为中共湖北省第二次代表大会（1960年）、第三次代表大会（1971年）、第四次代表大会（1983年）代表；湖北省第三届人民代表大会（1964年）、第四届人民代表大会（1974年）、第五届人民代表大会（1977年）代表。白瑞西为革命和建设事业勤勤恳恳、兢兢业业、孜孜不倦地奋斗了60年，被誉为"民族高等教育事业的开拓者"。白瑞西的一生，是革命的一生，是光辉的一生！

图 22-10　白瑞西八十寿辰留影

参考文献

［1］《中国共产党简史》编写组．中国共产党简史［M］．北京：人民出版社，中共党史出版社，2021.

［2］《改革开放简史》编写组．改革开放简史［M］．北京：人民出版社，中国社会科学出版社，2021.

［3］《社会主义发展简史》编写组．社会主义发展简史［M］．北京：学习出版社，人民出版社，2021.

［4］《中华人民共和国简史》编写组．中华人民共和国简史［M］．北京：人民出版社，当代中国出版社，2021.

［5］中南民族大学校史编纂委员会．中南民族大学校史（1951—2011）［M］．武汉：湖北人民出版社，2011.

［6］太谷县志编纂委员会．太谷县志［M］．北京：中华书局，2015.

［7］白瑞西．改造资本主义工商业的道路［M］．北京：中国青年出版社，1956.

［8］白瑞西．决策和管理：在民族院校的实践与体会［M］．武汉：华中师范大学出版社，1994.

［9］哈正利，张福强．吴泽霖年谱［M］．上海：上海文艺出版

社，2018.

［10］黄宗贵．我的民大情怀［M］．北京：中国和平出版社，2011.

［11］白瑞西．忆敬爱的周总理二三事［J］．华中师院学报（哲学社会科学版），1978（1）：1–3.

［12］白瑞西．从实际出发，重建中南民族学院［J］．中南民族学院学报（哲学社会科学版），1981（1）：1–7.

［13］白瑞西．湘西行的启示［J］．中南民族学院学报（哲学社会科学版），1984（2）：2–5.

［14］白瑞西．民族高等学校领导工作的几个问题［J］．中南民族学院学报（哲学社会科学版），1991（4）：80–85.

附 录[①]

中央民族学院分院跃进规划纲要

（1958—1962）

　　我们伟大的祖国，现在正经历着历史上伟大的飞跃发展的时代，为了适应新形势的需要，全院师生员工必须在党的社会主义建设总路线的照耀下，坚决贯彻社会主义的教育方针，鼓足干劲，苦战五年，在各门学科各门课程和各项工作中，把中央民族学院分院建设成为一所面向全国培养少数民族工人阶级和知识分子的全心全意为民族教育事业服务的民族高等师范学院。

　　一、结合民族文化发展的特点，从现有条件出发，采取普及与提高并举，长期培养和短期轮训并举的原则，五年之内在发展规模方面要求达到：

　　1. 学生在校人数：从现有（包括预科在内）的 706 人到 1962 年发展为 2600 人，其中工农成分占全体学生人数 80%—90%。

　　2. 努力办好现有的各专业，从 58 年度起已成立语文、历史两系外，在第二个五年计划内，陆续增设政治教育、教育、数学、生物、物理、化学等系。

　　各系除办好四年制的本科外，根据各民族地区实际需要，可以在各系内增设短期的速成班次，培养专业人才或师资进修。

　　3. 为了适应民族地区地方工作的需要，在第二个五年计划期

---

　　① 本附录资料均为档案原件，为保持原貌，未做修改；其中错讹之处，敬请读者自行辨别。

内，我院仍设政治班（正式设置政治系以后，即改为政治系的研究班），继续担负轮训以中南地区为主的少数民族地区的一部分区、县级干部，提高他们的政治理论和政策水平。

4.为了进一步提高，以高山族为主的台湾地区的少数民族干部的政治觉悟和科学文化知识水平，政治研究班的学习期限拟延长为三年。并根据实际情况，拟在58年秋适当补充学员名额。

5.根据我院的发展方向和民族地区的实际情况，从1958年起，预科除将现有初中水平的学生继续培养到高中毕业外，不再办初中班。从1958年起，每年只招收初中毕业或具有同等学力的工农子弟（或工农干部），设高中性质的预科。

二、五年内，毕业生应达到这样的要求：

1.在政治上站稳工人阶级立场，具有共产主义世界观、人生观和马列主义民族观；养成敢想、敢说、敢做的共产主义风格；热爱自己的专业，忠于社会主义和积极参加社会主义建设。

2.在文化知识上，能掌握本专业知识，能识别和批判资产阶级的学术思想和观点；并学会运用所学的知识去解决或说明实际工作的问题。

3.积极参加各种劳动锻炼，能学会一定的生产劳动的知识。

4.在体育上，除残疾病弱者外，分别达到劳卫制二级或一级标准。

三五年之内，根据教学任务的不断增加，教工队伍也相应地扩大。从现有的包括预科在内的教学人员109人，到1962年发展为250人。职工人员从现有的127人，到1962年发展为260人，为此必须：

1.继续争取补充一部分具有正确观点和教学经验的教师；大力培养青年教师，并注意培养少数民族成分的教师，以扩大新生力量；加强帮助老教师的自我改造，提高他们的政治觉悟，发挥他们在教学方面有益的经验；积极培养老干部担任教学工作，充实教学力量。

2. 继续完成政治战线上和思想战线上的社会主义革命，加强政治学习，努力钻研业务，五年内建成一支以青年教师为主体的又红又专的师资队伍。到 62 年底，要求全员教师中有 80% 以上的人达到：具有坚定的工人阶级立场，共产主义的世界观和人生观，马列主义的教育观和学术观点，掌握本专业的知识，能不断提高教学质量，并能进行科学研究和解决实际问题。

3. 苦战五年，培养出 60 名既能教书又能教人的又红又专的专职政治理论教员。为此必须提高现有政治教员的政治理论水平，并不断充实力量。此外所有党委委员都要争取做到兼任政治理论课或参加政治教研室工作。

4. 根据我院具体情况，教师的业务水平，经过三年苦战，现有讲师的 70% 能达到副教授以上水平，现有助教的 75% 能达到讲师以上的水平。

5. 苦战五年，我院全体职工在政治上应具有共产主义觉悟；能掌握本行业务，以主人翁的姿态，创造性地完成自己的工作任务；在文化上，现在是初中以下水平者，应达到初中毕业水平；具有初中水平者，争取达到高中以上水平；具有高中程度者，要求达到大学水平。

6. 在五年内还没有参加过劳动锻炼或基层群众工作的教工，除老弱疾病患者外，轮流参加劳动锻炼一年。此外，全体教工还必须经常积极地参加文娱体育活动。

四、教育必须为政治服务。各门课程都必须实行政治挂帅，以马列主义和毛泽东思想为灵魂，密切联系当前国内外的政治斗争形势和党的方针政策，批判资产阶级的教育思想和学术观点。在课程比重上，理科和文科的政治理论课应占教学总时数的 20% ~ 25%。

五、教育要与实际相结合。各门专业课程的设置，都应该与当前社会主义建设和民族地区的实际需要密切结合，并照顾到长远的需要。做到国家需要什么就教什么，课程内容要符合现实的实际要求。要联系民族地区中等学校实际，坚决贯彻"厚今薄古""详中略外"的方针。

六、教育要与生产结合，脑力劳动与体力劳动结合。把课堂教学和生产劳动、调查研究和教育实习及基层工作锻炼结合起来。学生每年学习时间为八个半月，一个半月休假，两个月劳动（包括上课期间每周半日的劳动在内）。社会科学各系的学生，在学习期间累计应有半年的时间进行实际调查、教育实习或参加基层工作。理科各系学生应有半年时间到企业部门和中等学校进行实习（包括学习、实习和教育实习），短期轮训性质的学员每年应有一个月的时间进行参观、实习或调查研究。

七、政治理论课必须贯彻"以研究中国革命实际问题为中心，以马克思列宁主义基本原理作为指南的方针。废除静止地、孤立地研究马克思列宁主义的方法"。因此课程内容应该以毛泽东思想为纲，密切结合各个时期的方针政策，社会主义建设实际和学生思想情况。贯彻阶级观点、劳动观点、群众观点、集体主义观点、辩证唯物主义观点、马列主义民族观点；批判修正主义、民族主义、唯心主义和各种各样的资产阶级思想，树立共产主义世界观、人生观和马列主义民族观。在教学方法上应以整风的方法进行。

八、专业课程必须贯彻理论联系实际和厚今薄古的方针，文科各专业课程应着重反映近代现代问题，讲授规律知识，反对繁琐的考证和材料的堆积。理科各专业课程，要认真学习现代科学技术的成就，研究和总结我国生产建设的经验和广大群众的创造发明来充实课程内容，有些课程必须采取直观教学和现场教学的方法，反对资产阶级学院式的教条主义教学方法。

九、为了提高教学质量，必须大力开展科学研究工作。为此：

1. 科学研究必须为教学服务，为社会主义建设服务，必须彻底纠正"厚古薄今"和脱离实际的倾向，必须坚持群众路线，彻底打破神秘观点。

2. 要求在一二年内，在党委、教师、学生三结合的方式下，各专业课程都能编写出适合于民族师范学院教学的比较完整的教学大纲，两三年内能写出具有一定水平的讲义。

3. 结合教学课程内容，深入少数民族地区进行调查研究，收集民歌民谣和历史资料，进行编译和整理研究；对少数民族地区向社会主义过渡问题的研究；对少数民族地区的自然环境的研究；对少数民族语言、文化发展的研究；不断地丰富教学内容，并供有关部门参考。同时开展各种文艺创作活动，写出大量的反映少数民族地区新面貌为主的文艺作品。

4. 开展对教学辅助工作如图书馆、文物馆、实验室、资料室等工作的科学研究，要求两年内总结出一套如何为教学服务的本行业务的经验。

5. 开展对教学行政工作的科学研究，要求两年来，各单位都能总结出一套适合于民族学院教学行政工作的经验。

6. 在同学中结合学习，组织各种科学研究组织，利用课余时间进行科学研究。

7. 为适应科学研究的开展，拟从60年起办一综合性学术刊物。

十、随着我院发展规模日益扩大，基建任务也需相应增加，在勤俭办校的方针下，拟在五年内陆续增设教室、实验室、宿舍及其他教学辅助用房共约 60000 平方米。

十一、充实图书资料和仪器等教学设备，五年内根据教学任务，陆续增加、购置必需的图书仪器，同时彻底纠正图书馆单纯地借书还书的任务观点，而应配合教学与研究工作提供资料，配合运动进行宣传，向群众介绍新书，指导学生的阅读。

十二、文物馆应贯彻以教学为主的教学与参观并重的方针。在为教学服务方面，要面向同学，配合教学需要，做出展出规划。同时不断地充实文物内容，尤其是充实反映解放后少数民族新面貌的资料。

十三、学校工作要以教学为中心，贯彻我为人人，人人为我的共产主义精神，提高工作效率，消灭积压和差错现象。同时各级领导还要规定一定时间深入同学和教工群众中去，了解情况，及时改进工作。

十四、为了贯彻勤俭办学和教育与生产结合的方针，拟从 58 年起根据可能开办工厂和农场，并同时与附近农业合作社订立参加劳动和学习生产知识的合同，使教工、同学得到学习工农业技术和经常的劳动锻炼的条件。

十五、为了提高教工的政治与业务水平，恢复文化夜校，到 59 年办社会主义夜大学。此外，有计划地每年选送 5% ~ 10% 教工到外校进修（政治理论与专业业务）。

十六、紧缩机构，权力下放，在统一领导下，明确划分职权范围，凡各个系、处、科能够处理的问题，一律由系、处、科自行处理。各单位应通过这次整风，打破那些阻碍工作跃进的旧规章制度，重新制定出符合社会主义建设总路线精神的新规章制度。

十七、继续发扬整风运动中已经形成的批判与自我批判的新风气。把大放大鸣大字报大辩论的社会主义民主形式运用到日常生活中来推动我们的工作，建立起定期的检查制度和评比制度，每年进行整风一次。我们的口号是"学先进，赶先进"，一切为了调动一切积极因素办好又红又专的新型的民族师范学院而奋斗。

十八、建立人与人之间的正确的平等的关系，任何人都必须以普通的劳动者姿态出现。在领导与被领导之间，提倡既有民主又有集中；在师生之间提倡尊师爱生，教学相长；在教学人员与行政人员之间，脑力劳动者与体力劳动者之间，提倡互相尊重，互相学习。肃清旧时代的封建和资本主义的人与人之间的关系，克服大汉族主义和地方民族主义思想残余，充分发挥集体主义精神，把我院形成又有集中又有民主，又有纪律又有自由，又有统一意志又有个人心情舒畅的生动活泼的新局面。

十九、贯彻以党委领导下的校务委员会负责制。成立院务委员会，由院、系、处负责人及教师、工会、青年团和学生代表组成。

二十、加强党的领导，充分发挥各种组织的作用，推动各方面的工作：

1.为了使政治理论课成为党的思想工作的武器和在教学与研究工作中起统帅作用，在党委直接领导下，成立统一的政治理论教研室，负责全院师生员工的政治理论教育工作。

2.加强基层单位的政治思想工作，各单位必须在党总支部或支部统一领导下进行工作，并建立班主任制度。

3.各级党政领导必须深入基层种试验田，每月应有二分之一的时间深入下层，打掉官气，密切联系群众。

4.共青团是党的有力助手，通过整团，健全各级组织。在这个基础上，进一步严格组织生活，巩固和提高团员的质量。环绕着学习和劳动生产，向青年进行共产主义道德品质教育，提高社会主义思想觉悟；加强对文体活动的领导，关心青年的身体健康，因此共青团必须在党的领导下，发挥自己的组织作用，密切联系群众，积极完成党所给予的任务。

5. 工会是党联系群众和教育群众的纽带，工会应根据党的方针任务，积极向职工和职工家属进行宣传教育，关心职工的福利生活，保证党的任务的完成，因此，工会必须健全各级组织，积极开展活动。

1958 年 7 月 29 日

注：

此件收藏于中南民族大学档案馆，档案号 47-005。

关于办学方针给中央民族事务委员会
党组的报告

平、张、刘副部长：^①
民族事务委员会党组：

　　不久以前，在北京召开的中央民族工作会议^②，我们虽然没有干部参加，但是会议向中央的报告和李部长的讲话，我们已经读到了。其中，关于民族学院的前途（当然也包括分院在内）^③，文件上作了明确的肯定。因此，会后的问题是如何在现有基础上把民族学院办得更好的问题。所以，最近趁民族事务委员会通知我院汇报今年毕业生分配问题的机会，分院党委常委和少数领导干部就分院今年工作中的问题进行了座谈，并且委托前往汇报工作的张志平同志一并将座谈意见转呈民族事务委员会，向领导请示。这些问题尚未完全解决，现在，我想就以下几个方面来讲，提出自己的看法，请予以指示。为了尽可能地把自己的思想表达清楚，写得可能啰唆一些，祈谅。

---

　　① 平、张、刘副部长，分别为平杰三、张执一、刘春。

　　② 中央民族工作会议，指的是 1962 年 4 月 21 日至 5 月 29 日在北京召开的全国民族工作会议。

　　③ 1957—1965 年间，中南民族学院改称"中央民族学院分院"，文中简称为"分院"。

一、关于分院的任务和培养对象问题

这是一个似乎已经解决但又没有完全解决的问题。从民族工作会议文件中反映的情况来看，少数民族地区民族干部的成长状况还没有摆脱量少质弱的基本形势，不仅专业干部情况如此，而且，解放以来，一直就在培养训练的一般政治、行政干部的情况也是如此。究其原因，固然是多方面的，但干部的培养计划、培养任务和要求不够落实，我看这是原因之一。全面情况不了解，无从谈起；就从分院这个局部来看，我是有此事实的。如分院在轮训干部的工作中，近几年来常常出现的情况是，调人调不来，达不到调训人数；不少调来学习的干部，达不到要求标准（规定是区主要干部以上，但来的有许多是一般区干部、大队干部等），而且有的在分院学过两次，个别还有学过三次；可是据去年暑期我们派出干部到一些民族地区了解情况，却又听到有不少民族干部（包括做少数民族工作的汉族干部）反映，十余年来没有参加过一次脱产学习，这是反映训练工作缺乏计划的例子。在专业干部方面，据我们去年夏季了解的一些典型材料反映，中学师资和基层专业技术和卫生干部也是很缺的，单就中学教师来说，语文、数学、理化、政治、外语等中学主要课程都缺，而且数量不小。今年学校调整后，估计情况可能会好一些，但也不会是不缺了的。面对这些情况，不论是政治干部的训练也好，专业干部的培养也好，第一是要有计划，第二是由谁来执行这些计划，也就是落实的问题。特别是关于第二点，在实行任务的分工和分配时，应该落实到条件、可能等，力求以最小的经费开支达到最大的效果。这就应该采取分级分工的原则。各区县培养训练哪级干部，专区、自治州训练哪级干部，省和自州区训练哪级干部，中央民院和分院训练哪级干部等。

在这样一个分工原则的基础上，我认为分院今后的任务，根据现有主客观条件，应该包括两个内容。

1. 政治干部轮训。我认为，这是体现民族学院是"政治性质的学校"的集中表现。第一，培养轮训少数民族的在职干部是党的民族工作的一项长期的政治任务；第二，轮训的内容主要是贯彻党的民族政策和提高民族干部的思想政治水平；第三，经过一批批政治训练，民族干部队伍成长壮大，党的民族政策、社会主义建设事业能够在少数民族地区开花结果顺利发展。因此，在训练工作中，它既有数量的问题，也有质量的问题。但是，作为若干个执行此项任务的机构中的一个具体单位来说，更重要的是在一定的任务之下，提高质量的问题；当然，这就又需根据这个单位的具体条件出发，而这些具体条件，应该包括：师资、地点、规模、设备，以及领导干部的政治业务水平等。按照以上方面条件来考虑，目前分院还够不上一所合格的高级的培养和轮训民族干部的学校，但是也不适于把训练任务扩大到基层初级干部。因此，如果能严格地执行现有规定的任务（即区一级的主要干部和相当于区一级的干部）还是适宜的。

最近，民族事务委员会关于委托分院今后举办区以上民族干部文化补习班的问题。假如调动学员不大困难，我们愿意试办。但我估计有困难。虽然学习两三年，如果编制保留在原单位，在当前紧缩编制的情况下，很难行得通；如果编制不计在原单位，而由训练单位开支工资，等于中央民族事务委员会增加一批编制，不知民族事务委员会是否可以承担？因此，还是交由各省区的干部文化补习学校统一办理为好。

2. 专业训练。从我到分院工作的四年来，在我的思想上，认为分院既然是一所高等学校，我就要按照国家对一所高等学校的基本要求，努力把它办成一所合格的高等学校，但这是不是就是所谓的"正规化"思想，我自己还做不出这个结论。几年来，经过上级行政领导和省委的正确领导、积极扶持，加上全院师生员工的共同努力，无论在师资队伍、领导水平以及基本设备等方面已初步具备了一个高等学校所需要具备的条件，这是十年来工作发展的结果，它基本上是比较接近和适应民族教育事业发展的需要的，是好事而不是坏事。因此，积极地发展它，充分地发挥它的有利条件，这绝不是为了照顾某些干部的思想情绪，而是符合党的民族工作的利益的。分院从58年①起正式建系以来，开始从一个仅办有文化补习班和一般基层干部轮训班为主的学校发展到今天的高等学校。客观地说，它是符合形势发展的需要的，是符合事物发展的规律的。这是一种可喜的现象，决不能把它当作"包袱"（不正常现象）。也就是说，有了这个有利的条件，就要充分利用这个条件，作为一个有利的阵地，这对开展民族教育事业是有好处的。经过这几年的工作，这一部分已经逐渐成为分院的主体，现有的四个系都已经初具规模，尽管现在还存在着不少困难，但都是属于前进中的困难，如教师的数量和质量较之老的高等学校还有不少的差距，及教学设备和图书仪器等还不能满足教学上的需要等。对此，我认为领导的态度也应该是"气可鼓而不可泄"的态度。但是，有的同志却认为民族学院只可搞干部轮训和办预科，办本科就是好高骛远，好像民族学院就是"命里注定"，就是低级的落后的，只能办低级的不能办高级的。我认为，这是一种眼光不长远、不向前看的观点，把民族学院的概念固定化了，固定到解放初期的水平。根据分院的具体条件，我认为，会后应该在办好上述政治干部轮训的同时，把本科的各系办好，为民族地区培养出一批批符合国家规定的合格的少数民族的专业人才。

---

① 即1958年，此处写法为原文，为尊重当时作者的用法，未作修改。

如果不是不切实际，不是好大喜功，而是一种雄心壮志的话，我觉得在领导的积极扶持下，应该经过几年的努力之后，把这一所普通的民族学院变成一所国家的重点高等学校。

从分院工作人员的角度考虑，要办好一个学校，任务最好是单纯一些，因为这不仅和领导干部水平有关系，而确实由于任务杂，再加上性质不同，困难也就随之增多。因此，办单一的高等学校或单一的干部学校，对学校工作来说是便利的，但当前民族工作的需要又不允许这样，所以，分院是应该承担着两种任务，可是再多则会对工作不利。

二、关于预科的前途问题

预科是分院建院以来的一个重要组成部分，它不仅在数量上占有很大的比重，而且更重要的是，在过去几年里为少数民族地区开展文教事业，提高干部政治文化水平发挥了积极作用。它的存在和发展反映了少数民族文化发展的水平，反映了民族地区在这方面的实际需要。但是，近年来，从我院所处的地理位置、民族地区文教事业发展的情况，以及学校机构编制等具体条件来看，对我院预科的前途，我认为，应该采取的方针是不再发展，除现有班次办完为止。这个意见最近经民族事务委员会领导指示，予以否定；但作为意见，我认为上述指示尚有考虑的余地，因此，再申述如下一些理由。

1. 从 58 年以来，少数民族地区的文化教育事业有了一定程度的发展。不仅小学在逐步普及，中学也有不少发展，就中南各省区而言，在少数民族地区一般每县都建立了中学，甚至有的县有几所，这些都是可喜的现象，为普及中等教育创造了条件。这个情况已和前几年在民族地区不是"有学校没有学生、就是有学生没有学校"的情况不同了，由中央开支举办一个地方基本可以解决的普通中学，意义已经不大了。

2. 分院举办预科是一个提高的过程。鉴于少数民族地区中等学校还很少，举办这种班次对一些有培养前途的少数民族青年是十分需要的，而且为了在这方面培育"种子"，起示范作用也是很必要的。58年以来，根据当时对形势的估计，高等教育大发展，中学毕业生不能满足需要，分院为了更有计划地为少数民族地区培育更高文化水平的知识青年，预科作为分院本科学生的重要来源，这对于保障分院本科学生的民族成分和顺利地实现培育计划也是很重要的。但目前情况已有了重大变化，这不仅是由于民族地区的中等教育已有发展，而且由于本科招生任务大大少于中学毕业生的数量，不论在保证培育更高水平的少数民族知识分子的质量方面能够有所保证，就是在民族成分方面同样也能得到保证。如果在招生办法上不采取统考办法，而采取单独招生的办法，可以做到有计划地在少数民族地区分配名额。在这样的情况下，继续举办预科的作用就大大减小了。

3. 随着深入贯彻以调整为中心的八字方针，今后各级各部分的编制都将实施精简原则，这样一来，预科学生的出路，不仅今年难于处理，今后也不易解决。今年预科毕业生的分配现状就很勉强，虽没有为各省区所拒绝，但这与中央民族工作会议有很大的影响。如果说，培养预科学生是为了提高他们的政治文化水平，而不一定要在毕业后负责分配工作，仍是做一个有文化的劳动者，这就更没必要，因为实现这样的要求，是一种普及教育的措施。就地培养更为合理，更为经济。

4. 继续办预科，和国家勤俭办学、勤俭办一切事业的原则不协调。因为在分院培养一名预科学生，经费开支相当于培养一名本科学生，按照现在经费开支标准，本科或预科学生平均每人每年需要约 600 元之多，但是一个预科学生就近在本地中学读书，粗略估计不会超过五分之一。这也就是说，同样培养预科水平的学生，由分院办，每年由国家开支的经费培养一人，如果在本地学习就可以培养五名。另外，分院的规模编制有一定限度，在这样紧缩规模的情况下，培养一名预科学生也和培养一名本科学生所费相差无几，这样，不论从政治效果，还是从经济效果以及参加国家建设的作用来考虑，办预科都是不合宜的。也即是说，与其培养一名预科学生远不如培养一名本科学生作用大。当然，如果是没有培养本科学生的对象，而却坚持要办本科，则是一种不切实际的想法；今天的情况不是没有高中毕业的少数民族青年可培养，而是学校容纳不了的问题。如果是为了政治任务，那就不能单纯地计算经济效果，像中央民族学院培养藏族青年，不仅有中学而且有小学，这样做是完全必要的。但就中南地区的情况来看，这种特殊情况基本上是不存在的。

5. 最近，民族事务委员会领导同志的指示中曾提到分院不但要继续办预科，要在学生毕业后就读分院本科，或是考入国家重点高等学校。这就是一个光荣的任务。如果能够培养一批优秀的中学毕业生，将来经过重点高等学校的培养，为少数民族造就一批优秀的专业人才是很有必要的，但要做到这一点，依靠预科实现这一任务是有困难的。第一，本科和预科是两个不同的学习阶段，不论是课程设置、教学方法、行政管理都不同，这几年来我们深刻体会到在领导工作中由于必须采取三套办法（本科、预科、干训），往往顾此失彼，影响效果。当然，这不是说预科就培养不出优秀生，但达到这种高标准的只能是少数，作为平均水平来看，大量地达到高标准是有困难的。第二，要实现上述的要求任务，领导上是需要比较大的力量，从设施方面、师资方面、学生来源方面等等，像目前分院预科的条件是很不够的。如领导上确有决心这样做，我倒是建议民族事务委员会能单独建立和领导一所直属的民族中学，这不论是作为重点或示范都还是有此必要的。也可以考虑以中央民院的附中为基础，改变领导关系，变更招生对象，充实师资队伍，也可能是一个比较容易取得事半功倍之效的办法。

三、关于本科的专业设置和培养目标问题

从 58 年以来，四年多教育革命的时间已经使自己增长了不少知识，实践思想上的片面性也有了一定程度的克服。对分院的本科专业设置，我认为是在逐渐地接近实际了。如最初，自己仅想按照师范学院性质的标准设置一套完整的专业。现有这几个专业是在需要和可能的主客观条件下建立起来的，不是按照某一类型的正规化大学（如文科的、理科的、师范的……）的要求设置的。几年来的实践证明，如果没有领导的大力支持和客观形势的需要，一个本科专业设置从无到有、逐渐巩固、不断提高，是颇不容易的事。分院正是鉴于建立一个专业的不易，除非十分必要的情况，一般应采取稳定保护的态度，慎重处理。这几年来，由于民族教育事业发展的需要，领导的积极支持和教职员工的辛勤努力，现有的四个系基本上已站住了脚，巩固和提高成为当前主要任务。看来，在短期内继续增设专业，不仅与当前经济形势不适应，而且人力物力以及设备等条件都有很多困难。所以，在今后几年内，是如何办好现有专业的问题。因此，在如何办现有专业这个问题上，我有以下的一些看法。

1.历史系。这是分院最老的一个专业，是 58 年在原历史专

科的基础上建立的。几年来，有较大的发展，教师人数在现有各个专业中是最多的，共 45 人，这次紧缩编制，要减到 30 人。虽然大多是青年教师，但一般质量不差，而且干劲足，肯钻研，教学效果还不错。所以，从发展的观点看，是很有希望的一个专业，这是问题的一面。另一方面，这个专业从当前全国情况来看，毕业生的分配颇有困难，这就不能不考虑，这个专业是否已经超过了实际需要。据闻，中央教育部在今年下半年将召开专门会议讨论全国高等学校专业的设置和平衡问题。我认为，这是十分正确的。因此，分院历史系是停开还是续办，我认为，在全国专业平衡后再作决定，更为妥善。中央民族事务委员会在上月十九日指示，"分院历史系除本年停止招生外，办到现有学生全部毕业为止。"不知这一指示是否可以暂缓执行，我的意见是倾向于保留，我认为：

第一，历史系是否保留，最好等待全国专业平衡以后再作决定。因为这和整个国家对这个专业专门人才培养的计划性直接关联。如认为，民族学院有自己的特殊性，不一定和全国平衡，也最好请民族事务委员会能通盘考虑，民族工作对这方面的要求有多大，现有八个民族学院有多少个历史专业，在今后若干年内每年需要多少这方面的人才？然后，根据各校现有这一专业的数目、学生数量、师资队伍、教学质量等统一平衡，决定哪些保留，哪些裁并；然后，在这一基础上合理调整教师，安排学生，这样做，无论是对民族教育事业和教师学生的处理都会有好处，以免引起更多的思想混乱。

第二，建设一个学校应该根据自己的主客观条件，尽可能地办出自己的特色。这不仅符合党的百花齐放百家争鸣的方针，而且是推动学校努力办出成绩的一个巨大动力。分院现有的四个专业都是一般性的，根据我们的条件，曾努力想把历史系作为一个重点，搞出些特色，内容是计划在民族历史这一方面。目前，虽还是一种计划，但按现有条件努力搞下去，是会做出成绩的。所以，当同志们听到历史系要停办的消息时，感到很大的惋惜。

第三，从当前的具体情况出发，分院的四个专业，除数学系以外，其他三个系都是属于文科性质，而语文、政治和历史都有密切关系，所以，即或历史系停办，外系的历史课和党史课同样还需一批教师。根据最近计算，历史系停办后仍需保留教师21人，因此，从压缩编制的作用来看，意义不大；也就是说，停办这个系只能减去教师9人。而且历史系是分院较有基础的，从培养人才的角度出发，历史系这个专业能保留最好。保留专业，也保留教师。中央和国务院八月十日关于在精简工作中处理高等学校毕业生的若干规定中指出，"培养一个专门人才是很不容易的，如果现在把有些人才弄散了，过几年后重新把他们调集回来就会有困难，而且调回后也会因业务荒疏而不能起应有的作用。"[①] 这批人零星调出后，将来再需要时，再调整确实是不易的。

第四，目前历史系毕业生出路确有问题，但从长远看，这个专业也还不一定是"过剩"的。上述中央和国务院的规定中也提到"我国的专门人才，无论从将来还是从现在来说，都是少了，而不是过多了。"[②] 这既包括自然科学方面的情况，也包括人文科学方面的情况。像关于民族历史的调查研究，应该说现有力量还是很不足以满足需要的。为了解决这一矛盾，可否采取保留专

① 中共中央，国务院. 中共中央、国务院关于在精简工作中处理高等学校毕业生问题的若干规定（一九六二年八月十日）［M］//中共中央文件选集（一九四九年十月～一九六六年五月）（第40册）. 北京：人民出版社，2013：449.

② 中共中央，国务院. 中共中央、国务院关于在精简工作中处理高等学校毕业生问题的若干规定（一九六二年八月十日）［M］//中共中央文件选集（一九四九年十月～一九六六年五月）（第40册）. 北京：人民出版社，2013：450.

业，明年再停止招生一年的办法。这样，假设从 64 年开始招生，要到 68 年才有学生毕业，到那时候是否还是无法分配，就不一定了。同时，还可以按照供需情况采取少招的办法。这样，一方面保留下这个专业和这个"班子"，一方面教师可利用任务不重的条件，努力提高水平，给未来做出成绩打好基础。而且这样做，还有一个很大的好处，也就是稳定现有教师的思想，使他们能够安心地致力于他们的专业。

2. 数学系。这是分院在大跃进以来，从 59 年筹备，在 60 年新建的一个专业。它的建立根据之一，是当时分院以"培养中学师资为主"；其二，教育事业大发展，民族地区中学数学师资奇缺。经过三年来的筹备和创办，确实遇到了许多困难，但就目前情况来看，教师队伍大体上已经配齐，教学水平也基本上可以胜任。其中，讲师 5 人，十年以上教龄的老教员 3 人，五年以上教龄的助教 4 人，青年教师 13 人。今后的领导重点将是稳定提高的问题。今年六月十九日中央民族事务委员会关于机构编制、专业设置的指示中，认为"各地中等学校也在进行压缩，今后数学系应将目前培养数学教师的任务作相应的修改，逐步担负起为少数民族地区培养会计师的任务。"这样修改任务，实际上是改变专业的问题，因为培养会计统计人才和培养数学人才是两个完全不同的两个学习领域。这样修改，显然是对困难估计不足；后经派出干部面陈详报后，已同意原专业性质不变，但仍令增设必要的有关会计统计的课程；对此，我们打算在开学后，教师都返院后，专门加以研究，具体结果当再作专门请示报告。现在只想就自己的一些肤浅认识，提以下意见。

第一，从数学系的前途看，我不认为各地中学经过这次调整压缩以后，数学师资的问题就已经解决了。据我所知，这方面的教师还是不足的，特别是质量差，不能适应教学需要；而且就民族地区中等教育状况来看，并不是发展已经达到一定的饱和点。从根本上说，仍是很不足的，还不是从未来社会主义建设发展的水平看，而是从与汉族地区在当前机构调整以后的比例看。我相信，经过五到七年，八字方针得到贯彻以后，教育事业正常发展将会提出新的要求。再者，一个学校培养的专门人才，并不是短期突击可以完成任务的。以分院本科现行学制来说，是四年，也就是从今年的新生算起，要到66年才能毕业。那时的形势如何，姑且不论；但说那时数学教师没有出路，是不可想象的。因为我国少数民族的文化教育普及程度不高和质量水平低，显而易见。这个矛盾即或不是全国的，至少也需要从民族地区或各个民族学院的整个专业设置方面来考虑它的需要量。据我所知，它是目前八个民族学院中唯一的一个数学专业。

第二，从专业内容的转变来看，也有许多问题。我觉得，一方面，我们招收了合乎国家标准的学生，就应该按照国家对大学生的培养目标，教育出合格的大学毕业生，这样做不应理解为是一种"正规化"思想。一般说来，现在的大学生的课程分量是比较重的，特别是理工科，所以，要给她们增加新的课程，就要考虑学习负担能力。把有关会计统计课的课程内容讲得太少，学生掌握不够，缺少专业知识，做一个称职的专业会计也有困难。如果作为必修课程，学习负担又过重，这就不得不减少数学的专业课，这对保证学生学习质量将有影响。另一方面，目前公社大量需要会计人才，是事实；但主要是公社以下，而这些单位按照国家编制规定，中南地区公社已没有专职会计，生产大队和生产队就更不要说了。可是，我们把大学毕业生分配做农村的会计，不论在人才上或经济上都是浪费，政治影响上也不利。我们在培养时，就不能不考虑他们的出路。再者，会计人才的需求量在国家工业化的程度还很低的期间，它的需要量不会超过教师的需要量。

因此，解决当前的这个矛盾，目前需要的是大量的、初级的会计人才。最有效的办法是，以省或州为单位普遍举办为期半年或一年的短期训练班；培训对象最理想的是，农村没有就学或就业的高初中毕业生。

四、关于分院名称的问题

分院由于领导关系几经变动，名称也多次变更，这是一种正常现象。现在，由于领导关系的再次变动，因此，学校的名称我认为也有变更的必要。事实上，沿用现在的名称，名实不符，已经给工作带来许多不方便之处。

我想举两个例子。叶尚志通知的职务提升，先后经民族事务委员会党组和中央统战部同意快一年了，但一直到现在还未被国务院正式任命。[①] 今年六月，我院副书记黄明家同志去京汇报工作时，曾顺便探询此事，听到人事局答复民族事务委员会人事司的大意是，"分院是中央民族学院分院，既是"分院"，就是附属单位，领导干部任免不需要报国务院批"。主管国家干部的单位尚如此理解，其他单位可想而知。又如，为了正确宣传党的民族政策和民族教育事业的成就，去年分院建院十周年的时候，我们曾组织若干稿件，向新华社、人民日报和光明日报投寄，但均无反响。这种情况我并不认为是他们不重视对民族教育事业的宣传，也不是分院干部送去的稿件水平都太低；而很可能是，他们认为一个附属单位的情况可以不予单独报道。因为同样是这两种报纸，在分院院庆之前四个月，对中央民族学院的十年院庆成就

---

① 1962 年 10 月 20 日，国务会议全体会议第 117 次会议通过，任命叶尚志为中央民族学院分院副院长。

做了报道；在分院院庆后不到四个月，又报道了广西民族学院的十年成就。如果不是上述原因，就很难理解这种现象。

据我所知，学校名称一般有以下几种含义，有的是按照学校的性质定名，如华侨大学；有的是按学校所在地定名，如北京大学、武汉大学；有的是按学校的性质和所在地定名，如武汉测绘学院、北京师范大学；有的则是按特定的名称定名，如复旦大学、南开大学等。但目前分院的名称既不能体现一种领导关系，也不能完全反映它的性质，特别是由于没有冠以地名。像"中央民族学院分院"这样长的一个校名，连个地名也未标，于是经常将投递分院的信件寄到中央民院。甚至在武汉地区，不少单位对分院的名称也没有一个确切的概念，有的叫武汉分院，有的叫中南分院，有的叫武昌分院，这些混乱情况反映了对这个学校在认识上的混乱。据此，我认为分院名称确有改变的必要。早在去年夏季，我曾向民族事务委员会领导同志提出过建议，但未被采纳，所以也就没有解决。现在是旧话重提，仍请考虑。

我对分院当前工作中若干问题的主要意见就是这些。但是这些意见我并不能肯定是正确的，不过我本着知无不言的态度提出问题，为的是愉快地解决思想认识上的问题，我认为这样会对工作更有利。可是，领导同志批评我有"正规化"思想，这种批评是否恰当我不想去争论。最后，我只想谈一下我对这个批评的一些具体看法。

首先，我觉得正规化并不是一个坏的字眼，因为它不是抽象的东西，它是某一方面的工作经过长期的实践，探索了丰富经验，从内容到形式，从组织到制度，有了一定程度的定型，成为一种客观的标准。正规化就是要把这些定型的内容形成制度等，作为一个客观的标准去努力加以实现。譬如，要建立一支现代化的国防武装，就要在建制上、装备上、制度上、政治思想工作上都有与此相适应的完整的一套；这一部分部队要达到这个要求，需要这一套；另一部分部队要适应这个要求也必须做到这一套。所以说，正规化是一种客观的标准，许许多多部队都做到了这一点，那就达到了"化"的程度。今天，我们的国家在客观上需要建立一支现代化的国防军，尽管我们的条件还不太够，我们应创造条件，而不是保持过去游击队的那一套。又如一所高等学校，要实现国家规定的培养目标，就必须根据不同性质的专业，设置一定的课程，配备一定数量和质量的师资，建立各种必需的管理制度等等；也就是说，要实现一定的任务，就必须采取一定的形式、制度。这些客观的要求，也正是一个合格的高等学校所不可缺少的条件，做到这一点，我认为就是符合了正规的高等学校的要求。现在试行的"高等学校60条"，就是要高等学校正规化的一个客观标准。我就不懂正规化有什么坏处。每一所现在被保留下来的高等学校，今天都应该努力使之合乎这个标准，成为合乎国家要求的高等学校，而不是相反。我们有特性（民族学院），但首先还是它的共性（高等学校）。

当然，如果条件根本不存在，而硬要做客观上做不到的事，或者是超过当前现实需要的事，那就是一种脱离实际单纯追逐形式的"正规化"。这种正规化当然是我们所反对的，那么，分院是不是犯了这种错误呢？

第一，从民族工作的需要来看，经过解放十几年的社会主义革命和社会主义建设，少数民族不但需要中小学生，而且需要大学生；少数民族不仅需要政治行政干部，而且需要各种专门人才。李部长[①]在这次民族工作会议的讲话中，也明确地提到了这一点，他说："1958年以前是以培养政治干部为主，1958年以后单培

---

① 李部长，即李维汉，时任中央统战部部长。

养政治干部就不够了，就还需要科学、工程技术各方面的干部。"所以，作为少数民族地区的一项根本建设，我们决不能以近视眼的看法对待。李部长在同一个报告中又说，我们的方针就是要继续有计划地大量地培养各个战线上的民族干部，以适应社会主义建设事业发展的需要，计划要做长一点，不要光搞短的，有的民族是有大学出身的干部，有的民族恐怕还没有大学生；要有一点大学毕业生，有一点高级知识分子，要放长线，也放短线，两种都要。民族学院发展到现在，既然有了培养大学生的条件，能在这方面为少数民族工作做出一定贡献是好事，不是坏事。

第二，高等学校按照正规化的需要，不但是在课程内容、教学质量上有严格的要求，而且在专业的设置上，也要根据国家的通盘规划建立完整的体系。而我们没有做到这一点，事实上，由于我们的实际情况，也没有追求这一点，我们的基本原则是按照需要和可能来设置专业，而首先是需要。就从分院现有四个专业来看，既不像文科学院，也不像理科学院；既不像师范学院，也不像综合大学，这怎么能说是"正规化"思想。不过，我也觉得，以后有条件，逐步使学校在专业性质上、体制上正规化还是必要的。比如，发展成综合大学性质的或师范学院性质的高等学校，这样又有什么不好？但这是未来的事。

第三，分院想集中精力把现有的几个系办好，而不赞成把数学系办成"文不成武不就"的专业；并建议逐步压缩以至停办预科。我不认为这是"正规化"思想作怪，至少是没有说服力的。首先，我们承认不承认分院是一所高等学校？其次，高等学校应不应该按照中央批准的高等学校 60 条，对照人才培养方面的标准去努力？如果这两个问题的回答是肯定的，那么，我认为我们的意见是没有原则错误的。分院作为一所高等学校，不但应该办，而且应该努力办好，向重点学校看齐。

第四，分院是不是脱离了民族学院本身的特点，单纯向一般高等学校看齐。显然，也不能得出这个结论。我在前面的意见中，也明确地提到，根据民族地区工作的需要，采取两条腿走路的方针，既搞高等教育，又办政治干部轮训；既培养社会主义建设的专门人才，也培养政治干部。这就是不同于一般高等学校的地方。至于高等教育的比重逐渐在增加，这是符合客观形势发展需要的。此外，根据这几年来的实践证明，一个学校组成的种类越多，越不易办。现在分院的三种类型（干训、本科、预科），不仅学习任务不同，学制不同，而且学生水平、年龄、经历、课程都各异，这在领导管理方面遇到了许多困难，所以力求单纯一点，也是从实际出发，至少是从现有领导的实际水平出发。

关于预科，前面已经谈了。但是有一种意见，总认为预科是我们的"起家本钱"。不办预科，就是不从民族工作实际出发，或者是丢掉了特点。这也是一种值得商讨的意见。不错，民族学院就是从办文化预科起家的，但十年来，形势发展了，为什么老要保住陈旧的观点不放？学校是培养人才的地方，古语叫作百年大计；这种工作，一般应该赶到需要的前面而不是落到需要的后面。十年前或几年前，少数民族地区不仅大学生很少，学生也是凤毛麟角；现在则是不但需要中学生，更需要大学生。形势和工作都发展了，为什么我们的眼睛只能向后看？还有一种说法，认为大学生的需要是多方面的，民族学院办不了大学。这样，我不禁要问，学生的需要更多，难道民族学院就不能够培养大学生吗？能办到的事，不愿去办；而抓着不是必办不可的事，却不愿放松。这样是不是太保守了一点？这使人无法理解。按照这种逻辑，就是民族学院不论是否有条件，只可以办低级的，不可以办高级的。我没有能力对此做出正确的判断。

因为领导既然把问题提到思想认识的高度，而自己又想不通，所以，不能不把自己的观点尽量地表达出来。我想，越说得充分，也许更有助于领导对我的思想进行分析、批判和帮助。语句上可能有偏激，但本意还是为了把问题说清楚。不妥之处，还请见谅。

专此致函

敬礼！

白瑞西

1962 年 8 月 22 日

注：

1. 此信写于 1962 年。当年 6 月 10 日，中央民族事务委员会要求："历史系除 1962 年停止招生外，在校学生办到毕业为止。"另外，由于"各地中等学校也在压缩，今后数学系应将目前培养数学教师的任务作相应的压缩，逐步担负起为少数民族地区培养会计师的任务"。接到上级指示后，白瑞西等院领导和广大教师员工对此均难以接受。1962 年 7 月 26 日，分院党委召开扩大会议，认真研究讨论，一致认为撤销历史系、改变数学系培养目标的要求不符合实际需要。于是，学校派教务处长张志平赴京反映相关情况。随后，白瑞西院长于 8 月 22 日向中央统战部相关领导同志及中央民族事务委员会党组写了此万言长信。

此信原件题名为"白瑞西关于办学方针给中央民族事务委员会党组的报告"，收藏于中南民族大学档案馆，档案号 80-002。

2. 平杰三（1906—2001），河南内黄县人（原属河北濮阳县），1927 年加入中国共产党。曾任中共濮（阳）内（黄）滑（县）中心县委书记，晋冀鲁豫边区政府副秘书长、中共中央华北局副秘书长等职；1954 年撤销华北局后，调任中央统一战线部，后任常务副部长（1954 年 6 月—1966 年 12 月）。

3. 张执一（1911—1983），湖北汉阳县人，1929 年加入中国共产党。历任中南局统战部部长，中南军政委员会、中南行政委员会秘书长，中南民族事务委员会主任，中南政法委员会主任等职。1954 年调至北京，任中央统战部副部长（1954年6月—1968年1月），曾担任中央民族事务委员会副主任。

4. 刘春（1912—2002），江西吉水县人，1936年加入中国共产党。新中国成立后，历任中央民族学院副院长（主持工作）、院长，民族研究所所长、中央民族事务委员会副主任（1961年以后主持工作）、中央统战部副部长（1960年10月—1966年12月）。

5. 为了解决民族工作中存在的问题，调整民族关系，坚决贯彻执行党的政策，全国人大民族委员会和国家民族事务委员会于1962年4月21日至5月29日在北京召开全国民族工作会议。这次会议，对于清理1958年以来民族工作中的"左"倾错误，改善民族关系，调动少数民族人民的积极性，起了重要作用。1962年6月20日，中共中央批转了《关于民族工作会议的报告》。批示强调指出，民族问题的彻底解决是长期的，必须进行长期的经常工作，才能逐步实现。

6. 叶尚志（1919—2014），安徽宿松县人，1937年加入中国共产党。曾历任新海县、商河县县委书记、渤海区党委党校副书记。1949年底，由中央组织部选调北京，曾任中央统战部干部三处（局级）处长和中央民族事务委员会人事司司长等职；1961年12月—1964年9月，任中央民族学院分院副院长；1964年10月调任上海市宗教局代理党组书记，主持工作；"文革"后，任上海市委统战部副部长，兼市宗教事务局党组书记、局长；1981年调市委组织部，任常务副部长。

中央民族学院分院暂行工作条例（草案）
（1963 年 8 月）

前　言

为了更好地贯彻党的教育为无产阶级政治服务、教育与生产劳动相结合的方针。适应国家社会主义建设和民族地区的需要，稳定教学秩序，提高教学质量。特根据中华人民共和国教育部直属高等学校暂行工作条例（草案），全日制中学暂行工作条例（草案修改稿）规定的各项基本原则和前政务院培养少数民族干部试行方案的精神要求，结合我院的实际情况，制定暂行工作条例。

本条例在我院的基本任务和工作，包括教学工作、生产劳动、科学研究工作、教师、干部轮训部、本科、预科学生的组织和行政管理，物资设备和生活管理、思想政治工作、领导制度和行政组织、教工会、团委会、学生会、党的组织和党的工作等各个方面，分别作出了原则和具体的规定。对未能作出详细规定的部分，各单位可根据本条例的基本精神，作出必要的补充规定和具体工作条例。

在本条例的执行过程中，希望各单位注意发现问题，提供意见，以便更进一步补充修正。

第一章　总则

一、我院的基本任务是贯彻执行教育为无产阶级政治服务，教育与生产劳动相结合的方针，适应民族地区的需要，培养为社会主义建设所需要的少数民族政治工作干部、中等学校师资和其他专业干部。

二、从少数民族地区工作的需要出发，根据我院的基本任务，其专业设置有：干部轮训部、本科（政治、语文、历史、数学四个系）、预科（普通高中班、高考补习班）。

三、根据毛主席提出的"我们的教育方针，应该使受教育者在德育、智育、体育几方面都得到发展，成为有社会主义觉悟的有文化的劳动者"，我院各专业学生的培养目标是：

1. 具有爱国主义和国际主义精神，具有共产主义道德品质，拥护共产党的领导，拥护社会主义，愿为社会主义服务，为人民服务；通过马克思列宁主义、毛泽东思想著作的学习，和一定的生产劳动，实际工作的锻炼，逐步树立无产阶级的阶级观点、劳动观点、群众观点、辩证唯物主义观点和马克思列宁主义民族观点。

2. 干部轮训部、政治训练班以提高政治理论、政策水平为主，文化补习班以提高文化水平为主；本科各系掌握本专业所需要的基础理论，专业知识和实际技能，尽可能了解本专业范围内科学的新发展；预科普通高中班在初级中学教育基础上，进一步掌握语文、数学等课程的基础知识和基本技能，并且具有一些生产知识；高考补习班是补习高中主要课程，以便投考高等学校。

3. 具有健全的体魄，养成良好的生活习惯。

四、针对少数民族学生的特点，进行各项工作。

1. 培养民族间平等团结，互相尊重，友爱合作的作风，防止和克服大民族主义或地方民族主义的倾向。

2. 在思想政治教育工作上，发扬热爱党和毛主席，听党的话，热情，诚恳的优良品质，克服心胸狭窄，性情狭隘，思想固执，疑心性大的缺点。

3. 在教学工作上针对基础较差、知识领域较窄，抽象思维较钝和接受能力较慢的特点，运用各个有效的教学环节，提高学习效率，克服畏难情绪。

4. 在生活管理上发扬生活朴素，刻苦耐劳的优良传统，适当照顾学生的特殊需要。

5. 培养当家作主，实事求是，坚持群众路线的工作作风，克服简单生硬，强迫命令和尾巴主义的作风。

五、必须以教学为主，正确处理教学工作、生产劳动、科学研究和社会活动的时间安排，努力提高教学质量。

1. 严格保证教学时间，不得随意侵占；妥善安排生产劳动、科学研究和社会活动的时间。

2. 必须正确贯彻少而精、因材施教、理论联系实际的原则，切实加强基础理论和基本知识课程的教学，以及基本技能的训练。

3. 在教学中必须充分发挥教师的主导作用。

4. 在职工中树立并坚持为教学服务、为全院师生员工生活服务的思想。

六、必须加强教师的培养提高工作，按照中央教育部的规格要求，制定全面规划，采取有效措施，努力培养又红又专的教师队伍。

七、加强党的领导，正确执行群众路线，执行党的知识分子政策，充分调动师生员工的积极性。

1. 必须在党的领导下，发挥各级行政组织的作用，加强党和非党的团结合作，处理好党群关系，师生关系，青老年教师关系，教学人员与行政人员的关系。

2. 必须正确执行群众路线，要调动教师的积极性，认真教好学生，调动学生的积极性，认真做到学习好身体好工作好；调动职工的积极性，认真做好工作。

3. 必须正确执行党的知识分子政策，团结一切可以团结的教授、副教授、讲师、助教和其他具有专门知识技能的人，调动一切积极因素为社会主义的民族教育事业服务。

八、必须贯彻执行百花齐放、百家争鸣的方针，在毛泽东同志《关于正确处理人民内部矛盾的问题》中提出的六项政治标准的前提下，积极发展各种学术问题的自由讨论，以利于提高教学质量，提高学习水平，促进科学文化的进步与繁荣。

1. 学术工作必须由党领导，在学术问题上，提倡互相尊重，互相探讨，反对互相排斥，故步自封；提倡尊重事实，尊重实践，尊重劳动人民，反对不顾事实，轻视实践，轻视劳动人民。

2. 在哲学、社会科学中，为发展马克思列宁主义理论，必须批判地继承历史文化遗产，吸收其中一切有价值的东西，必须研究和批判现代资产阶级的各种学说。在人民内部，在马克思列宁主义者内部，探讨各种学术问题，都必须允许不同的见解自由讨论。

3. 在自然科学中，必须提倡不同的学派和不同的学术见解，自由探讨，自由发展，要善于吸取资本主义制度下发展起来的自然科学遗产和现代资本主义国家中的自然科学成果，用于社会主义建设事业。

4. 必须积极提倡和热心帮助知识分子的思想改造，但在处理具体问题的时候，必须正确划分政治问题、世界观问题、学术问题之间的界限，不许用对敌斗争的方法来解决人民内部的政治问题、世界观问题和学术问题，也不许用行政命令方法、少数服从多数的方法，来解决世界观问题和学术问题。

九、努力树立和巩固理论与实践统一，高度的革命性和严格的科学性的学风与勤学、朴实、团结、活泼的院风。

1.提倡认真读书，刻苦钻研，重视调查研究，从现实情况出发，有的放矢，研究和解决实际问题和理论问题。

2.在学习和研究中，要破除迷信，解放思想，发扬敢想、敢说、敢干的共产主义风格，又要具有严肃认真、实事求是的科学态度和工作作风，反对主观臆断，片面浮夸。

3.党政干部必须认真学习马克思列宁主义和毛泽东思想著作，努力钻研业务，不断提高思想水平、政策水平和业务水平，必须认真执行党政干部三大纪律，八项注意。

4.努力树立和巩固勤学、朴实、团结、活泼的院风，形成既有集中，又有民主，既有纪律，又有自由，既有统一意志，又有个人心情舒畅，生动活泼的局面。

十、必须贯彻执行勤俭办学的方针，改进和加强行政事务工作，保证教学工作的顺利进行。

1.必须贯彻执行勤俭办学的方针，发扬艰苦奋斗的传统。严格遵守财务制度，反对铺张浪费。

2.必须加强总务工作，提高工作效率，改进物资供应工作。

3.必须关心群众生活，努力搞好农场生产，认真办好伙食，加强疾病的预防和治疗，保护师生员工的健康。

4.必须实行劳逸结合，保证师生员工的休息时间。

5.努力改善校舍，图书资料，实验设备等物质条件，为教学工作和科学研究服务。

十一、加强人事管理工作。

1.掌握人事编制，机构设置力求精简。

2.加强教职工的档案管理工作。

3.加强组织性、纪律性和责任性的教育和奖惩工作。

十二、我院直属中华人民共和国民族事务委员会领导，学院规模以一千学生为宜。学院规模的确定和改变，学制的改变和改革，专业设置的增加和减少，必须经过中华人民共和国民族事务委员会的批准。

第二章　教学工作

十三、贯彻以教学为主的原则，现规定：

教学：教学包括课堂教学、实习、实验、社会调查、鉴定、学生参加科研活动、考试在内，政治、语文、历史三个专业每年36周，教学专业每年37周，预科每年38周，干训部39周。

生产劳动：政治、语文、历史三个专业每年6周，数学专业每年5周，预科每年4周，干训部每年3周。

假期：每年暑假6周，寒假3周，零星节假日1周。

每周时间安排：每周教学48学时，即每天上课6学时，自习2学时。每天第6节课以后晚饭前的时间为社会活动时间。星期一、三、五社会活动可用于体育锻炼、党团活动和民兵训练，星期六用于清洁卫生活动，星期天由学生个人支配。

十四、本科、预科和干训部都必须按照国家培养干部的任务，制定出自己的教学计划，编写教学大纲、教材和教科书。教师要按照教学计划和教学大纲的要求制定教学进度计划，保证教学能够有秩序地进行。

1.制定教学计划。在教学计划中必须依据任务和教育方针的要求，明确规定培养目标、课程设置（包括选修课）、科学研究与劳动锻炼的时间，并对课堂教学、习题课、实习、实验、考试考查、毕业论文等主要教学活动，作出确当的安排，既要保证教学质量又不要使学生负担过重。教学计划既经确定之后，必须认真地贯彻执行，不能随意变动。确因实践需要而应调整时，应该在学年终期在总结经验的基础上，进行全面研究，提出调整方案，报请院长提交院务会议讨论决定。

2.编选教学大纲：各专业各门课程都必须根据教学计划的要求编选教学大纲。在教学大纲中要明确规定教学任务、教学质量的要求。教学大纲的内容包括：（1）教授内容；（2）习题、实验及实习的具体任务；（3）各部分内容的时间分配；（4）教学参考书及其他参考资料目录。

有统一教学大纲的课程，尽可能采用统一的教学大纲，但要结合我们的实际情况进行，适当地补充修改。补充修订教学大纲，一定要经过教研室研究讨论，写出书面教案。没有统一教学大纲的课程，要自己编写教学大纲。编写教学大纲的任务，应该由理论和知识水平较高、有比较丰富教学经验的教师担任。自编的教学大纲，必须经过教研室认真研究讨论，经过系主任审查，报请院长批准执行。

任课老师（指主讲教师），必须根据教学大纲的规定制定教学进度计划，经教研室充分讨论，报请系主任批准执行。教师的教学进度计划既经批准，不得随意变动。教学实习，社会调查（包括基层锻炼），都要制定具体的计划，并需加强领导，确保质量。

3.编选教材、教科书：教材、教科书是体现教学质量的根本关键，必须十分重视，目前已经有了通用教材、教科书的课程，尽可能选用通用教材、教科书，但要根据培养目标和教学大纲的要求，进行确当地补、拼、减、砍。对通用教材的处理，可先由主讲教师提出方案，经过教研室讨论决定，经系主任批准。

没有适当的通用教材，必须自己编写教材的课程，系与教研室应当责成理论和知识水平较高、教学经验丰富的教师编写，或组织教师集体编写，由具备上述条件的教师担任主编。在编写之前要先拟定编辑大纲，然后编写教材，经过教研室认真讨论定稿，经过系主任批准后付印使用。

编写教材是一件劳动量较大，比较艰辛的工作，必须给教师以时间和物质资料上的保证，适当减免他们的教学工作量，在生活上给予必要的照顾。对工作积极成绩优异的教师个人或集体，得根据他们对国家的贡献，给予政治和物质的奖励。

十五、必须加强政治理论课的教学。我院是以文科为主的，肩负着高等教育、培养干部和中级文化教育、培养民族工作人才的政治性学校。因此，政治理论课的教学必须加强，本科各专业特别是政治专业，都必须设置哲学、政治经济学、马克思列宁主义政治学、中国共产党的历史，这四门政治理论课；预科必须设置政治理论常识课；并且确定马克思列宁主义民族问题和民族政策，思想政治教育报告为全院各专业（包括预科、干训部）必修的课程。

上述政治理论课的比例，语文、历史两个专业不得少于总课时的 20%，数学专业不得少于总课时的 14%，预科不得少于总课时的 10%。

政治理论课的教学，必须根据课程本身所固有的特点，确切地执行理论联系实际的原则，密切结合国内外阶级斗争实际、生产实际、学生的思想实际，系统地阐述理论，指导学生认真阅读并刻苦钻研毛泽东著作，正确地宣传党的方针政策，进行党的革命传统教育和共产主义道德品质教育，不断地总结教学经验，提高教学质量。

十六、必须切实加强基础理论课和基本知识课的教学。基础理论课和基本知识课的教学，应该首先要求学生必须扎扎实实地学好基本理论与基础知识，根据以往经验：

语文专业，必须切实加强马克思列宁主义的语言、文学理论课、中国汉语、文学课的教学，加强中学语文教材分析课的教学。

务使学生能够切实掌握上述课程的基本理论与基本知识。

历史专业，必须加强马克思列宁主义关于历史科学理论课、中外历史课、民族史、哲学和汉语文课的教学，切实保证学生能将上述课程的基本理论和知识学到手。

数学专业，必须切实加强解析几何、数学分析、高等代数、微分方程、普通物理、高等几何等基础理论课和基本知识课的教学，加强中学数学教材分析课的教学，要切实保证教学质量。

本科各专业的基础理论课与基本知识课，必须由基础理论知识水平较高的和有教学经验的教师担任。

干训部的教学工作，应该在总结以往经验的基础上把理论教育与政策教育并重，要结合理论阐释党的路线、方针政策。哲学课必须以毛泽东三篇著作为基本内容，并且要侧重对学生立场、观点、方法的全面改造与提高；政治经济课必须以社会主义建设几个问题为中心，着重进行系统的建设规律的教育；中共党史必须着重进行革命传统教育，过渡时期阶级斗争的教育。详释毛泽东关于社会革命的基本著作。干训部的教师应该根据上述要求编制教学大纲和编选教材。

预科，必须切实全面加强各门课程的教学，特别加强汉语文、数学、外国语、物理和化学课的教学。上述课程的教学，必须按照全国通用的教学大纲和教科书内容进行，不得随意增减，必须让学生把知识学到手，不能降低要求。

十七、切实贯彻理论联系实际的原则，加强基本技能的训练。学生参加劳动锻炼、教育实习、生产实习、社会调查和科学研究，都必须明确规定质量要求，并制定具体的计划。实验课要有充分的准备，有实验计划和技术训练期。切实保证经过实验课能够巩固学生的理论知识，把实际知识学到手。

各专业（包括预科、干训部）的课程都必须根据培养目标的要求和本专业的特点，切实加强对学生基本技能的训练。语文专业，除了加强各类课程的课外习作，基本知识课的课外阅读和写作之外，应该注意加强资料工作和使用工具书的训练。历史专业应该注意训练学生掌握基本资料，并具有科学研究的锻炼。数学专业应该特别加强课堂演示与课外练习，加强实验课，务使学生能够熟练地掌握基本的运算技能和实验技术。干训部应该注意训练和提高学生的笔记能力与读书能力，注意学习方法的指导。

设有语文课程的专业，都必须切实加强基本功的教学，去提高学生的阅读能力与写作知识。在写作方面必须严格训练，学生具有较好的辞章修辞，文理要通畅。

十八、在教学工作中起到主导作用的是教师。必须充分发挥教师的主导作用，切实贯彻少而精、知识学到手和因材施教的原则。

1. 教师必须认真备课，必须全面而熟练地掌握教学内容，认真研究教学方法，必须十分注意学习，总结教学经验，不断提高实际工作水平。

2. 课堂讲授是教学的基本形式，教师必须认真地讲好课。在讲课中必须根据教学大纲系统地创造性地阐明基本理论和基本知识，概念、观点必须明确，条理必须清晰，重点必须突出，必须保证讲授内容在科学上的正确性、严密性和先进性，必须通俗易懂，使学生能够消化理解。

教师在讲课中必须注意加强课堂的组织工作，保持严肃的课堂纪律，语言要清晰确切，要讲求语言艺术。必须把学生的注意力吸引到课程内容上来，注意发挥学生的独立思考，使他们的思路朝着教师指引方向发展，做到堂上堂下紧密配合，息息相通。

3. 习题课与课堂讨论：每次习题课要有明确的目的要求，上习题课教师必须对某些重要问题做示范性的解题或重点分析，在学生独立解题过程中，必须给予指导，并注意启发他们的独立思考。必须避免只由学生做习题或只由老师讲解，甚至单纯重复讲课内容的现象。

政治理论课或其他课程中理论性较强、概念较难理解的部分，应该进行课堂讨论，借以加深学生的理解。课堂讨论，教师必须事先指定题目和参考资料，明确讨论的重点和要求，必须指导学生在讨论前写出发言提纲。在讨论中教师应该注意启发诱导，使学生展开自由争论，每次课堂讨论，教师都应该阐明自己的意见或作出小结。

4. 课外作业：教师布置课外作业是为了使学生能够系统、全面地复习巩固课堂讲授知识。因此，教师必须根据课程的性质和讲授内容的基本要求，布置一定的课外作业。作业内容应该照顾全面又突出重点，作业分量应该适当，既要防止学习偏废，又要防止负担过重的现象。

学生必须在系统地复习讲授内容的基础上，按照教师的要求及时完成课外作业，并力求达到概念明确、计算准确、条理清晰、文字通畅。教师对学生的课外作业必须要求严格，并且要认真批改，按时发给学生。

5. 实验课：实验课的内容及时间安排，应该与讲课的内容和进度相结合，以加深和巩固课堂讲授的成果。实验课前，教师和有关人员必须充分做好准备，并且在课前进行试作。学生在实验前应该对有关理论知识进行复习，实验中应该严格地按照教师的指导进行操作，并注意安全。教师应该结合实验课对学生进行爱护器材、设备及安全教育。

6. 答疑（辅导）：教师答疑，必须在指导学生认真复习、刻苦钻研的基础上进行。答疑时要耐心、热情，注意启发诱导，注意培养学生深入思考和独立解决问题的能力，结合答疑进行学习方法的指导。

答疑的形式要灵活，可以个别进行，也可以集体进行。为了深入了解情况和促使学生深入钻研问题，也可以进行质疑。

7. 学年论文和毕业论文：教学计划中规定做学年论文或毕业论文的课程都应该事先做好选题工作，思想发动工作和组织工作，并且要求根据教学要求，有计划、有步骤地进行。教师必须加强指导，提出明确的目的要求，结合学年论文或毕业论文加强基本技能的训练，培养学生能够独立地完成任务。

学年论文或毕业论文的写作方式，应该根据教学需要规定出对每一个学生具体要求。在明确要求的基础上可以集体协作，也可以单独进行。集体协作的应该以个人承担部分评定成绩。

十九、根据培养目标的要求，要结合民族学生的特点进行教学。

就一般情况讲，少数民族学生具有以下一些特点：

1. 少数民族地区文化教育事业的发展一般落后于汉族地区，解放后虽然前进得较快，但发展的速度和质量却很不平衡，要达到汉族地区的水平须经过一个较长的过程。就目前情况讲，学生的基础知识不够全面，也不够整齐。这种现状必须十分重视。

2. 少数民族学生学习基础理论和基本知识，由于语言上的障碍和汉语文水平低，学习困难比较大。他们往往因不能很好地掌握汉语文的工具，在听、读、写、说方面不能确切地领会与表达讲授内容，理解消化有困难。

3. 绝大多数学生来自农村或民族后进地区，长期的和比较简单的各种生活条件，限制了他们的眼界。接受的知识面窄，实际生活知识不够丰富，甚至许多感性知识都几乎要从头学起。

4. 近些年来，伴随着社会主义各项事业的大发展，来自出身于劳动人民家庭学生的比例有很大的增长，他们的思想比较纯朴，性格直爽，进取心强，但思路不够广阔和不够开朗，并且具有不同程度的自卑感，或盲目的优越感。在学习中具有认真踏实和不怕艰苦的一面，但也具有程度不同的思想障碍。

面对上述这几方面的情况，必须接受以往十余年的经验教训，切实地做好教育工作：

1. 教师在备课中，必须把培养目标的要求和密切结合民族学生的特点，作为实践的指导思想；必须熟练地掌握教材内容，从实际出发，实事求是地处理教材内容，对教材的增、减、并、砍、详与略，都必须经过教研室进行仔细研究，逐章逐节地进行妥善处理，坚决克服和防止个人主观武断。

2. 要精简，提高课堂讲授质量。教师必须把基本理论与基本知识讲深讲透，必须把教材中的基本内容传授给学生，使他们能够理解，能够消化。面不要铺得过宽，讲反面东西一定要详加说明作出对比，必须讲求实际效果，防止并纠正形式主义的偏向。

3. 切实帮助学生消化巩固知识，教师必须深入学生群中，经常了解学生的思想情况与学习情况，经常进行思想教育学习指导。通过各种形式的思想启发和各个教学环节，指导学生的学习，不断地提高学生的自学能力，帮助他们总结学习经验。

4. 教师必须从多方面加强对学生基本功的训练。通过课堂提问、小测、课外质疑、作业、习题课、考试、考查、诗歌朗诵、专题答疑等多种方法，随时注意基本功的训练，不断提高学生的听、写、讲、读、说能力和思辨能力。必须坚决防止和纠正忽视基本功训练的思想和各种偏向。

5. 教师上辅导课必须耐心，确切地解决学生的疑难问题，帮助他们解决学习上的各种困难，绝不能把答疑看成辅导的唯一任务。在方法上，也要灵活多样，要从具体情况和实际效果出发，可以集体进行，也可以个别进行。

二十、加强外系课的领导。

1. 公共课（包括政治课、教育学心理学课、外国语课、体育课）及其他外系课的任课老师，除了接受本系（科）和教研室（组）的领导之外，在工作业务上必须接受有关系（科）的领导。

2. 公共课及其他外系课任课教师的教学进度计划表，除了经过本教研室讨论和教研室主任审查外，必须报请任课系的系主任批准，以便依照教学进度计划督促并检查教师的教学工作。

3. 公共课和其他外系课的任课教师，应该积极参加任课系所召集的有关会议和有关教学活动，不得借故推卸或缺席。

4. 公共课和其他外系课的任课教师因故请假，调动上课时间或请别人代课时，必须事先通知任课系，以便调整课表。

5. 设有公共课和其他外系课的系（科），必须指定一位系（科）主任负责领导这方面的教学工作。系（科）务委员会应该在一学期内召开两次研究公共课和外系课教学的会议，认真解决有关问题，提高教学质量。

6. 设有公共课和其他外系课的系（科），应该经常地向任课教师反映并介绍学生情况和要求，研究并解决教学中存在的问题，任课教师应该每月向系（科）主任汇报一次工作。

7. 设有公共课和其他外系课的系（科），应该根据教学计划的要求，妥善地安排公共课和外系课的教学、辅导时间，规定出课堂教学和复习的适当比例，并注意向学生进行尊师教育，端正学生的学习态度。

二十一、加强函授教育，提高教学质量。

1. 必须根据培养目标的要求，在五年内陆续编选出一套适合于函授教育的教学大纲、教材、学习参考资料，编写出比较完整的学习指导书。函授教材和参考资料的内容应该少而精，应该通俗易懂，必须讲求实际效果。

2.必须切实加强面授辅导工作，在目前每学期面授辅导至少一次，争取两次，以后应该根据教师力量的加强，逐渐增加面授辅导的任务，做到派员驻点，使工作走向正轨。

3.必须切实加强同函授生的书面联系，大力开展书面辅导工作，答疑和学习辅导必须及时，以免影响学生学习和影响教学进度。

4.必须切实加强对学生的基本技能的训练。要根据教学大纲的基本要求，适当地布置作业，要加强自学的指导。通过作业和学习指导，提高学生的阅读能力与钻研教材的能力以及写作能力。

5.必须切实加强成绩考核工作，除了结合面授辅导，进行一般性的考察之外，每学完一门课程都必须举行考试。考试成绩不及格的要补考，补考后仍不及格时，必须按照成绩考核办法中的有关规定，进行严肃的处理。

第三章　生产劳动

二十二、生产劳动的目的和内容。

1.学生参加生产劳动的主要目的，是养成劳动习惯，向工农群众学习，同工农群众密切结合，克服轻视体力劳动和体力劳动者的观点。同时，通过体力劳动，更好地贯彻理论联系实际的原则。

2.学生参加生产劳动，主要是自办农场的生产劳动和校内其他方面（绿化、基建）的体力劳动，以及人民公社的劳动。各系、科的学生都要参加这类劳动。

3.教师和党政工作人员参加生产劳动，主要是自办农场的生产劳动，有时也去人民公社劳动。

4.学生参加基层锻炼、社会调查等属于教学范围，其中的体力劳动，不计入所规定的每年一个月到一个半月的生产劳动时间之内。

5.学生参加劳动，是通过体力劳动，改造思想，提高觉悟，培养劳动习惯,与工人农民结合为主要目的。不要强调在劳动中学习技术,不要在劳动中安排教学任务。但预科的学生在参加生产劳动的同时,还应学习一些生产知识和技能,扩大知识领域。

6.教师和党政工作人员,日常工作中的体力劳动,不计入规定的每年一个月的生产劳动时间之内。参加生产劳动是以改造思想,提高觉悟,培养劳动习惯,与工农结合为目的。

二十三、劳动的方法。

1.学生参加生产劳动,以集中劳动为主。集中劳动可以有计划地组织领导,有目的地进行思想教育工作。

2.参加农场的生产劳动,校内其他方面的体力劳动,人民公社的生产劳动的时间,要有适当的比例,以便学生得到多方面的锻炼。但应以农场为主要劳动场所。

二十四、劳动时间。

1.政治系、语言文学系和历史系的学生,每年有六周的劳动时间,四年总劳动时数为20周。

2.数学系学生,每年有四到五周的劳动时间,四年总劳动的时数为18—20周。

3.干部轮训班的学员,每年不少于三周的劳动时间。

4.预科的学生,每年不少于四周的劳动时间。

5.教师、党政工作人员参加生产劳动,一般平均每年一个月,男的年龄在45岁以上,女的年龄在40岁以上的,不参加体力劳动。

二十五、生产劳动应有计划地进行。

1.每学年或学期开始前一个月,各系、科应将学生参加生产劳动的时间和内容,在教学计划中做明确的规定,报教务处汇总后,呈报院长批准执行。

2.每学年或学期开始前一个月,总务处会同教务处根据各系、科的教学计划,同校内外有关方面协商,定出全院学生参加生产劳动的计划。

3. 劳动开始前一个月，组织学生参加生产的系、科，主动与有关方面联系，根据生产劳动内容和劳动场所情况，制定具体计划。

4. 任何单位，都不得向各系、科布置劳动任务，随意调动劳动力。各系、科有权拒绝计划以外的劳动任务或者调动劳动力，如有特殊情况，需要在计划以外增加劳动任务，必须经院长批准，并且计算在学生参加生产劳动的时间之内。

5. 教师、党政工作人员参加生产劳动，每学年或每学期开始前一个月，各单位应将应该参加生产劳动的人员，编制干训下放计划，报人事处统一编组。每次劳动时间原则上不得少于一周，有时也参加突击性的劳动。劳动场所主要是农场或院内其他方面的体力劳动。

二十六、在劳动中必须注意劳动保护和安全生产。

1. 在每项生产劳动开始前，生产单位的有关人员要讲解劳动中的基本知识和操作规程，并进行安全教育。参加劳动生产的人员必须遵守操作规程，以防止工伤事故，保证劳动安全。

2. 体弱和有病的师、生、党政工作人员可以不参加生产劳动，但需经医生证明。女的不参加重体力劳动；在月经期间应停止体力劳动。

3. 学生、教工参加生产劳动或者其他体力劳动，应根据他们的体质、年龄和性别的特点，安排其力所能及的劳动，规定适当的劳动定额，定额作为考核的标准，师生不参加劳动竞赛。

4. 在校内外劳动时，必须妥善安排学生、教工的伙食、住宿和医疗。医务人员要经常注意到劳动场地巡逻医疗。

二十七、劳动收入和报酬的处理。

1. 学生参加农场劳动和基本建设方面的体力劳动，应当适当计算报酬，但劳动收入由学校分配，主要用于师生员工的公共福利事业和补贴学生参加劳动的衣物消耗。但公益性劳动不计报酬。

2.校工参加农场劳动和其他方面的体力劳动，不计报酬。

3.教工、学生参加生产劳动时的粮食是定量，根据条件和可能给予适当补贴。

二十八、在生产劳动中，必须加强组织领导，做好思想教育工作，建立必要的考核制度。

1.学生参加劳动时，由所在的系、科负责组织，配备必要的领队干部和工作人员。领队干部负责执行劳动计划，进行思想政治工作，教育学生模范地遵守所在单位的规章制度和劳动纪律。通过与工人、农民同吃、同住、同劳动、同商量，培养工农感情。

2.学生在生产劳动中，应该加强考核工作，平时考核可结合小组会进行，集中劳动结束时进行鉴定。考核的结果，交系登记后报教务处备查。

3.教工参加生产劳动时，由人事处指派领队，领队负责执行劳动计划，进行思想政治工作，通过与工人、农民同吃、同住、同劳动、同商量，培养工农感情，劳动结束时进行总结鉴定，并将考核结果报人事处登记。

4.教工、学生因病因事少参加生产劳动的，事后不必再补。

5.参加农场及校内其他方面的体力劳动，在规定的时间内，因雨天无法进行生产劳动的，应继续上课，所缺的劳动时间，在本期内应补起来，具体日期由有关方面商定。

6.严禁把生产劳动作为惩罚手段。

第四章　科学研究

二十九、科学研究的目的要求、方向、内容。

1.我院应积极开展科学研究活动，目的是为了不断地提高教学质量和学术水平。几年内要求科学研究工作的开展必须密切围绕教学工作的需要来进行。

2. 我院科学研究工作的方向、内容：

我院尚无固定的科学研究方向，应该通过科学研究工作的开展，争取 3 年左右逐步形成固定的科学研究方向，并在此基础上进一步的稳定和发展。各教研室经过几年科学研究活动的开展，应该逐步形成比较固定的科学研究方向，以利于发挥教研室的集体力量，取得更大成效。

科学研究的内容根据国家需要和我院具体情况，应确定：社会科学各系应该兼顾理论、历史、现状、民族问题、教学经验总结、编写教材六个方面。教学系应该兼顾基础理论、新科学技术、教学经验总结、编写教材等四个方面。各系应把理论的研究、教学经验的总结，适应我院需要的教材的编写当作极为重要的科学研究工作。当前科学研究活动内容可以多样化，如学术情况介绍，读书心得报告，经典著作介绍，专题研究，教学经验的总结座谈，教材和教学参考书的编写等。

三十、科学研究的方式方法。

1. 院、系、教研室，每年都需制定一次科学研究计划，制定计划需从实际出发，服从教学需要，战线不宜过长，重点不能太多，坚持循序渐进，步步深入，不要好高骛远，急于求成。

教研室制定科学研究计划时，应以学校教学需要为主，并力求同教师本人的专长结合起来。对全院各教研室的科学研究工作，不必强求一律，基础比较薄弱教学任务繁重的教研室，也可暂不开展科研工作，但应努力创造条件，争取早日开展。

我院的科学研究工作，应该力争同有关科学研究机关、基层工作单位建立必要的联系。

2. 贯彻百花齐放、百家争鸣的方针，发扬学术民主，充分开展讨论，鼓励不同学派的不同学术见解的自由探讨。

3. 在科学研究中应贯彻在个人钻研基础上，注意发挥教研室的集体力量，可以个人写作，也可以自愿结合集体写作研究。

4. 在进行科学研究时，既要发扬敢想、敢干的革命精神，又要有实事求是的科学态度，要有严肃的态度，严格的要求，严密的方法。

5. 学校应加强对科学研究工作的组织领导，制定计划，提供条件，督促检查执行情况，总结科研工作经验。保证科研工作的顺利进行。科学研究的论文要在一定范围内组织报告和讨论，有价值的可以内部发表或推荐公开发表，特别优秀的成果应该给予奖励。

6. 科学研究的活动方式：既以小型活动为主，也可组织大型科学报告讨论会。既要拿出以论文形式出现的科研成果，也可以是学术问题的专题报告座谈讨论。既以个人钻研为主，也有集体研究活动。既以在校园内开展科研活动为主，也需定期去民族地区进行参观访问和民族问题的专题调查研究，参加必要的校外学术活动。既要重视总结教学经验，编写教材，又要开展学术问题的专题研究，以利于不断提高教学质量和学术水平。

三十一、科学研究的力量组成。

我院开展科学研究的主要力量是教师，教师应该在保证完成教学任务，不断提高教学质量的前提下积极参加科学研究，而科学工作应促进教学质量的不断提高。

1. 在科学研究工作中必须注意发挥老教师的作用，同时也要充分调动广大青年教师的积极性，要把科学研究作为培养提高青年教师的重要环节。

2. 学校应该为几名学术上造诣较深的教授配备助手，并在工作条件上尽可能给予帮助，助手不要随便调动。

3. 新担任教学工作的青年教师，以完成教学任务和业务提高任务为主，结合专业适当开展科研，不能要求过多或过高。

4. 教师的科学研究时间，应根据我院教学任务和科研任务来安排，有的教研室可能较多，有的教研室可能较少。各个教师每年参加科研的具体时间由教研室根据实际情况同教师本人来决定，如有特殊需要，经院长批准，可以抽出少量教师在一定时期集中进行调查研究和科学研究。

三十二、学生如何进行科研和对他们的要求。

1. 本科生参加科研的目的，在于巩固课堂知识，获得从事科研的训练，培养独立思考和独立工作能力。组织学生参加科研时，必须坚持以教学为主的原则。

2. 高年级学生参加科学研究，应该在教师指导下，按照教学计划规定的学年论文、毕业论文、毕业设计的时间进行，不能随便停课进行科学研究。少数学习成绩优秀学有余力的高年级学生，利用课余时间进行科学研究工作，应该得到鼓励和帮助。

教师指导学生进行科研时，应注意指导学生学习和掌握进行科研的目的、要求、原则、步骤和方法。

3. 对低年级学生进行集中精力学好基础理论、基本专业、基本技能训练，不规定科研任务。可以引导适当开展课余的学术活动和科学技术活动。

4. 在科研时间内可以组织高年级学生适当参加校内外举办的学术讨论、学术讲座等活动，但以校内为主。

第五章　教师

三十三、教师的任务。教师的根本任务，就是按照教学计划和教学大纲的要求，认真教好学生，完成教学任务。

为了完成教学任务，不断地提高教学质量，必须认真备课，切实地做好课堂讲授工作，加强对学生的辅导和学习指导，加强对学生基本技能的训练，认真地批改作业，做到教书教人。

三十四、对教师在政治、业务上的要求。为了完成党和国家培养人才的任务，要求教师：

在政治上，必须接受共产党的领导，拥护社会主义制度，拥护社会主义建设的总路线、大跃进、人民公社这三面红旗；积极学习马克思列宁主义、毛泽东著作，自觉地进行思想的自我改造，树立并巩固无产阶级的阶级观点，劳动观点，群众观点，辩证唯物主义观点，马克思列宁主义民族观点，不断地提高共产主义道德品质的修养；关心国内外形势，努力学习时事政策，不断地提高思想政治水平；切实地贯彻执行党的教育方针，努力做好教学工作。

在业务上，必须认真学习和钻研本门学科的业务，不断加深和丰富基础理论知识和专业知识，熟练地掌握应有的基本技能；依据教学需要积极从事科学研究，了解和掌握国内外有关的科学研究动态及发展趋向；在教学和科学研究的实践中，尽量学习和充实有关的实际知识，努力改进教学方法，在教学中充分发挥主导作用，不断提高教学质量。

三十五、切实保证教师的业务工作时间。严格执行中央关于保证知识分子至少有六分之五的工作日用于业务工作的决定。

1.六分之五的时间包括教学、科学研究、在职进修（包括结合业务的经典著作的学习研究）、劳动锻炼和各种社会调查。必须保证有六分之五的时间完全用于上述业务工作活动，不得随便侵占。教师的政治理论学习，得根据自愿原则，由本人具体安排，可以利用六分之五的时间，也可以利用六分之一的时间，学习时间不做硬性规定。

2. 六分之一的时间包括时事政治学习、党团工会活动、民主党派活动、教师自愿参加的文体活动，以及其他校内外的一些必要的社会活动。教师参加上述各项社会活动，在通常情况下应该严格控制在六分之一的时间之内，并且作出妥善的安排，一般不得在规定之外随意侵占教师的业务工作时间。

3. 教师兼任党内外各项职务，原则上应该一人一职，不要使之兼职过多，使业务工作受到影响；校外兼职过多的应该建议上级机关酌情免除。在校内兼任行政职务的教师，应该适当减少其业务上的工作量（教师工作量另作具体规定），并且要切实保证有比较充裕的时间用于业务工作。

4. 必须大力精简会议，在通常情况下没有准备的临时性会议要尽量少开或不开，每次开会的内容不宜过多，要提高会议质量。必须大力改进工作方法，提高工作效率，使教师能够有更多的时间和精力用于业务工作。

5. 教学以外的业务工作时间和业余时间，除了有重大的政治活动必须进行全院性的统一安排之外，由教师自己支配，不实行上下班制度。

6. 根据上级规定，建立教授、副教授和讲师的轮流休假制度，使他们能有一段集中的时间从事进修、科学研究和其他工作。

三十六、稳定教师的业务，稳定课程。为了有计划、有步骤地培养提高教师，切实保证教学质量不断提高，必须切实地从长期打算，稳定教师的业务和稳定课程。

1. 必须依据教师的业务和专长，妥善安排教学工作。确当地分配其科学研究任务。任务落实后不要轻易变动，不得随便增加额外任务。

2. 凡确定新开的课程，或者暂时无人承担的课程，但又不超过教师本人业务范围，需要抽调其担任时，应该适当减免其现职教学工作，并且要给予充分的备课时间。不合于上述情况的，不得轻易改变教师的备课任务。

3. 必须稳定教师队伍，教师调动，必须按中央和上级规定，严格履行批准手续。

三十七、培养提高教师，保证培养人才的质量。

1. 根据中央和上级指示，切实地、有计划和有步骤地制定培养提高教师的5—10年规划。各系（科）在制定规划时，首先要明确任务，稳定教师的方向。根据各门课程教师的具体条件进行摸底排队，实事求是地提出5—10年的奋斗指标。其次，要坚持又红又专的道路。按照又红又专并重的原则制定培养规划，对各级教师的任务要求要逐一落实。第三，要有长期的宏伟设想，也要有年度的具体安排计划，并且要经常注意督促检查。第四，要帮助教师个人制定自己的进修计划。教师的个人进修计划，要有明确的目的要求，要有具体的进修内容和指标，有具体的时间安排和措施。第五，要大力加强骨干教师的培养工作，力争经过5—10年的艰苦奋斗，能够培养出一批又红又专的骨干教师队伍。

2. 要根据条件和可能逐步地抽调有培养前途的青年教师到校外，进行长期的训练培养。

3. 学校总务部门和教务行政部门，必须抽出一定的精力和时间认真研究培养提高教师的有关工作，并且要有专人负责为教师解决物资设备问题、生活问题。加强对外联系，协同各系（科）解决指导教师问题，或组织教师参加校内外的有关学术活动。要由院长和副院长分工领导这方面的工作。

4. 学校图书馆必须根据各系（科）培养提高教师规划，有计划有步骤地解决图书资源问题，尽可能满足教师关于图书资料的要求。

三十八、教师的考核与提升。为了鼓励教师做好教学工作，努力进修，不断提高政治与业务水平，必须建立教师考核制度，根据"高等学校暂行工作条例"的精神和学校的具体情况，制定比较详细和比较具体的考核办法。

教师的教学职别（教授、副教授、讲师、助教）的确定和提升，要根据他们承担的教学任务、教学质量和学术水平，按照国家规定，定期进行。对其中优秀教师，应该不受资历、学历的限制。

三十九、加强教师队伍的团结。

1. 要团结老教师，热情地帮助他们进步，组织他们参加学习，鼓励支持他们参加必要的社会实践，合理地安排他们的工作，关心和鼓励他们在学术上做出成绩。

2. 要教育青年教师尊敬老年教师，虚心地向老教师学习，学习他们的学术专长和教育经验。老教师应该关心青年教师的成长，帮助他们在业务上迅速提高。

3. 要根据实际条件，逐渐地减轻老教师的教学任务，为他们配备助手。用较多的时间从事学术研究工作，使他们能够腾出手来，以更多的时间和精力培养研究生和指导青年教师进修。

四十、教师必须教书、教人，密切联系同学，建立新型的师生关系。

1. 要切实地贯彻执行党的民族政策，尊重民族学生的生活习惯，结合着教学工作，对学生进行爱国主义与国际主义教育，进行民族团结教育，共产主义道德品质的教育。

2. 要深入学生群众，帮助他们解决学习上的各种困难，关心他们的进步和成长，要以平等的态度对待他们，不允许对学生进行变相的体罚，不允许歧视学生。

3. 要以自己的模范行为感染学生，在教学和日常生活中能够起示范作用。

4.要积极参加班、学生会所组织的有关会议和其他有关活动，虚心地听取学生的意见和建议，改进工作，关心学生生活，密切师生关系。

四十一、贯彻党对知识分子的政策，加强对教师的领导。

1.院、系各级领导同志都应该定期向教师进行形势教育、前途教育和时事政策教育，使他们自觉地关心政治，关心国内外大事，促进他们自觉地进行思想的自我改造。

2.院、系各级领导同志应该定期地召开教师谈心会，虚心地听取他们的批评和建议，鼓励他们进步，以密切关系，加强团结。

3.要按照教师的业务能力和专长，分配他们适当的工作任务，切实帮助他们作出成绩；对各方面表现好的优秀教师，应该进行包括荣誉和物质的奖励，树立先进旗帜。

4.必须切实关心教师的生活和健康，帮助他们解决学习上的困难和生活困难。对体质虚弱或年老多病的教师，必须设法减轻他们的工作任务，减免他们的生产劳动任务，使他们能够拿出一定的时间休息或休养。

5.利用假期有计划地组织教师到市内或去外地参观和休息，并且要给以必要的生活补助。

6.根据实际条件有计划地组织教师到少数民族地区进行参观访问，从事一些必要的社会调查，增加他们的实际知识，提高认识，提高教学质量。

第六章　本科

四十二、本科的任务和学制。

本科的任务是为民族地区培养中学师资及本科专业有关的其他方面的工作干部。

学制四年。

四十三、对本科学生的要求。

1.努力实现"身体好，学习好，工作好"，发扬民主平等、团结、友爱的传统，切实遵守"勤学、朴实、团结、活泼"的院风，同学之间要互相尊重，互相帮助，共同进步。

2.学生应该认识学习马列主义，毛泽东著作，关心国内外形势，了解和贯彻执行党的方针政策，加强共产主义道德品质的修养，逐步树立和增强无产阶级的阶级观点、劳动观点、群众观点、辩证唯物主义观点和马列主义民族观点，努力提高政治思想觉悟。

3.树立巩固的专业思想，积极学好专业知识，明确学习目的，端正学习态度，在教师指导下认真读书，刻苦钻研，勤学好问，独立思考，独立完成学习任务。

4.认真参加学校所规定的生产劳动，自觉培养劳动观点和劳动人民的思想情感，使自己逐步锻炼成为脑力劳动与体力劳动相结合的工人阶级知识分子。

5.严格遵守国家的政策法令，社会秩序，遵守学院的一切规章制度和学习纪律，与不良现象作坚决斗争。

6.服从组织，关心集体，尊重老师和学院工作人员，对人要诚恳，谦虚，有礼貌。

7.爱护公共财物，勤俭节约，养成艰苦朴素的作风。

8.注意锻炼身体和劳逸结合，积极参加民兵训练，文娱体育活动，养成清洁卫生习惯，增强体质。

四十四、本科学生如何进行学习。

1.正确处理学习上个人与集体的关系——学习文化科学知识是一个由易到难，由浅入深，循序渐进，长期积累的过程，必须依靠个人的刻苦钻研。在个人钻研基础上，学生间的适当的互相帮助，共同探讨是有益的，但是必须自愿，不要把个人尊严当成个人主义。学生之间在学习基础、才能、爱好等方面的差别是客观存在，不能强求一律，不要采取限期"消灭三分"开展评比竞赛等简单急躁的做法。对学业优异的学生应当鼓励他们学得更好，对功课较差的学生应该给予关怀和帮助。

2. 保证学生有充分的自学时间，适当规定各门课程内课堂教学与自学时间的比例。采取有效措施平衡各课程的作业分量。

3. 在完成学习任务，提高学习质量的前提下，可以鼓励高年级学生多看一些课外书籍，扩大知识领域，不仅看正面的革命的书籍，也有计划地适当地有批判地看一些反面的有毒素的书籍，从正反面的对比中增强辨别能力，学得更深刻更牢固一些。

4. 明确学习目的，端正学习态度是提高学习质量的关键。

教育学生树立攀登文化科学高峰的雄心壮志，树立为祖国社会主义事业需要的学习目的。

学生应该养成一种按照计划的要求，认真读书，勤学好问，刻苦钻研，循序渐进，不好高骛远，不偏重偏废的良好的学习态度。

5. 改进学习方法，遵守学习纪律是提高学习质量的重要环节：

第一，制定个人学习计划，有计划地进行学习。

合理支配自己的时间，认真自学，主动争取老师和同学的帮助。

第二，听课前学生先预习，听课时严格遵守课堂秩序，集中听讲，记好笔记。下课后消化笔记，阅读教材。

第三，复习时，首先精读讲义，再去精读或阅览老师指定的参考书籍。

第四，认真完成课外作业，做作业时必须独立思考，刻苦钻研，不得抄袭取巧。

第五，必须认真对待"质疑答疑"和辅导课。

第六，必须认真对待课堂讨论：认真准备，积极参加，畅所欲言，记下老师的总结。

第七，重视阶段复习测验和期末复习考试。

第八，学生必须认真参加毕业实习：严格遵守作息时间，严格遵守学院学生守则的一切规定。

四十五、正确处理红与专的关系。

1.红首先是指的政治立场，红的初步要求是拥护党的领导，拥护社会主义，愿意为社会主义事业服务。在这个基础上还要引导学生不断地进行世界观的改造。

2.学生要正确处理红与专，提高政治觉悟和学习文化科学知识的关系。政治是统帅是灵魂，红与专是相辅相成的。提高政治觉悟可以更好地促进学生掌握文化科学知识，认真学习文化科学知识也有助于学生形成科学的共产主义世界观。红不但要表现在学生的政治思想方面，还应表现在学生的学习实际行动中去，只专不红会在政治上迷失方向，只红不专会变成空头政治家。

3.对那些用功读书，但在政治上进步比较慢，或者政治上处于中间状态的人，指为走"白专"道路是不对的。

四十六、正确处理集体活动与个人支配时间的关系。

1.学生应该积极参加院、系必要的集体活动，同时院、系要保证学生在学习和生活中应有的个人自由。

2.学生的课余时间：除星期三下午课外活动是民兵训练时间，星期四下午课外活动是党团组织生活时间，星期六下午课外活动是全院全系性活动的时间以外，一律由班级和学生自己支配，除早读时间外，还必须有一或两个课外活动时间完全由学生自己支配，不要安排过死。学生必须参加的集体活动，非有特殊情况，不得安排在星期六晚上、星期天和其他休假时间。

3.学生的课外学习、文娱、体育活动，都必须认真贯彻自愿参加的原则，允许自由结合，不要强求一律，事事集体。个人的习惯爱好，只要不妨碍集体利益，不得限制干涉。

四十七、本科学生社会活动时间的规定。

1.学生的社会活动时间，包括"形势任务方针政策"学习，党团干部会，班委会干部会和民主生活会。在通常情况下每周不得超过4小时。

2.学生担任社会工作，一般应以一人一职为宜。工作时间，每周一般不要超过3～4个小时。

3.应该关心和爱护学生干部，帮助他们提高思想水平，学习党的政策，学习运用群众路线的工作方法，认真进行调查研究，勤勤恳恳，扎扎实实的工作作风。但对他们的工作要求要实事求是，恰如其分，不要使学生干部负担过重，以免影响他们的学习和健康。

第七章　预科

四十八、预科的任务，是为本科各专业输送合格的新生，为少数民族地区的社会主义建设事业培养劳动后备力量。

四十九、发扬民族优良传统，加强爱国主义，国际主义，社会主义教育，首先充分了解民族习惯，分清有利因素和不利因素，统一思想认识；在进行教育过程中，要正确教育学生认识有利因素和不利因素，引导其克服，但必须耐心细致，防止简单粗暴；以阶级教育为核心，对学生进行几个观点的教育，在进行中要充分利用少数民族勤劳勇敢、艰苦朴素的优良传统，与实际有机结合，逐步提高无产阶级的阶级觉悟，逐步树立共产主义世界观；社会主义和共产主义是民族团结的基础，而妨碍民族团结的主要是民族主义，即大汉民族主义和地方民族主义，因此，必须在社会主义和共产主义的教育基础上进行民族团结教育，反对和克服民族地方主义和民族特殊化倾向，这样才能达到真正的民族团结；

在预科学生中进行社会主义、爱国主义和国际主义教育的最好方法是忆旧思新，有领导地开展适当的小型诉苦会；在进行教育的过程中，既要看到学生具有的勤劳勇敢、艰苦朴素的作风，也要看到存在的狭隘自私心理，防止其受到城市资产阶级生活方式残余的感染；既要消除民族自卑感，也要克服虚荣的自尊心，把祖国的社会主义建设事业和民族的社会主义建设事业联系起来，以达到明确前途，调动积极性和艰苦学习的目的。

五十、根据民族特点，注意不断地进行教学改革。

民族学生的知识领域比较狭窄，技术较差；同学之间程度很悬殊，自卑感和自尊心较重；主观要求较急，实际学习进展不快，容易健忘，在困难面前毅力不足；教学上强调循序渐进，尽可能注意从具体到抽象，从简单到复杂，从近到远，深入浅出，有步骤地一个个解决问题，以培养学生学习兴趣和信心，注意基础知识的反复巩固，在复习旧课的基础上传授新课，求得温故知新，触类旁通，使基本知识反复再现，以利巩固。

强调了解学生的实际，深入辅导，在鼓舞学生学习积极性的同时，帮助学生解决学习上的具体困难，对接受能力较强的学生，注意因材施教。

在教学方法上强调启发诱导，既要严格要求，又要耐心教育，注意分析学生学习上的问题，鼓舞其学习的上进心，只有不断地注意教学上的改进，才能培养更好更多的民族学生。

五十一、加强学生德智体全面发展的教育。

德育：加强学生三个主义教育的基础上，使学生具有爱国主义、国际主义精神，具有共产主义道德品质，拥护共产党的领导，愿为社会主义服务，为各民族人民服务；逐步培养学生的五大观点，为民族地区培养坚强的革命后代。

智育：要加强语文、数学、俄语三门基础课程的教学，对民族教育质量有更现实的决定性意义。并要求学生努力学好高中阶段所设置的课程，掌握基础知识和基本技能，并且具有一些生产知识，为进一步深造或回民族地区服务打下良好的基础。

体育：使学生身心得到正常的发展，形成良好的生活习惯，具有健康的体魄。

通过德智体几方面的培养教育，使学生成为有社会主义觉悟的有文化的劳动者。

五十二、课程设置。

普高：系招收后进民族地区初中毕业生，课程设置基本上按照湖北教育厅62—63学年度修订的普通中学高中部分的教学计划开课，仅在数理方面，根据学生数理的实际基础，在内容和课时上略有调整和增加。

先修班：系招收高考落第的民族成分的学生，进行一年补习，课程方面根据报考学生的类别，将高中阶段的基础知识予以补充和巩固。

五十三、加强基础知识和基本技能的训练。

中等教育对学生是学好基础知识和基本技能的阶段，对民族学生必须注意语文、数学两门课。

教好语文课的标准是提高学生的阅读和写作能力，为此教师必须正确地加强语文基础的教育与训练。在正确的解字、释词、析句、谋篇的基础上，使学生理解文章的思想内容，并学会运用。不能把语文课教成文学课或政治课。

教师必须针对学生实际，对解字、释词、析句、谋篇应一丝不苟，务使学生正确理解，重要的课文必须背诵，以提高学生的阅读能力。

有计划地加强学生的作文指导，并组织评讲，培养学生写文章条理清楚，用词确切，不写错别字，正确使用标点符号。

数理课在教师讲清基本原理、定义、定律公式的基础上，训练学生的解题能力，教师在课堂安排上，保证给予适当的课时进行习题课；指导学生分析综合题意，找出已知条件，运用所学知识，求出已知条件和需要量之间的关系，以培养学生解题技能；启发学生适当地自觉地多做习题，只有经过不断的实践活动，才能巩固基础知识和锻炼熟练的技能。

政史课要有马克思列宁主义毛泽东思想做指导，讲清各个时期的路线方针，政策观点与史实一致，使学生认识阶级斗争的规律，并具有一些辩证唯物主义的知识，在相当长时期的两条道路的斗争中，能坚定马列主义毛泽东思想的立场，以指导自己的革命行动。

五十四、贯彻精讲多练和五要十好的要求，提高教学质量。

教师备课充分是上好课提高教学质量的首要环节，不论新老教师都不能放松。

在钻研教材上，必须搞清教材的前后联系，明确教材在每章节的重点难点；结合学生基础和理解实际，妥善地组织好每堂课，每章节的教学内容，教师环绕着主要问题，着重讲道理，使学生确切地理解与掌握；在方法上，观点要明确，语言要清晰，讲解要生动，使学生容易接受；例题作业亦须环绕主要问题进行讲解与布置，使学生把知识与技能学到手。

这是一件很细致的劳动过程，课堂上都能调动学生的注意力，随着教师讲授，步步深入，自觉接受，也是课堂艺术的体现；学生的学习效果亦是教师在四备上付出了辛勤劳动的反映。

五十五、加强安全保健教育。

中学阶段是青年身心发育成长的重要时期，必须加强安全保健教育。

坚持早操和课间操，适当开展班级的文体活动，增进学生的身体健康。

经常对学生进行卫生和预防疾病的教育，发现重大传染病时，及时防御和隔离，建立日常清洁和定期大扫除制度，建立班级保健员制度。

加强劳逸结合的教育，贯彻作息制度，保证学生足够的睡眠，并注意学生作业平衡，劳逸适当。

加强防火防盗和实验、劳动、体育等安全教育，建立寝室值日生制度。

经常注意自习室的灯光亮度，保护学生的视力和上好自习课。

定期收集学生对伙食的意见，供食堂不断改进。

五十六、巩固教师的专业思想。

我院本科预科教师朝夕相处，而教学对象和任务各有不同，教师亦基本上各有所长，从教育事业说只是分工的不同，从教师地位说都是人类灵魂工程师，都是教育革命的后代，但巩固预科教师的专业思想是办好预科，提高教学质量，为本科输送合格新生的重要阶段，中央亦提出"提高中小学教育质量是一项具有战略意义的任务"，因此，必须鼓励教师树立长期为中等教育事业服务的思想，表扬和鼓励把学生教好，热爱民族教育事业，努力完成教育任务的教师。稳定教师所任课程，以便积累教学经验，提高教学质量。充分发挥教师的业务专长，鼓励教师为民族教育做出更多的成绩。鼓励教师把自己毕生的精力贡献给中等教育事业，取得优异的成绩，成为教育工作的专家。在热心帮助教师思想改造的同时，关心教师的生活。

五十七、教师的提升与考核。

教师的培养提升是提高教学质量的关键，其主要途径是在"战斗中成长，实践中提高"，但必须有计划地组织教师在职或脱产的进修，并保证进修时间，要求教师在五年内系统掌握、熟悉、通晓所任课程的专业和知识。

贯彻教育部将要规定的教师级别评定与调整办法，对长期从事教育工作的教师，实行教龄津贴制度；对少数优秀教师可以越级提升；对长期从事教育工作而又成绩优异的教师，是教育工作的专家，工资待遇应该较高。

根据五十条对教师的基本要求，检查教师的教学情况和效果，表扬有成绩的教师；检查教师红专规划执行的情况和效果，表扬不断提高政治与业务水平的教师。

第八章　干部轮训部

五十八、培养民族干部是正确贯彻执行党的民族政策的关键。干部轮训班是为各民族地区培养区级以上的在职少数民族干部和在民族地区工作的部分汉族干部，他们一般都经过一定的实际锻炼和具有较丰富的工作经验，政治觉悟较高，学习要求迫切，但缺乏理论基础，抽象思维较差，生活较自由散漫，因此，必须采用理论与实践相结合的原则，结合党的路线方针政策及各个时期民族地区的中心工作，在一年的学习中着重进行马列主义基础理论和党的路线方针政策的教育、阶级斗争教育、爱国主义和国际主义教育、马列主义民族观的教育，进一步了解党的路线方针政策的精神实质以及理论根据，进一步树立和巩固革命的无产阶级立场，明确的政治方向，热爱党，热爱毛主席，忠于各族人民，自觉执行党的路线方针政策的民族干部。

五十九、干训班的教育内容必须坚持以马列主义基础理论和党的方针政策教育并重的方针。根据学用一致，理论与实际相结合，重点突出少而精的原则，从形势任务和学员的实际水平出发，以毛泽东思想为指导，以毛泽东著作为纲，以党的方针政策为依据；系统地、全面地、重点地安排教学。

在课程设置上，全年开设：哲学、政治经济学、中共党史、民族问题与民族政策、思想政治教育报告和生产劳动。并着重学习哲学、政治经济学和思想政治教育报告（其中包括四周集中时间，根据形势发展学习党的政策重大政策问题）。必须坚持四周的生产劳动。为了进一步提高教学质量，有的放矢地进行教学，教师应当在现有基础上积极创造条件，争取在尽短的时间内编写出一套有一定水平的适合该班学员学习的教材。

六十、必须坚持理论联系实际的方针。在教学过程中应当贯彻：讲授基本理论原理和讲授党的方针政策相结合，提高理论水平和总结实际工作经验相结合，提高思想认识和提高党的阶级觉悟相结合。教师必须既教书又教人，因此教师必须具有一定的马列主义水平，一定的政策水平，一定的实际工作经验和熟悉学员的情况。在讲授基本原理时应当注意联系形势，并着重联系学员熟悉的党在农村中各项方针政策及学员的思想方法、工作方法、工作作风等活的材料，并要求学员在理解原理和政策精神的基础上，以理论政策为指导，深入总结工作中的经验教训，把感性认识提高到理性认识。

六十一、在教学方式方法方面：必须从学员实际出发。必须防止一般化，课堂教学应当从大多数的水平出发，要求课堂基本解决问题，使大多数同学基本上能将教师讲的内容接受过来，必须加强辅导工作，对不同水平的学员应采取个别、小组、全班等形式进行辅导，要给予比较充分的讨论时间，并以小组讨论为主，结合联组或全班的课堂讨论，在某一课程或某一单元学习结束时应以整风精神进行小结，并辅以测验考试等形式考核学员的成绩。劳动结束时应进行劳动鉴定，在学年结业时，应进行以学习、思想、生产劳动等为主要内容的全面鉴定，并根据培养目标组织一定的参观。

六十二、必须对学院的思想、学习方面严格要求，但在生活文娱方面可予以适当照顾。

学员必须学习踏踏实实、刻苦钻研、联系实际，自觉地改造思想，必须始终抓紧党的政策思想工作，应依靠党支部和班委会进行，要加强党的思想建设，加强对学员的严格要求和严格管理，加强学员的组织纪律性和思想意识的修养。必须认真贯彻学院的各项制度，但在生活方面，如果条件许可的，可予适当照顾，同时可以本着"深入动员积极性，参加方式多样，量力而为"的精神开展一定的文艺活动。

第九章　学生的组织和行政管理

六十三、班是学生学习的基本单位。班委会是学习的基层组织，也是学生会的基层组织。

1. 班委会实行民主集中制。班委由学生选举产生，一学年初改选一次。班委的当选人员必须是思想进步，关心集体，学习认真，热爱班的工作。

2. 班委会由5—7人组成，班委在班委会领导下，分工负责学习、生产劳动、生活、文娱、体育、清洁卫生等方面的工作。班长组织班会和班委会，计划、总结班务工作，领导小组长工作，班委会议两周一次，讨论班的重大问题，作出决定，并应及时向系行政请示报告。

班委会下设若干小组，小组设组长协助班委会开展工作。

3. 班委会要经常学习和宣传党的方针政策，充分发扬民主，广泛联系群众，深入调查研究，如实反映情况，事事以身作则，依靠群众，共同搞好班的工作。

4. 班委会的主要任务是：

团结全班各族同学，努力做到学习好、身体好、工作好；

及时向系（科、部）行政和有关教师如实反映同学学习情况和意见，并在教师指导下，适当开展一些辅助性活动；

协助系（科、部）、教学研究室（组）和教师具体组织本班同学的实习、实验、生产劳动和科学研究活动；

按照自愿参加，自由结合的原则，积极组织同学参加文化娱乐和体育锻炼活动，活跃文化生活，促进身心健康；

以身作则，引导同学尊敬师长，热爱专业，学好功课，协助系行政对本班同学进行考勤工作。督促同学遵守国家法令，学院规章制度和学习纪律，爱护公共财物；

反映同学生活方面的要求和意见，搞好清洁卫生；

与民兵排配合，积极开展民兵活动。

5. 班的活动必须适当安排，力求简化，避免形成负担过重。

6. 班委会应在系（科、部）行政的引导下，积极开展有关活动，但绝不能代替行政职权。

班委会与团支部密切配合，主动争取团支部帮助，共同商讨班的重大问题，独立开展工作。

班委会要尊重上级学生会的领导，对上级学生会的意见和布置的工作，要认真贯彻执行。

六十四、建立正常的生活秩序，贯彻劳逸结合。

学生应该积极参加必要的集体活动，同时要保证学生在学习和生活中应有的个人自由。

1. 学生每周星期一至星期六的社会活动时间，除学院统一规定的活动外，其余课余时间，一律由学生自己安排。学生必须参加的集体活动，非有特殊情况，不得安排在星期六晚上和星期日。学生的课外学习和文娱体育等活动，都必须认真贯彻自愿参加的原则，允许自由结合，不要强求一律事事集体。个人的习惯和爱好只要不妨碍集体利益，不得干涉和限制。

2.学生的社会活动时间，包括党团员的组织生活，在通常情况下，每周不得超过六个小时。注意减轻学生的社会工作和事务工作。最好一人一职，至多一人不得超过二职，不要把工作集中在少数人身上。对学生干部要注意及时地帮助他们提高思想水平和工作能力，对他们工作要求是，不要使他们工作负担过重，以免影响他们的学习和健康。

3.学院和院外任何单位不得任意侵占学生的学习时间，如有特殊情况需占用时，除必须经院长批准外，还得是先由教务处或各系（科、部）对被占用的时间作出妥善的调补安排。

4.学生应严格遵守学校规定的作息时间。

5.学生要经常保持教室和宿舍内集体与个人的整洁卫生，并轮流值日清扫，自觉地积极地参加文娱体育活动，以保护健康，增强体质。

六十五、严格执行考勤考绩。

1.学生必须严格遵守课堂纪律，不得无故迟到或早退，不随意出入教室。在教师讲课时，不得随意发问或提问（经教师允许的课堂提问除外）。

2.在规定的学习时间内，必须进行学习，不得无故缺勤，否则以旷课论。

3.在学习时间迟到、早退或旷课的学生，应及时进行批评教育，必要时得按具体情节给予纪律处分。

（1）一个学期内旷课连续在八课时（包括规定的自习的时间在内，下同）以内的，补足所缺课程之外，应在全系范围内通报。

（2）一个学期内旷课累计九课时以上，但不满一百五十课时的，除应补足所缺课程外，得根据具体情节分别给予警告、记过、留校察看等处分。

（3）一个学期内旷课累计一百五十课时以上的，即开除学籍。

4.对教师布置的作业，必须按时完成。

5.坚持值日生制度和填写"教室日志"制度，值日生应负责检查同学的出勤情况（体育课、劳动、集会等由班委或课代表负责检查）。将迟到、早退或缺勤的时间记入"考勤登记簿"，班长要每天进行检查，每周或两周将迟到、早退、旷课等情况进行汇集，在班上公布，并按规定报系（科、部）。

6.学生因病请假，在半天内的，须班长批准；请假到院外治疗和时间在半天以上三天以内的，须持有医务部门的证明，经班长签注意见，报系（科、部）办公室批准；请假在三天以上的，报系（科、部）主任批准。

学生如因特殊情况需请事假时，必须事先提交证明及批准手续，与上同。

学生未经准假擅自缺勤，或准假期满而不按规定手续销假的，均以旷课论处。

7.学生成绩考核的范围，是按照教学计划的规定，考核学生的学业成绩，同时也包括对学生的政治觉悟、思想意识、道德品质及劳动中的表现的考察。

8.因故经过批准，没有参加考试、考查的学生，应该补考。未请假或请假未批准而缺考的学生，该门课程以不及格论，经系主任批准也可以参加补考，但对其违反考试纪律的行为，得由系主任视情节轻重和本人对错误的认识，决定是否给予纪律处分。成绩不及格、也无故不按时参加补考的，该门课程成绩即以原来不及格的成绩为成绩，不得再进行补考。考试作弊的学生，不论考试成绩的好坏，本门课程均以不及格论，并由学院根据情节轻重予以纪律处分。

9.对学习成绩低劣，不宜继续在院学习的学生，经院长批准，应该令其退学。但在处理以前，必须弄清情况，给予必要的教育和帮助，不能草率从事。

10. 学生的补考、升留级及毕业等按本院关于学生成绩考核实施细则的规定处理。

六十六、学生必须通过学习、生活、生产劳动等各个方面的实践，自觉地加强共产主义道德品质的修养。

1. 热爱集体，热爱集体事业，依靠集体，为了祖国社会主义革命和社会主义建设的需要，努力学习，刻苦钻研，朝气蓬勃，积极进取。

2. 发扬民族间平等、团结、友爱的传统作风，尊敬教师和全体工作人员，同学之间要互相尊重，互相帮助，谦虚诚恳，戒骄戒躁，共同进步。

3. 积极参加生产劳动，在劳动中自觉地培养劳动人民的思想感情，养成热爱劳动的习惯。

4. 反对资产阶级恋爱观，以共产主义道德标准对待家庭、恋爱和婚姻问题。

5. 爱护公共财物，不奢侈，不浪费，养成艰苦朴素的优良作风。

6. 模范地遵守国家的政策法令、社会秩序、集体纪律、"勤学、朴素、团结、活泼"的院风和学生守则，向违法乱纪和违反共产主义道德品质的行为做坚决斗争。

六十七、必须对学生进行必要的奖惩。

1. 凡能严格贯彻执行学院的一切规章制度（包括学生守则），在道德品质、学习、生产劳动等方面有优秀表现的班和个人，得酌情分别给予表扬、发给奖品或奖状。

2. 凡学生违反国家政策法令、学院规章制度（包括学生守则），违背共产主义道德品质，经过教育仍不悔改或情节严重的，得酌情分别给予警告、记过、留校察看、勒令退学和开除学籍等处分。

3. 凡被处分的学生，在处理以前，一定要认真地弄清情况和错误的性质，给予必要的教育和帮助，不能草率从事。

六十八、健全学籍管理。

1.学生休学，以一个学年为期，休学期满应即复学，到期不能复学的，可以申请继续休学。但休学总时间累计不得超过两个学年，超过批准的休学期限一个月以上不办理复学手续的，取消其学籍。

休学条件按院学生守则办理，学生休学，先由所在系（科、部）领导同意，经教务处长批准。

2.决定学生是否退学，按院学生守则规定办理。学生退学须经系（科、部）主任提出意见，报教务处查审核后呈请院长批准。

调干学生休学期间和退学后的安置问题，按国家规定办理。一般学生休学期间和退学后的一切问题，由他们自行解决。

3.休学学生复学，或保留入学资格的新生入学，均须经过政治审查和健康检查。对连续休学二年的学生必须进行编级测验，合格的准予复学或入学。不合格的，不能复学或入学。

学生复学应于每学期开学前向院学生科提出申请，并检验有关证件。

4.凡不符合学院学生守则有关规定的，学生要求转专业或转学，一律不予批准。

学生转专业或转学，须在学年末提出申请，经教务处长批准，学生转学还需征得有关院校同意。

预科学生不得要求转干训部；干训部学生不得要求转预科。

5.新生到院经健康检查不合格的，应取消学籍。但经医疗单位诊断，认为经过短期休养治疗，能够痊愈并符合录取标准的，经本人申请，学院可酌情考虑，准予保留入学资格一年。但不能享受在院学生的一切待遇。

6. 新生因特殊情况不能报到的，须在报到日期截止之前办请假手续。假期不得超过两周。若假满并未申请保留入学资格（保留时间为一年），或保留入学资格的期限已满仍未报到的，即取消入学资格。

第十章　物资设备和生活管理

六十九、加强总务工作。

总务工作，必须本着勤俭办学的方针，发扬艰苦奋斗的传统，反对铺张浪费；努力改善物资设备，加强生活管理，为教学和科学研究服务，为师生员工生活服务。

2. 选派得力干部，加强总务工作机构，帮助总务工作部门总结经验，改进工作作风和工作方法，提高工作效率和工作质量。

3. 加强总务工作的领导，定期或不定期地研究总务工作，协助总务部门解决重要问题。

4. 建立和健全总务工作系统，各系和单位必须有专职或兼职人员管理总务行政工作。通过会议形式，建立经常联系。根据有关规定及实际情况处理工作中的具体问题。

5. 教育师生尊重总务工作人员的劳动，克服一切轻视总务工作人员、轻视总务工作的错误观点。

七十、加强图书馆和资料室工作。

1. 根据教学和科学研究的需要，加强图书馆和资料室的建设和管理工作。

2. 采购书刊资料应根据教学、科学研究的目前和长远需要，本着"品种宜多，复本宜少，厚今薄古，厚中薄外"的原则进行，其重点为政治、专业和民族方面，并适当照顾师生员工文化生活的要求。

书刊资料的采购工作，除学生用的教材外，应由图书馆统一办理，但必须走群众路线，尽量与教学单位联系，征求教师意见，做到主动及时，同时特别注意与有关方面建立固定联系，掌握出版动态，以便于购买、交换和索取书刊资料。各系、科教研室（组）和教师也应该经常关心和协助。

3. 所有书刊资料，应该由图书馆统一进行登记，及时进行分类、编目，不要挤压。对现有公务目录、分类目录、书名目录、各民族图书目录及专题目录等，逐步建立比较完整的目录体系。定期或不定期的零散刊物资料，也要登记、分类。图书分类要按合理的分类分，争取在不太长的时间内改变馆藏图书。

4. 书刊资料应由图书馆统一管理，调配使用，管理工作应该从充分提高借阅率和便利读者出发，不断提高服务质量，建立管理责任制，定期清查整理，及时修补装订，经常注意出库整洁、防蛀、防鼠、防潮等工作。严格执行借还制度与遗失损毁的赔偿制度。借还手续要力求精简，但要严防损失。

珍贵和保密书刊资料，应该指定专人负责，专库贮藏，既要保密、保全，又要便利流通。

5. 书刊资料流通工作，应该从整体利益出发，根据保证重点照顾全面的原则，千方百计提高书刊资料的使用率，满足读者要求，对各个阅览室和参考室，应该不断地注意充实内容，加强管理。应该斟酌需要和可能条件，开辟小型的或临时性的专题参考室。编辑书刊资料目录索引，举办图书和图片展览，及时介绍新的书刊资料，加强馆际协作，互通有无。

6. 建立和健全系资料室，加强专业资料的收集和整理工作，本着统一采购，统一登录，统一调配的原则，应将全系有关书本资料按照需要情况，拨部分给资料室使用和保管，但要防止积压。

七十一、加强实验室和仪器保管工作。

1. 实验室的建设，应该由学院统一规划，有步骤、有重点地进行。某些重点的实验室，既要满足教学和科学研究的需要，又要适当照顾今后的发展，争取逐步达到现代科学技术水平。

2. 学校仪器设备、物资器材的供应和管理，实行统一领导，分层负责，优先重点，计划采购，统一调配，合理使用，定期检查，及时维修。

3. 购买仪器设备、物资器材，必须根据使用效率和学院技术条件进行切实的审查。坚持："集中财力重点解决主要薄弱环节，一物多用，互相调剂，修旧复新，合理组织实验，提高设备利用率；保证基础知识和基本技能训练的要求"三个原则。反对盲目求全求精，纠正不问需要，平均使用经费等现象。凡规格质量相同，国内能生产的，不得向国外订购；本地能购到的，不得向外地采购；学院内部能调剂的，不得向市场采购。

年度物资采购计划由教研室（组）根据教学、科学研究的需要和学院规定的指标拟定，经系和学院主管部门审查平衡，院长批准后执行。购入物资必须及时严格地办理鉴定、验收手续。物资器材的采购，必要时可邀请有关熟悉业务的教师协助。

4. 加强实验室的管理工作，建立严格的安全制度，定期做好物资清查和设备维修，并保持整洁和良好的秩序，使仪器设备经常处于完善可用的状态。

实验室的仪器设备，应按精密、贵重和稀缺的程度，由学院、系和教研室（组）三级分别掌握，并且建立必要的责任制度和奖惩制度。

5. 先派有经验的教师承担或兼任实验室的主任，并选派一些优秀教师去做实验工作，不要轻易调动，使他们逐步成为精通有关实验原理、实验方法和实验技能的专门人才，以提高实验的科学水平。

七十二、加强公共财产、物资的保护。

1. 固定财产和物资的采购，应该根据教学与科学研究的需要，并适当照顾教职员工文化生活的要求，必须采取符合政策和市场管理的规定。

2. 健全固定资产账、材料账和低消耗品登记簿。财产、材料的增减要及时登记，新购的财产、材料必须按规则验收，做到账务相符。

3. 配置专职或兼职财产、材料管理人员，实行管理与使用相结合，单位负责（单位公用设备）与个人负责（个人专用设备）相结合的责任制，健全财务管理的责任制，提高设备利用率及延长使用年限。

4. 教育全体师生员工爱护公共财产，共同做好财产保管工作，及时表扬爱护公共财物好的单位和个人，不爱护公共财产以致造成丢失者，应及时批评，并照价赔偿。

5. 加强财产的维修和防止库存物资霉烂变质，延长财产使用寿命和杜绝浪费。

6. 机电设备及交通工具等的使用维修，必须按照操作规程，注意安全。

七十三、加强基本建设的设计、管理与维修。

1. 必须根据学院发展规模及校舍情况，进行全面规划。有计划地改善现有用房和一般设备状况。

2. 加强对现有用房和一般设备的管理工作，并建立与健全分配、保护、维修、收费、赔偿等制度，提高其使用率。

3. 进行校区绿化和美化工作，创造良好的学习和工作环境。

4. 基本建设的计划工作，必须贯彻"经济、适用、适当照顾美观大方"的原则。严格遵守基本建设程序，办理编报建设计划任务、审批和拨款手续。

5. 加强对工程施工的管理工作，认真检查施工预算和决算，根据工程进展，经常进行工程质量检查，力求保证工程质量和工程进度。厉行合同，严格按规范组织验收。

加强基本建设的物资供应与管理，认真审查物资计划和用料情况，力求供料及时，使用合理。克服盲目采购，杜绝浪费。

七十四、加强食堂的民主管理，办好伙食。

1. 配备得力的管理人员和炊事员，加强思想政治工作及业务知识技能的学习，提高政治水平及业务能力，树立为师生员工服务的观点。

2. 成立伙食民主管理委员会，实行师生员工轮流帮厨制，加强民主管理，定期公布账目，实现经济民主。

3. 健全工作制度、财务制度、物资采购验收和领发制度。杜绝食物浪费，降低损耗，提高伙食质量。

4. 改进烹饪技术，注意饮食卫生，提高营养价值，增进饮食效益，力争饮食"经济、美观、适口"。

七十五、加强卫生保健工作。

1. 加强卫生保健工作的领导，贯彻"预防为主，防治并重"的方针，做好疾病的防御和治疗工作，增进师生员工的健康。

2. 注意清洁卫生，加强爱国卫生运动委员会的组织领导。实行领导、技术人员、群众三结合的方法。实行分片包干的责任制，坚持卫生日制度，搞好全校的公共卫生，消灭疾病的传染途径，并保持校容整洁。

3. 广泛地建立卫生保健网，培训保健员，使其能担负简单的预防和治疗任务，以加强保健力量。同时，经常注意对保健保育人员和炊事人员的教育工作。

4. 严格监督食堂卫生，坚持饮食监督制度，严防食物中毒。

5. 加强师生员工的除害灭病、讲卫生的宣传教育，树立"以讲卫生为光荣，以不讲卫生为耻辱"的社会风尚。

七十六、加强财务管理。

1. 实行财务集中领导，预算分级管理的办法，是管好财务，执行勤俭办学方针的有效措施。

2. 财务工作必须精打细算，厉行节约，一切经费开支，首先应该保证教学需要，力求财力用于最需要的地方。

3. 一切财务开支，都必须遵守财政制度。各类经费均应按上级主管部门规定的指标，定额编报预算决算，经院务委员会审查通过，报请上级主管部门批准。执行时必须事先做好切实的月份或季度用款计划，并经一定的批准手续。

4. 加强预算拨款、预算资金和生产资金的管理，严格划清资金界限，不得混淆使用。

5. 加强财务监督，严格审核制度，一切采购工作，必须按照政策法令和市场管理规定办理，凡不合政策和市场管理规定的购置和开支，一律不予报销。

6. 定期清查账目，杜绝财务浪费现象。

7. 尊重财务人员的职权，坚决按照财政制度办事。

七十七、加强农场的领导。农场担负组织师生员工进行农业副业生产，它是师生员工劳动锻炼和学习农业生产知识的基地。它的远景应该逐步实现园艺化，成为学校师生员工轮流休养的场所。

1. 在"以场养场，勤俭办场，单独核算，自负盈亏，力争有余"的办场方针指导下，尽最大可能多产粮、油、乳、鱼等副食品，供给师生员工使用。

2. 贯彻农业"八字宪法"（即土、肥、水、种、密、保、管、工）等八个字。而应以"土、肥、工"为重点。

改良土壤，坡改梯，减少水土流失；肥料挂帅，培养地力；逐步改革工具及简化操作程序，提高工效及劳动生产率，降低成本，提高单产。

3.加强政治思想工作，实行政治挂帅与物质鼓舞鼓励相结合的三包一奖责任制。克服不安于农副业生产的思想，树立为教学和科学研究服务，为师生员工的生活服务的思想。

4.应该选派有经验的干部担任农场的领导工作，并且选派一些热心于农业生产的职工参加生产，指导师生员工进行生产，不要轻易调动他们的工作，使他们逐步成为有关生产知识和技能的专业人才，以便提高传授农业知识的水平。

5.根据学校远景规划及客观条件，制定远景规划，采取相应措施，加强组织领导，促其实现。

6.农场应该以师生员工劳动为主，适当配备固定专业职工。师生员工参加农场的生产劳动，在不影响教学的原则下，要兼顾农业生产的特点，积极参加生产。农场的年度生产计划及种植计划要尽可能适应教学计划。

师生员工参加农场生产劳动，应该计入规定的劳动生产时间之内。

七十八、建立和健全规章制度。

1.学校的规章制度是国家有关政策在学校的具体化。建立和健全规章制度，必须根据有利于教学和科学研究，方便群众，保证教学任务的顺利进行，又要加强管理，贯彻勤俭节约的原则。

2.规章制度既要贯彻政策精神，又是经验总结的条例化。它必须随着形势的变化而变化。建立和健全规章制度是完成任务的重要环节，在各项工作中，必须及时地相应地建立和健全规章制度。保证学院各项工作有秩序地进行。

七十九、加强总务部门的思想政治工作。

1.教育总务工作人员，使他们认识总务工作的重要意义，树立为教学和科学研究服务，为师生员工生活服务的观点。充分发挥积极性与主动性，不断改进工作作风和工作方法，提高工作效率和工作质量。

2.加强理论和实施政策学习的领导，坚持学习制度，保证学习时间，做到理论、时事政策学习经常化、制度化，提高总务工作人员的政治理论和政策水平。

3.加强工人的政治教育，时事政策教育和文化学习的领导，督促、检查和辅导工作，提高其政治和文化水平。

4.表扬和奖励总务工作人员中的先进人物和服务时间较久、认真工作的教职工。插红旗，树标兵，经常进行学先进、赶先进的教育。

第十一章　思想政治工作

八十、思想政治工作的任务。

1.根据毛泽东同志提出的"要彻底解决民族问题，完全孤立民主反动派，没有大批少数民族出身的共产主义干部是不可能的"指示，必须把思想政治工作作为促进我院一切工作的统帅，努力完成为国家培养出合乎规格的社会主义革命和社会主义建设的需要的少数民族干部。

2.在全院师生员工中积极地宣传马克思列宁主义、毛泽东思想，宣传党的社会主义建设总路线、大跃进、人民公社三面红旗和各项方针政策，不断提高他们的思想政治觉悟和共产主义道德品质。

3.团结全院师生员工充分调动他们的积极性和创造性，贯彻执行党的教育方针，和其他各项方针政策，保证教学工作和其他各项工作任务的完成。

八十一、思想政治工作的目的。

1.必须有利于形成既有集中，又有民主，既有纪律，又有自由，既有统一意志，又有个人心情舒畅、生动活泼的政治局面。

2.必须有利于不断提高师生员工的思想政治觉悟和共产主义道德品质，反对和防止资产阶级的思想影响和修正主义思想的侵蚀，自觉地进行兴无灭资。

3.树立师生员工无产阶级革命的事业心和责任感，教师认真积极搞好教学，具备既教书又教人，全面对学生负责的精神。学生明确为人民服务的学习目的，在德智体三方面，严格要求自己，刻苦钻研，努力学习。职工勤勤恳恳，踏踏实实，为教学和科学研究服务，为全院师生和员工生活服务。

4.调整关系，加强团结，调整好教师之间、学生之间、师生之间、教师与职工之间、民族之间、领导与被领导之间、党与非党之间的关系，发扬阶级友爱，团结一致，努力搞好教学。

八十二、思想政治教育工作的内容。

1.加强师生员工的阶级教育，经常进行马克思列宁主义、毛泽东思想和党的路线、方针政策教育，进行反对现代修正主义的教育，不断提高他们的马克思列宁主义理论水平和政治思想觉悟，坚定无产阶级的立场，逐步树立共产主义的世界观。

2.加强对师生员工进行形势与任务的教育，使他们经常关心国内外的大事，提高对国内外形势的认识和政策水平。拥护社会主义，坚定总路线、大跃进、人民公社三面红旗胜利的信心，坚定革命意志，树立革命事业的自觉性。

3.加强对师生员工进行革命传统和共产主义前途的教育，使他们学习革命前辈的光辉榜样，发扬艰苦奋斗的传统，正确地对待社会主义革命和社会主义建设前进中的困难，增强革命信心，树立发愤图强，艰苦奋斗，自力更生，勤俭办学的思想。

4.加强对师生员工的国际主义、爱国主义和民族团结教育，提高他们的爱国主义、国际主义思想。各民族平等，发扬各个民族热爱共产党，热爱毛主席，民族间平等友爱，以及艰苦朴实等优良品质。同时注意克服思想、习惯等方面的缺点。既要注意防止大民族主义，又要防止地方民族主义。

5. 加强对学生进行国民经济以农业为基础的政策教育和思想教育，使他们具有支援农业的思想，鼓励他们参加民族地区的农村建设，树立在民族地区农村长期艰苦奋斗的决心。

八十三、思想政治工作方法。

1. 思想政治工作，应该通过马克思列宁主义基本理论教育、形势与任务的教育、经常的思想政治工作，政治性运动和参加生产劳动以及社会活动等进行。

2. 思想政治工作，必须要深入细致，精雕细刻，讲求实效，防止简单生硬和形式主义。

3. 思想政治工作，必须抓好两头，一头是抓对党的方针政策、指示以及学院有关计划措施和决议的及时传达、学习和贯彻执行。一头是经常做好调查研究，掌握第一手资料，使思想动态知道早而又清楚，反映得快而又准确，处理得好而又及时。真正做到下情上述，上情下达。

4. 思想政治工作，必须区别不同对象的实际情况和特点，通过各种组织，采取灵活多样的形式，把思想政治工作深入到教学、科学研究、生产劳动、总务行政工作和生活等方面，紧密联系起来，抓好活用的思想。要及时表扬好人好事，树立榜样，对产生的倾向和问题，要及时帮助解决，要把普遍教育与个别教育结合起来，要把解决思想认识问题与解决实际问题结合起来，要把组织教育与群众的自我教育结合起来。

八十四、正确处理师生的红专关系。

1. 红是指的政治立场，红的初步要求是必须接受共产党的领导，拥护社会主义，愿为社会主义事业服务。在这个基础上，还必须积极地对师生进行共产主义世界观的教育。但是世界观的改造是个长期的逐步实现的自我改造过程，必须耐心地做工作，不能操之过急。

2. 要正确地处理红与专的关系。红与专是统一的，既要重视红，又要重视专。只专不红，会在政治上迷失方向；只红不专，会变成空头政治家。红不但表现在思想政治方面，而且也表现在教学、学习和生活等方面的实际行动中。

3. 在思想政治工作中必须经常重视改造教学工作，提高教学质量，积极鼓励师生刻苦钻研，努力精通业务。加强思想政治教育，明确政治方向，要把政治挂帅和搞好业务，学好本领密切结合起来。

八十五、学生的鉴定。

1. 学生的鉴定，是一件严肃细致的政治工作，必须实事求是，认真负责地做好。鉴定分为毕业鉴定和学年鉴定两种。经过鉴定，提高他们的思想政治觉悟，肯定学习期间的进步，指出他们现存的缺点，明确今后的努力方向。

2. 鉴定应包括政治思想、学习、生产劳动和健康等方面。在政治思想方面的鉴定，应注重对国内外重大事件和党的总路线、方针政策所持的态度和观点，以及主要思想状况，不必涉及生活细节。

3. 鉴定前应首先由系、部、党总支部做好鉴定的动员教育，说明目的要求，解除思想顾虑，端正态度，充分做好思想酝酿工作。采取在自我鉴定的基础上，以学习小组为单位讨论进行。学年鉴定由小组提出意见，班级作出鉴定意见。毕业鉴定由小组和班级提出意见，系、部、党总支部根据个人、小组和班级意见作出鉴定意见。被鉴定人如有不同意见，允许申诉或保留自己的意见。另外，预科学生不进行鉴定，由班主任等评论。

八十六、思想政治工作的领导。

1. 思想政治工作，由院党委员会统一领导。必须遵循毛泽东同志关于正确处理人民内部矛盾的理论，正确处理敌我矛盾和人民内部矛盾。凡属人民内部矛盾，必须根据团结批评团结的原则，采取民主的方法，和风细雨的方法，自我教育的方法来解决。党委应根据上级指示，结合我院实际情况定期召开会议，研究讨论全院思想政治工作，提出原则要求与计划安排，经常进行监督检查，注意总结交流思想政治工作经验。同时还要有计划地培养提高政治干部和政治理论教师队伍。

2. 必须充分发挥党委各部门的作用，把各部门的经常的工作建立健全起来，并以党委宣传部为主，定期或不定期召集党委各部门、教工会、共青团、政治系负责同志会议，根据单位计划，布置检查或集中研究每个时期带有倾向性的思想问题，及时开展教育或向党委提出意见。

3. 思想政治工作，必须全党动手进行，要求各级党组织、全体党员和共青团员，关心群众和群众打成一片，交知心朋友，特别是共产党员要经常以自己的模范行动带动和影响群众，注意检查党员思想政治工作的情况和问题，并应及时研究和帮助解决。

4. 必须发挥各种组织的作用，学院行政、教工会、共青团、学生会应按党委的统一计划安排，根据各个组织的实际情况和特点，开展思想政治工作。在布置贯彻各项任务的时候，必须政治挂帅，重视思想政治工作，注意解决思想问题，并应经常注意检查督促，及时研究思想政治工作情况，解决问题。并应及时向党组织反应或提出建议。

第十二章　领导制度和行政组织

八十七、本院实行的领导制度是党委领导下的以院长为首的院务委员会负责制。

1. 院长是国家任命的学院行政负责人，对外代表本院，对内主持院务委员会、院行政会和学院的日常工作。设副院长若干人，协助院长分工领导教学、总务、行政方面的工作。

2. 院务委员会是学院行政工作的集体领导组织，本院工作中的重大问题，由院长提交院务委员会讨论，作出决定，由院长负责组织执行；讨论和决定事项需由上级主管部门批准的，应该报上级主管部门批准后，由院长负责组织执行。

3. 院务委员会成员为 21 ～ 25 人，由院长、副院长、党委正副书记、处（室）领导、系（科、部）主任、若干教师和其他必要人员组成。党外人士一般不少于三分之一，少数民族成员要占适当名额。人选由院长商同院务委员会提出名单，报请中央民族事务委员会批准任命。正副院长担任院务委员会的正副主任。

院务委员会委员如有变动，其批准程序与上同。

4. 院务委员会的职责：

贯彻执行党的教育方针和国家有关的政策、法令；

贯彻执行上级领导机关和本院党委员会关于学院各项工作的指示、决定；

讨论、审查和决定全院的教学工作、生产劳动、科学研究、物资设备、生活管理和思想政治工作等的计划和总结；

审查、通过本院的系(科、部)专业设置，机构建制和基本建设；

审查、通过招生计划、毕业生分配、师资培养、讲师以上教师和科级以上干部职务的提升和教职工的奖惩等重大事项。

制定和修改全院性的规章制度；

审查、通过本院的预算、决算；

讨论、决定系（科、部）工作中的重大问题；

讨论、决定其他重大事项；

听取有关工作报告。

5. 院务委员会闭会期间，院长可以召开行政会议，讨论和处理学院的日常工作行政工作。行政会由正副院长、党委书记、处（室）领导、系（科、部）主任或副主任组成。院务委员会闭会期间，其所进行的工作应对院务委员会负责。

6.院务委员会全体会议每学期召开两次，院行政会议两周召开一次。根据需要，院长还可以临时召开会议。

不论院务委员会或行政会的议程、文件均应先期送达各委员会或出席人员，会议出席人员必须达半数以上方为有效。

根据会议议程的需要，得邀请有关人员列席。

7.根据我院规定，本着力求精简的精神，设置院办公室、总务处、教务处、人事处等行政机构，在院长领导下，负责管理日常行政事务工作，并应及时向院长请示报告，各处（室）的主要任务是：

院长办公室：协助院长及时了解学生情况；收集、整理有关材料；办理院务委员会及行政会议的组织工作，及监督各单位对会议决议的执行；统一处理全院的文书工作；贯彻勤俭办院方针，严格掌握财经制度；搜集、整理、陈列少数民族文物资料和院史资料。

总务处：厉行节约，不断改进工作和生活上的物资采购供应，保证教学工作顺利进行；认真办好伙食，加强伙食的民主管理；执行预防为主，防治并重的保健工作方针，保证师生员工的健康；规划全院的基本建设；积极办好农场。

教务处：草拟院的事业计划、招生计划和师资培养提高计划；督促检查教育计划的执行，组织教育计划的修订；学生学籍管理；教材的供应；图书资料和教学仪器的建设和管理；组织领导函授教育工作。

人事处：承办全院组织机构及人事编制；办理教职工的使用、调配和提升；掌管教职工的考勤、考绩、请假、奖惩、退职、退休和抚恤等工作；整理、保管教职工的档案。

八十八、根据我院的专业和任务，设置系、干训部和预科等教学行政组织。

1. 系是按照专业性质设置的教学行政组织。

（1）系主任是系的行政负责人，在院长领导下，组织系务委员会和系的日常工作，领导所属资料室和实验室的建设和管理工作。系的重大问题，应及时向院长请示报告。根据工作需要，系设副系主任1至2人，协助系主任分工领导教学、科学研究、生产劳动和生活等。

系副主任可设专职，也可由教师兼职。兼职的系副主任，均应规定一定的办公时间，根据我院各系的具体情况，可减轻其三分之一到四分之一的教学任务。

（2）系务委员会是全系教学行政工作的集体领导组织。系内的重大工作问题，应该由系主任提交系务委员会讨论，作出决定，由系主任负责组织执行，并且报告院长和院务委员会。凡讨论和决定事项，按规定报告院长和院务委员会批准的，应报请其批准后，方可执行。

（3）系务委员会成员一般为9—11人，由正副系主任、系党总支书记、教学研究室（组）主任（组长）和若干教师组成。有少数民族教职工的系，少数民族教职员应占适当名额。系务委员会委员人选，由系主任提名，报院务委员会通过，由院长任命。系的正副主任担任系务委员会正副主任。

系务委员会委员如有变动，其批准程序与上同。

（4）系务委员会的职责：
贯彻执行院党委会、系务委员会的决议和院长的指示；
讨论通过系学期、学年工作计划和总结；
讨论通过系教学计划和师资培养提高规划；

讨论确定教学、科学研究、生产劳动的工作；

组织和开展学术活动，教学经验交流。

讨论决定教学、科学研究、生活的物质条件的保证问题；

根据"学生守则"，讨论通过学生的升级、留级、休学、退学和奖惩等事项；

研究外系课的教学问题；

其他有关重要事项。

（5）系务委员会每学期召开三次，必要时得由系主任决定召开临时会议，根据议程需要，得邀请委员会以外有关人员列席。

系务委员会闭会期间，系主任可以召集行政会议，讨论和处理系的日常工作。行政会议由正副主任、系党支部正副书记组成。

（6）系务委员会设专职秘书一人，在系主任领导下，办理全系教学和行政等方面的日常事务工作。

2.干训部是按照我院轮训民族地区在职干部的任务设置的教学行政组织。

（1）干训部的主任是干训部行政负责人，在院长的领导下，主持部的全体教职工和部的日常工作，部的重大问题应及时向院长请示报告。根据工作需要，部可设副主任一人，协助主任分工领导教学、生产劳动、生活等工作。

部副主任一般应由教师兼任，兼职的副主任应规定一定的时间办公，根据情况，可减轻其四分之一的教学任务。

（2）为了发扬民主集中制，在部主任领导下可以召开部的全体教职工会议。讨论贯彻院党委会、院务委员会的决议和院长指示，讨论决定部的学年、学期的工作计划和总结，有关教学、生产劳动、生活等重大事项。部的全体教职工会议，每学期可召开两次。

（3）干训部设兼职秘书一人，在部主任领导下办理部的教学和行政方面的日常事务工作。兼职秘书至少应有二分之一的工作时间在干训部办公。

3.预科是相当全日制中学性质设置的教学行政组织。

（1）预科主任是预科的行政负责人，在院长领导下，主持科务会议和科的日常工作。科的重大问题，应及时向院长请示报告。科主任的具体职责是：贯彻党的教育方针和全日制中学暂行工作条例草案（修订稿），院党委会、院务委员会的决议和院长指示，组织教师积极完成教学计划，组织和领导师生参加生产劳动，领导所属实验室的建设和管理工作，关心学生的健康，注意劳逸结合，组织教学经验交流，对师生进行政治思想工作。根据工作需要，科可设副主任一人，协助主任分工领导科的工作。科副主任可由教师兼任，兼职的科副主任应规定一定的时间办公，但可减轻其四分之一的教学任务。

科主任或科副主任中，最好能安置有少数民族成员。

（2）为了集思广益，在科主任领导下设立科务委员会。科务委员会每学期可以召开三次，讨论决定科的学年、学期工作计划和总结，讨论科的有关教学、生产劳动、生活、学生升留级、退学、奖惩等重大工作。

（3）科务委员会成员为7～9人，由正副科主任、科党总支书记、教学研究组组长组成。少数民族成员应占适当名额。科务委员会委员人选，由科主任提名报院委员会通过，由院长任命。科的正副主任担任科务委员会正副主任。

科务委员会委员如有变动，其批准程序与上同。

科务委员会根据议程需要，也可以邀请有关人员列席。

（4）科设专职秘书一人，在科主任领导下，办理科的教学和行政等方面的日常事务工作。

八十九、教学研究室（组）是按一门或几门课程设置的教学组织。

1.各系（科、部）的教学研究室（组）由各系（科、部）领导。公共课教学研究室由教务处领导。

2.教学研究室（组）设主任一人，在各系（科、部）主任或者教务处长领导下，全面负责教学研究工作。

3.各系（科、部）和公共教学研究室（组）主任（组长）的主要任务是：

制定学年、学期的工作计划，并组织实施年末或期末教学日历工作的全面总结；

领导和组织执行教育计划、选编教材、拟定教学大纲、编写教学日历等教学工作；根据统一教材的基本要求和内容，逐步编写出一套适合我院特点的适用的教材、参考书和查资料，尤其是马列主义民族政策和民族问题、民族史、民族志、民族文学等各门课程的教材；

领导和组织教师在教学中认真贯彻执行少而精、知识学到手、理论联系实际、因材施教的原则，并不断总结这方面的经验；

领导和组织教师在各门课程的教学中注意摸索和总结少数民族学生的学习特点；

定期听课，检查教学进度、效果和存在问题，组织和帮助新教师开课前的试讲工作，有计划地组织教学观摩，交流并推广教学经验，帮助教师不断改进教学方法，提高教学质量；

审查、确定考试题目，严格对学生的要求；

督促、检查教师科学研究规划的执行情况，制定室（组）的科学研究规划，并组织实施，使科学研究工作密切结合教学，提高教学质量和教师的学术水平；

经常了解各个时期与业务有关的学术动态，组织教师参加有关的学术活动；

坚持"在战斗中成长，实践中提高"的教师进修方针，督促、检查、帮助教师制定和执行进修规划，制定进修的考核办法，并定期总结培养提高教师的经验；

加强对少数民族教师进修的领导，并注意总结这方面的经验；

组织教学经验比较丰富、业务水平较高的老年教师指导青年教师进修；

4.预科教学研究组在组长的领导下，其基本任务是：

根据统一教材和预科少数民族学生的特点，研究教材和教学方法；

研究少数民族学生在各个课程中的学习特点，并不断总结；

组织有经验的教师帮助新教师提高业务水平，组织教学经验交流，总结和推广教学经验；

领导和组织教师完成教学计划；

5.教学研究室（组）工作中的重大问题应由教学研究室（组）主任（组长）提交教学研究室（组）会议讨论，教学研究室（组）会议每两周召开一次。

6.教学研究室（组）工作中的重大问题应由教学研究室（组）主任（组长）向系（科、部）主任及时请示和报告。

第十三章　教工会、团委会、学生会

九十、教工会的组织和任务。

1.中央民族学院分院教育工会是学院教师职工的群众组织，是教师职工的共产主义学校，是学院党委联系教师职工群众的纽带。

2.学院教工会的主要任务是：

第一，在党委的领导下，用共产主义的思想教育会员，做好会员的政治思想工作，提高会员的思想觉悟，协助党委加强教职工的政治理论形势政策学习，保证党委和行政提出的各项任务的完成。

第二，在党委的领导下，协同行政认真做好教职工的生活福利工作，协助行政办好集体福利。

第三，组织教职工的文化娱乐活动，办好职工的业余文化学校。

第四，教育教职工家属搞好家务工作，使教职工能更好工作，帮助家属委员会开展工作。

第五，正确使用和管理工会的经费，加强对互助储金工作的领导，做好教职工的互助储蓄工作。

3. 工会必须围绕党委的工作任务开展工会工作，学院经常性的中心工作是教学和政治思想工作，工会工作应当在党的统一领导下，围绕中心任务开展工作，工会各项工作的开展应该有利教职工政治思想觉悟的不断提高，有利于教学质量的逐步提高。

4. 工会干部应深入基层帮助部门委员会做好工会工作，提高工会工作水平，深入群众进行调查研究，了解会员群众的思想、工作情况，了解他们在工作中的困难，并向党组织和行政反应，帮助他们解决，促使会员更好地完成各项工作。

九十一、团委会的组织和任务。

1. 院的团委会是共青团在中央民族学院分院的基层组织，是学习共产主义的学校，是团结教育青年的核心，是党联系青年群众的纽带。

2. 学院团委会的主要任务：

第一，在院团委的领导下，以共产主义精神教育团员，带好团的队伍，配合学校行政，团结教育全体学生和青年教职工，贯彻执行党的"教育为无产阶级政治服务，教育生产劳动相结合"的方针，遵循毛主席关于"身体好，学习好，工作好"的教导，使学生和青年教职工在德育、智育、体育几方面得到发展，成为有社会主义觉悟有文化的劳动者。

第二，教育团员学习马列主义，学习毛主席著作，学习党的方针政策，学习党的光荣革命传统，学习团的基本知识。教育学生和青年教职工坚持兴无产阶级思想，灭资产阶级思想，注意思想改造，不断努力向工人阶级和知识分子的方向前进。

第三,引导学生努力学习。引导青年教师认真教学，努力进修，积极完成教学任务。引导青年职工努力学习，积极完成工作任务，勤勤恳恳地为全体师生员工的教学、学习和生活服务。

第四，教育学生和青年教职工积极参加一定的生产劳动和社会政治活动。

第五，关心学生和青年教职工的生活健康，共青团在学生和青年教职工中的全部活动必须兼顾他们学习工作和娱乐休息两方面，坚持劳逸结合的原则。协同学生会和工会组织他们参加集体锻炼和文化娱乐活动。

第六，教育团员在完成党的各项任务中严格要求自己发挥模范作用。

第七，加强团支部的领导，发挥团支部的战斗作用。严格执行民主集中制，活跃团的组织生活，发扬团队民主，开展批评与自我批评。

3.共青团是党的助手，院团委应当在院党委领导下，密切配合有关部门进行工作。

团委应当经常向党委请示汇报工作，不能决定在学生和青年教职工开展政治运动,进行思想检查,开展群众性批评等重大问题。

团委要协助院行政进行工作，积极提出各种建议，但不能代替行政职权，不能自行更改行政的规定。

团委应当关心院学生会的工作团支部,应当协同班委会开展工作。不要包办代替。教职工中的团组织应当配合工会进行工作。

4.团的工作方法，工作作风应当是：

实事求是讲实效,联系群众走群众路线,艰苦细致,精雕细琢,扎扎实实地从事工作。

团委应当把加强对团支部的领导与帮助，作为自己的重要职责，调查研究，总结经验，不断提高团支部的工作水平。

有关共同性的问题由院党委统一领导，属于学生和青年教职工的特殊工作，团委要进行必要的系统领导。系统领导也必须取得院党委的同意和支持。这样做既利于集中力量加强中心工作，又有利于加强团的业务能力工作，既可以保证团的工作遵循党委的指示，正确前进，又可以促进团更好地履行团结教育全院学生和青年教职工的职责。

九十二、学生会的组织和任务。

1. 学生会是全院学生的群众组织，是党的行政的助手，是党联系群众的纽带。

2. 学生会的主要任务：

第一，学生会应该在党委的领导下，团结全院同学，贯彻执行党的教育方针和"教育部直属高等学校暂行工作条例（草案）"，努力做到"身体好，学习好，工作好"。

第二，应该在党委领导下，推动学生努力学习，遵守纪律，教育学生尊敬老师和工作人员，爱护公共财产。

第三，教育学生学习民族政策，了解民族特点，加强各族同学之间的团结。

第四，向党委和行政反映各族同学的意见和要求；搞好学生课外的文娱体育活动和清洁卫生。

3. 学生会实行民主集中制，学生会委员由院学生代表会民主选举产生，应在全院学生中选举思想学习身体好（或有某项专长），服务热心，联系群众办事公道的人担任学生会委员。

学生会实行集中制领导和个人负责相结合的制度。

学生会要发扬民主，走群众路线，坚持说服教育，开展批评与自我批评，学会调查研究，虚心听取学生意见，依靠群众搞好学生会的工作。

4.学生会应在党委领导下，在团委指导下，围绕学院中心工作积极开展活动，主动向党和行政反映情况，争取指导帮助，但不能随便提口号，并开展运动，不能代替行政职权，不能擅自更改党的行政的规定。

九十三、院党委必须加强对教工会、共青团、学生会的领导，充分发挥这些组织的作用。

1.党委要加强对工会工作的领导。注意选拔工会领导干部。教育党团员积极参加工会活动，使工会不仅起到关心教职工生活福利的作用，更要成为党在教职工中进行思想政治工作的阵地。

2.院党委要加强对共青团工作的领导，注意共青团领导骨干的选拔。动员全党重视青年工作，密切关怀共青团的思想建设和组织建设，定期研究团的工作，通过团领导组织的积极活动，加强对团员和广大青年的教育，真正使团组织成为党在青年教职工和学生中进行思想政治工作的有力助手。

3.院党委要加强对学生会工作的领导。关心和支持学生会的工作，使其更好地发挥党联系广大学生真正的纽带作用。

党委要重视发挥院团委对学生会工作的指导作用。

第十四章 党的组织和党的工作

九十四、院党委员会是中国共产党在我院的基层组织，是我院工作的领导核心，对全院工作实行统一领导。

院党委员会的主要任务是：

1.领导院务委员会，贯彻执行党的教育方针和其他各项方针、政策；

2.根据上级党委和行政领导机关的指示，确定本院发展的规模、专业设置,研究和提出院内各个时期(一学年或一个工作阶段)工作的总任务和要求,保证办学规格。

3. 研究教学、科学研究、生产劳动、行政总务等方面工作中的重大问题,确定原则性意见,并对院内各项工作进行监督检查;

4. 做好思想政治工作,定期研究全院思想政治工作的方向、目的和要求;

5. 进行党的建设工作;

6. 讨论学院中的人事问题,向上级和院委员会提出建议;

7. 领导本院共青团、教工会、学生会和其他群众组织,团结全体师生员工。

院党委员会的任期和选举,按照党章的规定执行。

院党委员会选举常务委员会,负责具体贯彻党委员会的决议,研究和处理党的经常性工作。

院党委员会选举书记一人,副书记一至二人。党委书记的主要职责是:(1)依靠和团结全体党委委员,经常注意做好党委委员的宣传工作和组织工作,充分发挥党委的集体领导作用;(2)经常研究党的方针政策,掌握院内实际情况,考虑全盘工作;(3)确定党委会议的议程,主持院党委员会议,虚心听取委员的意见,开好会议。党委书记和委员之间的关系是少数服从多数的关系。

党委副书记分工协助党委书记。

院党委员会根据工作需要,设立党委办公室、宣传部、组织部、统战部、监察委员会等办事机构,分管有关工作。

党委办公室的主要工作职责:(1)根据院党委或常委会议的决议,监督、检查贯彻执行情况,收集和综合整理有关资料材料;(2)代替党委处理和接待群众来信,做好上下内外的联系工作;(3)做好党内文件管理和组织系阅读工作;(4)党委交办的其他日常事务。

党委宣传部的主要工作职责：（1）根据省委宣传部指导和院党委决议，宣传党的方针、政策；（2）围绕党的中心工作，开展各种宣传教育活动；（3）统一组织和安排全院的马列主义、毛泽东思想的学习。形式与任务的教育，向全党进行党的知识基本知识教育；（4）组织和审查对外的通讯报道；（5）协助各总支开展宣传工作。

党委组织部的主要工作职责：（1）根据省委组织部指示和院党委决议，贯彻党的干部政策；（2）做好管理和教育党员、发展新党员、考察干部的工作；（3）定期征收和上交党费；（4）协助人事部门做好任免干部；（5）协助各总支进行组织工作。

党委统战部的主要工作职务：（1）根据省委统战部指示和院党委决议，贯彻党的统战政策和知识分子政策；（2）做好高级知识分子、少数民族干部、华侨、民主党派的工作，了解情况，调整关系；（3）管理改造右派分子的工作；（4）协调各总支做好统战工作。

党委监察委员会的主要工作职责：（1）经常了解并向上级党委报告党员遵守党的章程、党的纪律、共产主义道德、国家法律、法令和执行党的政策、决议的情况；（2）检查处理党员违反党的章程、党的纪律、共产主义道德和违反党的政策、决议、国家法律法令的案件；（3）决定和取消对党员的处分；（4）受理党员、群众对党的组织和党的检举、控告及党员的申诉；（5）检查和指挥指导各总支的监察工作。

九十五、在院党委员会领导下，各教学部门和行政部门成立党总支委员会，保证和监督各项工作任务的完成。

系总支委员会的主要任务是：

1.结合教学，做好师生的思想政治工作，组织师生的政治理论、形势任务和时事政策的学习，定期研究师生思想动态，确定思想政治工作计划，不断提高全系人员的思想水平和政治水平。

2. 团结和教育全系人员，贯彻执行院党委员会和院务委员会的决议，保证监督系务委员会决议的执行和本系各项工作任务的完成。

3. 根据教学方针和教学计划，经常了解教学、思想、生活等方面的情况和问题，提出改进方法，建议行政研究执行。

4. 做好党的建设工作，教育党员、发展党员、收纳党费、领导各支部开展工作。

5. 协助系行政工作，帮助教师实现红专计划。

6. 协助做好人事工作，加强生活管理，关心教学物质条件的改善。

7. 领导本系共青团总支、教工会部门委员会和系学生分会开展工作，充分发挥这些组织的作用。

行政部门总支委员会的主要任务是：

1. 保证院党委员会和行政的各种决议在本部门贯彻执行，教育本党委党员不断提高思想觉悟，以自己的模范行为行动影响和带动全体职工完成行政工作任务。

2. 领导所属各党委职工的政治理论、时事政策、形势任务的学习。

3. 做好党的建设工作，教育考察管理党员、发展党员、征收党费、领导各支部开展工作。

4. 关心本部门职工工作、学习和生活情况，帮助解决困难问题。

5. 领导本部门的共青团、教工会组织的活动，支持和帮助他们开展工作。

九十六、党支部是党的战斗堡垒，在教师、职工和学生中有条件的地方都要建立党的支部，教师和职工中的党员按一个或几个教研室，一个或几个科组成支部；学生中的党员按一个或几个班组成支部。

党支部在党总支委员会直接领导下开展工作，要加强支部的核心领导，在完成本职工作范围内的教学和工作任务中起保证作用。

教师和职工中党支部的主要任务：

1. 在群众中进行宣传和组织工作，保证党的方针政策和院党委、院务委员会各种决议的正确贯彻实现。

2. 做好思想政治工作，维护工作中的责任制度，教育党员起模范作用，团结和教育本单位全体人员努力提高教学质量和行政工作质量。

3. 组织党员和领导全体工作人员学习马克思列宁主义、毛泽东思想、学习党的政策，形势和任务，提高党员和全体工作人员的思想水平和政治水平。

4. 关心群众生活，及时向上级反映群众的情绪和要求。

5. 健全组织生活，做好教育和管理本支部党员，讨论和发展新党员，征收党费，执行党的纪律。

6. 正确执行民主集中制，发扬民主，开展批评与自我批评，同一切危害党和人民利益的现象进行斗争。

7. 支持和帮助团支部、教工会开展工作。

学生党支部的主要任务：

1. 通过党支部的宣传工作和组织工作，贯彻党的教育方针和党的其他方针、政策，院党委和行政的各项决议。

2. 在学生中进行思想政治工作，教育党员努力学好功课，并以自己的模范行动影响和带动同学，保证完成学习任务，提高学习质量。

3. 教育党员带动全体同学，努力学习政治理论课、时事政策、提高党员和全体同学的思想水平和政治水平。

4. 健全组织生活，经常了解和研究党员的思想和学习情况，做好管理和教育党员的工作，征收党费，执行党的纪律。

5. 经常注意挑选和培养积极分子，讨论和接受新党员。

6. 正确使用民主集中制，增强党的团结，开展批评与自我批评，向一切危害党和人民利益的现象进行斗争。

7. 关心群众生活，经常注意并向上级反映群众的情绪和要求。

8. 教育党员和全体同学提高革命警惕性，做好保卫、保密、民兵等工作。

9. 关心和支持班级团支部、班委会的工作，发挥他们的积极性。

党支部下面可以根据党员数量、工作需要和党员分布情况划分小组，也可以不分小组。党小组主要是在支部委员会领导下，具体组织每个党员实现党支部的决议，学习马克思列宁主义和毛泽东思想著作、学习党的方针、政策和有关文件；定期召开小组会议开展批评与自我批评；随时向支部反映群众的情绪和意见。

九十七、本院各级党组织要不断加强党的建设，健全组织生活，严格对党员的要求。各级党组织要定期讨论党的工作问题，研究党内思想倾向，检查党的民主集中制执行情况和党内组织生活的情况。

坚持两周一次的组织生活制度，并要充实内容，提高质量。定期开展批评与自我批评，党支部或小组每月一次；总支至少每季度一次；党委领导同志除了同其他党员一起参加支部或小组过组织生活以外，每一个月或一个半月还应在一起过一次组织生活会。

各级党组织要加强对党员的马克思列宁主义、毛泽东思想的教育，党的方针政策的教育，加强党员的党性锻炼和组织纪律教育；教育党员密切联系群众，反映群众意见。党委可以建立固定的党课制度，有计划地举办党员干部轮训。

党组织要经常注意培养教育积极分子，有计划地审慎地在教师、职工、学生中发展党员，接受真正具备党员条件的积极分子入党，切实保证质量。要加强对预备党员的考察教育，预备期满要按期讨论其是否转为正式党员。

各级党组织，还要注意加强党的监察工作，总支设监察委员，支部有人监管。协助党委监委及时检查处理党员违反党的纪律案件。

九十八、各级党组织要不断改进工作方法。

党的领导干部一定要努力学习，不断提高思想水平、理论水平、政策水平，努力钻研，力求精通业务，认真总结经验。逐步掌握办好社会主义的民族学院的规律。各级党组织要下定决心摆脱许多行政事务工作，充分发挥行政组织和行政负责人的作用，要把主要力量放在研究政策，掌握政策的贯彻执行情况，抓全院工作中重大问题的计划、检查和总结，抓思想政治工作、党的建设工作和党团结人的工作。要腾出时间和力量深入到教师中去、学生中去、职工中去；发扬实事求是，深入细致，调查研究的作风，掌握真实情况，发现问题，和群众一道研究解决办法，重点地帮助基层总结经验，在工作中注意抓两头带中间，树立先进旗帜，善于调动一切积极因素。

九十九、我院各级党政干部都必须认真执行"党政干部三大纪律、八项注意"并要求作为批评与自我批评的经常内容之一。

三大纪律是：（1）认真执行党中央的政策和国家的法令，积极参加社会主义建设；（2）实行民主集中制；（3）如实反映情况。

八项注意是：（1）关心群众生活；（2）参加集体劳动；（3）以平等的态度待人；（4）工作要商量，办事要公道；（5）同群众打成一片，不搞特殊化；（6）没有调查，没有发言权；（7）按照实际情况办事；（8）提高无产阶级的阶级觉悟，提高政策政治水平。

一百、我院各级党组织，必须严格遵守民主集中制，实行集体领导和分工负责相结合的原则。一切重大问题都必须开会经过民主讨论，在统一认识的基础上，做出明确的决定，分别执行。党组织的决议，任何一个党员包括书记和委员在内，都要坚决贯彻执行。如有不同的地方，除了无条件地执行外，都可以保留自己的意见。

各级党组织都要建立健全会议制度。党委全体会议每学期至少开两次，党委常委会（或常委扩大会）每周一次。常委会研究和讨论的问题，应事先由党委主管部门或行政单位党员负责人，经过调查研究，提出方案，做到有准备地开好会议，提高会议质量。各总支、支部也应根据具体情况，把定期的会议固定下来。

各级党组织，都要按照职权范围行使权利。党委领导应注意尊重下级的权利，善于听取下级的意见，做到大胆放手，层层领导，层层解决问题，以克服下级依赖上级和领导上的事务主义等偏向。凡不在自己权限内的问题，必须向上级请示报告。上级的方针、政策必须坚决贯彻执行，有不同的意见，应向上级反映，不得自行其是，以保证党的统一领导和统一行动。

注：
此件收藏于中南民族大学档案馆，档案号189-001。

中央民族学院分院 1965—1970 年六年事业发展规划

一、方针任务

我院和其他兄弟民族学院一样，是党和国家为解决民族问题而举办的培养少数民族共产主义干部的政治性学校。毛主席早就指示过："要彻底解决民族问题，完全孤立民族反动派，没有大批从少数民族出身的共产主义干部，是不可能的。"① 根据毛主席这一重要指示，必须在与少数民族地区社会主义革命和建设需要相适应的前提下，进一步贯彻执行前政务院在培养少数民族干部试行方案中规定的"以培养普通政治干部为主，迫切需要的专业与技术干部为辅"的办学方针，把培养轮训少数民族政治干部的任务，放在首要的地位，逐步增加轮训现有在职的少数民族干部人数，并注意培养新生力量。同时培养一部分有关语言文学方面的专业人才。

为实现上述任务，在 1965—1970 年六年事业发展规划中，逐步增加调训在职干部和培养政治干部的比例，并争取在 1969

---

① 中央文献研究室. 毛泽东书信选集［M］. 北京：中央文献出版社，2003：322.

年达到 70 %。预科、语文系本科的专业干部则控制在 30 % 以内。初步设想:

第一,扩大调训少数民族在职干部的任务。根据学校现有规模,到 1970 年,从现有 140 人发展到 360 人。为适应发展的需要,恢复干训部,并加强领导,配备强有力的干部,集中力量,提高教育质量。干训部下设政治轮训班与文化补习班。政治轮训班到 1970 年为止,从现有 90 人,发展为 200 人。文化补习班到 1970 年为止,从现有 50 人发展为 160 人,招生人数逐步增加。毕业一期招一期。

第二,在原有基础上,充实力量,办好政治系。从 1965—1970 年本科每年招生 85 名,在校学生人数稳定在 340 人左右。

坚持办好语文系。语文系本科每年招生 45 人,在校学生总数为 180 人。

撤销历史系,将历史系现有班级转入政治系,进行一年政治训练后毕业。

数学系不再招生,办完为止。

第三,继续办好预科,每年招生 40 人,到 1970 年在校学生人数为 120 人。预科今后只办普通高中班。不再办高考补习班。

二、专业设置与培养目标

(一)干训部:设立政治轮训班和文化补习班。政治轮训班:主要调训区级和县级机关相当区级的少数民族干部,适当调训长期在少数民族地区工作的汉族干部;文化程度要能阅读毛主席著作和做简要笔记。学制一年。主要学习主席著作、党的路线和基本政策、党的民族政策。在教学内容上着重进行过三关的教育,把对学员的思想改造和提高政治政策水平紧密地结合起来,从而巩固和坚定他们的阶级立场，具有明确的阶级观点，能够运用阶级分析的方法观察和处理问题；懂得民族问题的实质是阶级问题，民族压迫就是阶级压迫，民族解放就是阶级解放，坚定社会主义革命的信心。在实际工作中能够贯彻党的阶级路线，进一步树立和巩固辩证唯物主义的世界观，正确理解党的宗教政策，克服封建迷信思想。通过学习和总结工作，正确理解和坚决贯彻党的方针政策，树立科学的思想方法与工作方法。

文化补习班：调训具有小学二、三年部汉语文程度的区一级的少数民族干部。学制两年。这个班以补习文化为主，并结合学员的具体思想问题和工作中的问题选读主席著作，进行党的路线和基本政策的教育，民族政策的教育。经过两年的学习，在政治方面帮助学员树立并巩固工人阶级的立场，具有鲜明的阶级观点，能在实际工作中运用阶级分析方法观察和处理问题。能正确贯彻党的方针政策，具有科学的思想方法与工作方法。文化方面，汉语文要求达到初中水平，能自学毛主席著作，理解党的方针政策。能总结自己的工作和具有一定会计知识的程度。

（二）政治系：招收少数民族中出身成分好、政治思想好，经过一定的实际锻炼，具有高中文化程度的知识青年、退伍士兵、在职人员（包括中、小学教师）和应届的高中毕业生，为少数民族地区培养理论工作和政治工作干部。学制四年。教学内容以毛主席著作为主，以阶级斗争为纲，并根据带着问题教，带着问题学，活学活用，学用结合的原则，比较系统地进行马克思列宁主义毛泽东思想教育，民族问题理论与民族政策教育，反对现代修正主义教育，共产主义道德品质的教育。通过以上的教育，使学生逐步树立工人阶级的阶级观点、群众观点、劳动观点、辩证唯物主义观点和马克思列宁主义民族观点，全心全意为少数民族地区的社会主义革命和社会主义建设事业服务，在实际工作中贯彻党的阶级路线，辨别政治风向，正确贯彻党的方针、政策。

（三）语文系：招收少数民族中出身成分好、政治思想好，经过一定的实际锻炼，具有高中文化程度的知识青年、退伍士兵、在职人员（包括中、小学教师）和应届的高中毕业生，为少数民族地区培养中等学校语文师资和与专业有关的其他工作干部。学制四年。课程：加强政治课，政治课（包括形势任务教育）应不少于总课时的25%；精简专业课，专业课应控制在60%左右，并且要加强基本功的训练；其他课（包括民兵课、教育实习）不要超过15%。要求学生经过四年学习和实际锻炼，逐步树立工人阶级的阶级观点、革命观点、劳动观点、辩证唯物主义观点和马列主义民族观点，全心全意为少数民族地区的社会主义革命和社会主义建设事业服务。业务上要求掌握本专业所需要的基础理论、专业知识和实际技能。

（四）预科：今后着重办普通高中班。学制三年。招收后进地区后进民族，少数民族工人和贫苦农民家庭出身的初中毕业生。通过德、智、体几个方面的培养，使学生成为有社会主义觉悟的、有文化的劳动者。毕业后能考入我院本科或其他高等学校的就升学，不能升学的，经过短期的职业训练回本地区工作或参加生产劳动。

三、教学改革问题

在教学改革中要切实贯彻主席关于教育工作的指示，要以全面地贯彻党的教育方针提高教学质量，培养又红又专的革命人才为目的，采取思想积极、步骤稳妥的方针逐步进行。根据少而精的原则，从少数民族学生的实际出发修订教学计划，精减教学内容，在总结以往教学经验的基础上改革教学方法和考试制度。切实减轻学生的学习负担，使他们在德、智、体三个方面生动活泼地主动地得到发展。此外要在三至五年内组织本科学生参加少数民族地区的社会主义教育运动，加强生产劳动和基层锻炼的思想工作和组织工作。对干训部的学生要有目的有计划地组织参观。

1964 年 6 月 22 日

附：

表 1　中央民族学院分院 1965—1970 年事业发展规划表

表 2　中央民族学院分院 1965—1970 年调训干部规划表

注：

1. 本规划拟定于 1964 年 6 月。1964 年 5 月，中央民族事务委员会召开了第四次民族学院院长会议，指出"民族学院是培养少数民族共产主义干部的政治性学校，是革命的抗大式的政治学校"。为进一步贯彻"以培养普通政治干部为主，迫切需要的专业与技术干部为辅"的办学方针，把培养轮训少数民族政治干部放在首要地位，学校编制了 1965—1970 年六年事业发展规划。

2. 此件收藏于中南民族大学档案馆，档案号 103–006。

表 1　中央民族学院分院 1965—1970 年事业发展规划表

系、科、班名称		1964年在籍人数	1965年			1966年			1967年			1968年			1969年			1970年		
			毕业	招生	学年初达到数	毕业	招生	学年初达到数	毕业	招生	学年初达到数	毕业	招生	学年初达到数	毕业	招生	学年初达到数	毕业	招生	学年初达到数
总计		867	323	420	964	382	370	952	461	490	981	391	370	960	490	530	1000	370	370	1000
干训部	合计	140	140	250	250	200	200	250	250	320	320	200	200	320	320	360	360	200	200	360
	政治轮训班	90	90	200	200	200	200	200	200	200	200	200	200	200	200	200	200	200	200	200
	文化补习班	50	50	50	50			50	50	120	120			120	120	160	160			160
政治系		265	69	85	281	43	85	323	53	85	355	100	85	340	85	85	340	85	85	340
语文系		191	36	45	200	47	45	198	57	45	186	51	45	180	45	45	180	45	45	180
预科		149	47	40	142	51	40	131	51	40	120	40	40	120	40	40	120	40	40	120
数学系		122	31		91	41		50	50											

备注

（一）1969、1970 年学生为 1000 人，干训部、政治系共 700 人，占 70%；预科、语文系共 300 人，占 30%。

（二）干训部政治轮训班轮训时间为一年，每年招生。1965 年起招生人数为 200 人。文化补习班从 1965 年起学习时间为两年，招生人数逐步增加，毕业一期招一期。到 1969 年招一期。

（三）1965 年起，政治系每年招生 85 人，语文系每年招生 45 人。预科每年招生 40 人。

（四）数学系从 1964 年起不再招生，将现有班次办完为止。

表2 中央民族学院分院1965—1970年调训干部规划表

	总计	1965年			1966年			1967年			1968年			1969年			1970年		
		合计	政治轮训班	文化补习班	合计	政治轮训班	文化补习班	合计	政治轮训班	文化补习班	合计	政治轮训班	文化补习班	合计	政治轮训班	文化补习班	合计	政治轮训班	文化补习班
总计	1530	250	200	50	200	200		320	200	120	200	200		360	200	160	200	200	
湖南	190	30	25	5	25	25		40	25	15	25	25		45	25	20	25	25	
广东	92	17	10	7	10	10		20	10	10	10	10		25	10	15	10	10	
广西	580	90	80	10	80	80		120	80	40	80	80		130	80	50	80	80	
贵州	520	80	70	10	70	70		110	70	40	70	70		120	70	50	70	70	
福建	51	11	5	6	5	5		10	5	5	5	5		15	5	10	5	5	
河南	45	10	5	5	5	5		10	5	5	5	5		10	5	5	5	5	
浙江	24	6	2	4	2	2		5	2	3	2	2		7	2	5	2	2	
湖北	28	6	3	3	3	3		5	3	2	3	3		8	3	5	3	3	

关于编制我院教育事业十年（1981—1990）规划的几点说明

一、遵循党中央提出的在经济上实行进一步的调整，政治上进一步实现安定团结的方针。根据一九七九年全国第五次民族学院院长会议提出的、经国务院批准的"关于民族学院的方针任务"的规定精神。结合当前民族地区经济发展和科学文化水平，同汉族地区相比，存在着不少差距的实际情况，编制我院教育事业十年规划。

八十年代，我院在恢复重建工作中，应贯彻以调整为中心的指导思想，注意使调整与改革结合好。既要根据民族地区教育事业发展的需要考虑建院的规模，更应从培养人才的要求重视培养的质量。因此我院的办学方针：面向中南和华东民族地区，主要培养少数民族政治干部和各种专业人才的社会主义新型大学。为了适应民族教育事业的需要，在结构上，基本上与其他民族院校相同，而有别于一般高等学校。它的组成，包括在职干部轮训、大学本科和大学预科三大部分。

在职干部轮训，是我院一个相当长期的任务。培养目标主要是提高民族地区公社书记、主任以上在职干部的政治理论、政策水平和专业管理知识水平。

大学本科是我院各教学单位构成的主体。培养目标和专业设置，既着眼于民族地区的现实需要，也考虑适应民族地区长远的发展需要。主要任务是培养德、智、体全面发展的、又红又专的少数民族专业人才。近期的培养目标主要是中学师资。并根据需要和可能在一些专业招收研究生。为适应民族地区四化建设和繁荣发展的需要，逐步增设经济管理、法律两系。远期的培养目标逐步从主要培养师资向培养其他专业人才发展。

大学预科是我院的一个重要组成部分，主要是为本科各系输送德、智、体全面发展的合格学生。是现阶段民族院校为发展民族教育而采取的一项重要措施，也是为后进民族地区培养合格大学生采取的一项必要的辅助办法。

一九八一年至一九八五年，我院本科先后设置六个系，即开设政治、中国语言文学、历史、数学、物理、化学等系。一九八六年，增设经济管理、法律两个系。

二、从一九八一年起，开始在政治、中国语言文学、历史、数学四个系和在职干部轮训部、大学预科招收新生。一九八三年，物理、化学两系开始招生。一九八六年，经济管理、法律两系开始招生。

一九八五年，全院在校学生人数为三千零十二人，其中：本科六个系在校学生人数为二千四百人，研究生十二人。在职干部轮训部在校学员人数为三百人，大学预科在校学生人数为三百人。

一九九〇年，全院在校学生人数为四千五百十二人，其中：本科八个系在校学生人数为三千九百人，研究生十二人。在职干部轮训部在校学员人数为三百人，大学预科在校人数为三百人。

三、学制：本科各系暂时按四年执行。十年规划亦按四年。（从民族地区实际情况出发，入学时分数线有降低。毕业时要符合国家规定的规格，学制以五年较适宜。）研究生为二年，在职干部轮训部为一年，大学预科为一年。

四、我院 1981—1990 年基本建设计划另报，我院 1981—1990 年编制机构计划另报。

一九八一年五月廿三日

附表：中南民族学院教育事业（1981—1990）十年规划

项目	学制	一九八一年			一九八二年			一九八三年			一九八四年			一九八五年			一九九○年		
		招生数	毕业生数	在校生数	招生数	毕业生数	在校生数	招生数	毕业生数	在校生数	招生数	毕业生数	在校生数	招生数	毕业生数	在校生数	招生数	毕业生数	在校生数
合计		360		360	550	200	710	802	200	1312	1110	300	2122	1462	572	3012	1650	1350	4512
研究生	2							12		12			12	12	12	12			12
本科	4	160		160	350		510	490		1000	710		1710	850	160	2400	1050	750	3900
干训生	1	100		100	100	100	100	150	100	150	200	150	200	300	200	300	300	300	300
预科	1	100		100	100	100	100	150	100	150	200	150	200	300	200	300	300	300	300
中国语言文学系		40		40	100		140	103		243	150		393	153	43	503	200	150	803
研究生	2							3		3			3	3	3	3			3
本科	4	40		40	100		140	100		240	150		390	150	40	500	200	150	800
政治系		50		50	100		150	103		253	100		353	103	53	403	150	100	503
研究生	2							3		3			3	3	3	3			3
本科	4	50		50	100		150	100		250	100		350	100	50	400	150	100	500
历史系		30		30	50		80	53		133	100		233	103	33	303	50	100	303
研究生	2							3		3			3	3	3	3			3
本科	4	30		30	50		80	50		130	100		230	100	30	300	50	100	300
数学系		40		40	100		140	153		293	150		443	203	43	603	200	150	703
研究生	2							3		3			3	3	3	3			3
本科	4	40		40	100		140	150		290	150		440	200	40	600	200	150	700
物理系	4							60		60	120		180	180		360	150	100	500
化学系	4							30		30	90		120	120		240	100	100	400
经济管理系	4																100		400
法律系	4																100	50	300

白瑞西纪事年表

　　本年表采用编年体形式，通过查阅相关文献，披沙拣金，精稽细核，整理出白瑞西自1916年诞生以来的生平事迹、活动足迹。"古今往事千帆去，风月秋怀一篷知"，以此追溯白瑞西的人生历程。

1916 年

4月7日，出生于山西省太谷县阳邑村。

1924—1930 年

就读于当地村小。

1930 年

9月，就读于太原平民中学。

1933 年

夏，白瑞西父亲病逝。

初中毕业，随后任教于家乡附近的一所村小，工作了一个学期。

1934 年

春节后，调入太谷第一高小任教。

暑期，再次考入太原平民中学，就读高中。

1937 年

7月，毕业于太原平民中学。

7月初，赴京投考北平师范大学。

9月，参加太谷县总动员实施委员会、太谷人民抗日游击队。

12月12日，任职于太谷县抗日民主政府，担任教育科长。

1938 年

1月10日，正式加入中国共产党。

5月1日，《胜利报》出刊。

1939 年

6月，调入中共晋东地委宣传部，任晋东地委党报《胜利报》编辑。

12月，赴晋冀豫区党委党校学习。

1940 年

2月，结束党校培训，返回报社继续工作。

3月，"民族革命通讯社上党分社"迁入报社，并更名为"新华社晋冀豫分社"，与《胜利报》合署办公。

6月，赴晋东南总工会，任代理宣传部部长。

9月，返回报社继续工作，任报社支部书记。

1941 年

7月6日，《胜利报》停刊。

7月7日，《晋冀豫日报》首发；该报为中共晋冀豫区委机关报。

12月，《晋冀豫日报》停刊；人员并入《新华日报（华北版）》报社。

1942 年

1月，任晋冀鲁豫边区教育厅督学。

4月，任晋冀鲁豫边区政府秘书，负责主持《边区政报》的编辑工作。

冬，根据地掀起大生产运动。

1943 年

秋冬，参加边区政府机关垦荒运动。

冬，参加边区政府直属机关第一期整风活动，历时半年。

1944 年

春，参加边区政府机关垦荒运动。

1945 年

春，任晋冀鲁豫边区政府研究室主任。

12 月，任太谷县县长、太谷独立营营长。

1946 年

夏，与杜励文同志结婚。

1947 年

8 月，任太谷独立团团长。

12 月，南下，任新兵第一团团长。

1948 年

3 月，任中共中央中原局民运工作组组长。

8 月，任豫西行署民教处副处长。

10 月 22 日，郑州解放。

1949 年

3 月，任郑州市人民政府秘书长。

1950 年

春，任郑州市副市长兼秘书长、市委委员。

4 月 27 日，任郑州市人民法院院长。

1951 年

1 月，中南军政委员会决定筹办中央民族学院中南分院，委托中原大学负责筹办事宜，任命中原大学副校长孟夫唐兼任中南分院院长。

1 月 19 日，中原大学受中南军政委员会委托，专题研究中央民族学院中南分院的筹建问题；派出朱明远、曹建章等人组成筹建委员会，具体负责筹建事宜。

8月，就职于河南省委政策研究室，负责经济组工作。

11月29日，中央民族学院中南分院正式开学，首批学员194人。中南军政委员会副主席张难先、中南军政委员会民族事务委员会主任张执一、中南军政委员会教育部部长潘梓年和参加中南军政委员会第四次会议的各民族代表等到会祝贺。

1952年

3月，就职于河南省政法委员会，任秘书主任。

3月28日，关于中央民族学院中南分院的领导关系，中南军政委员会秘书长、中南局统战部部长、中南民族事务委员会主任张执一致函潘梓年（中南教育部部长）、孟夫唐（中原大学副校长兼中南分院院长）。信中指出，"中南民族学院早经中南局确定由中大办理，款项亦有教育部经领，教育部领导。现中原大学已办了大半年，领导关系自然早已确立，中南民族学院仍宜归教育部领导，由中大办理"。

8月，就职于河南省人民政府办公厅，任副主任。

11月27日，中南民族事务委员会通知，经中南军政委员会批准，将"中央民族学院中南分院"更名为"中南民族学院"。

1953年

4月，就职于河南省统计局，任局长。

4月6日，中南民族事务委员会副主任熊寿祺来校宣布，暂时停办筹建中的广东民族学院，将其教师干部和学员调入中南民族学院。

1954年

2月，调任中南行政委员会财委第五办公室主任。

3月，中南行政委员会正式任命中南民族事务委员会副主任熊寿祺兼任中南民族学院院长。

5月，任中南行政委员会第五办公室主任，主持对资改造工作。

8月，中南民族事务委员会副主任李守宪调任中南民族学院院长。

8月23日，中南局批准学院成立党组。由李守宪任党组书记。

10月，中南行政委员会撤销，学院改属中央教育部领导，湖北省教育厅代管。

11月，调至国务院第八办公室，任工业组组长，负责资本主义工商业改造工作。

1956年

7月，出版专著《改造资本主义工商业的道路》（中国青年出版社）。

9月10日，经教育部、高等教育部批准，中南民族学院开办语文、历史两个师范专修科，参加全国高考统一招生，招收近百名学生。

1957年

6月12日，高等教育部、教育部、中央民族事务委员会联合通知，关于中南民族学院归并中央民族学院建制后的名称问题，经商定改为"中央民族学院分院"。

7月1日，中南民族学院改名为"中央民族学院分院"，改由中央民族学院领导。

1958年

5月12日，任中南民族学院院长、党委书记。

5月，院党委召开扩大会议，集中解决院领导班子问题。湖北省委派工作组参加。

6月29日，作"关于教学改革的动员报告"。报告分三个部分，一是现在有没有条件进行教学改革；二是教学改革要解决什么问题；三是教学改革的方法和步骤。

7月29日，制订《中央民族学院分院跃进规划纲要（1958—1962）》。

9月12日，毛主席在珞珈山接见武汉大专院校师生；白瑞西率学院全体师生参加接见活动。

9月13日，停办语文、历史两个师范专修科；设置中文系和历史系，开设中文、历史两个本科专业。这是学校举办本科教育的开端。

1959 年

1月31日—2月1日，召开全院首次党员代表大会，作"1958年工作总结"；选举第一届党委委员。

3月14日，在全体教工大会上作"千方百计提高教育质量"的报告，提出教材"五要"、教学"十好"。

教材"五要"，即教材内容要有正确的政治方向，鲜明的阶级观点；要有理论又要有实际，使理论与实际密切地结合起来；要有鲜明的人民性和思想性；要有丰富而又正确的资料和科学上的新成就，还要有确切的典型；要有相当完整的科学性和系统性。

课堂教学"十好"，即目的明确，准备好；观点正确，立场好；重点突出，掌握好；理论实际，结合好；通俗易懂，讲解好；层次分明，条理好；说服有力，分析好；引证恰当，比喻好；反复讲解，指导好；热情耐心，态度好。

5月28日，全院师生员工选举成立院务委员会。白瑞西任主席，严学宭任副主席；通过"中央民族学院分院院务委员会暂行条例"。

5月，与吕林波、贾青波、吕道渊赴北京参加全国民族学院院长会议。

9 月，创办政治教育系（1961 年改称政治系）。

1960 年

1 月 18 日，编制《中央民族学院分院事业发展规划（1960—1967）》。

规划主要内容如下。一、发展方向：担负着为少数民族地区培养中等学校师资的高等师范学院。二、发展规模：（1）建系计划。现有政治教育、中文、历史三个系，今年暑期建立数学系，自 1961 年起计划陆续建立生物、物理、化学、教育等系，1967 年秋发展到八个系，学生 3070 人，学制四年；（2）短期训练。短期训练的政治专修班，学习一年，附设于政治教育系内，已办到十期，仍拟继续办下去，并拟由轮训干部逐步向轮训民族地区中等学校师资发展；（3）政治研究班也附设在政治教育系内，学习三年，今年毕业后即结束，不再办。三、预科性质：招收民族地区初中毕业工农子弟，提高到高中毕业程度，升入我院本科继续深造，学制三年。四、1967 年教师发展为 360 人。五、基建应增总面积为 40898 平方米，新建投资总额为 299.31 万元。

6 月 23 日，中央民族事务委员会通知将中央民族学院及中央民族学院分院列为重点高等学校。

9 月，创办数学系。撤销原预科建制，试行预科、本科"一条龙"的体制，预科由系直接办理。

1961 年

1 月 19 日，取消预科、本科"一条龙"建制，恢复预科单独建制。

春，为适应中南少数民族地区农林业发展需要，培养农林方面技术干部，经中央民族事务委员会批准，决定下半年开办农林专修班。

7月23日—27日，召开学院第二次党员代表大会。党委书记白瑞西作报告《中共中央民族学院分院委员会两年半来的工作总结》，大会决议认为，两年半来，在院党委提出的"以搞好教学为纲，组织各项工作全面跃进"的方针下，以抓教学作为领导工作的中心，成绩是显著的。存在的缺点和错误主要表现在工作中要求过高过急，步子过大。大会提出，学院今后的根本任务是，必须全面地贯彻调整、巩固、充实、提高的八字方针，以教学为中心，不断提高教学质量。大会选举白瑞西为党委书记。

11月29日，举行建院十周年庆祝大会。中央民族事务委员会副主任薛向晨，湖北省副省长孟夫唐等出席院庆大会。

11月，中央民族事务委员会副主任丹彤来院视察，指示预科仍然要办，要办好；干部轮训任务要扩大；系的发展要控制。

12月19日，中央民族事务委员会决定中央民族学院分院改由中央民族事务委员会直接领导。

1962年

3月10日，向全体师生员工作院风报告，阐释八字院风"勤学、朴实、团结、活泼"。

3月11日，全国人大常委会副委员长班禅额尔德尼·确吉坚赞来院参观，中央民族事务委员会副主任刘春、湖北省副省长孟夫唐陪同。

5月8日，第二届院务委员会第一次会议讨论通过"中央民族学院分院暂行工作简则（草案）"，明确规定学院各级行政组织机构的职责范围。

夏，中央民族事务委员会指示，停办两年制农林专修班。

7月26日，院党委召开扩大会议，讨论办学方向、专业设置。院党委一致认为，历史系应该保留，因为政治、语文专业和历史有密切关系。各校应办出各校的特点，历史系富有民族的特色，具有办出特色的条件。虽然青年教师多，但大有培养前途，如果因撤办而分散，实在可惜。把数学系的培养目标改为培养会计师是不合适的，数学系要办就应该按国家要求设置课程，我院是全国八所民族学院中唯一设有数学系的。如果民族地区需要会计，可把任务交给我院，追加预算。并决定，由教务处长张志平将上述意见带去北京，向中央民族事务委员会汇报。

11月10日，召开第二届院务委员会第三次（扩大）会议，讨论通过我院"关于试行教育部直属高等学校暂行工作条例（草案）的初步总结"。

1963年

3月下旬，带队赴广州、海南、广西、贵州调研学院办学方针。

8月，印发《中央民族学院分院暂行工作条例（草案）》。

9月1日，干训部恢复单独建制，不再附设于政治系。

1964年

3月31日—4月7日，召开学院第三届党员大会。白瑞西做"工作报告"。大会总结了三年来的工作，一致认为，三年来，经过抓生活，保健康，调整关系，贯彻党的知识分子政策，加强民主集中制，贯彻高等学校工作条例六十条，进一步明确树立了以教学为主的思想，稳定了教学秩序，教学质量在不断提高。大会选举党委委员，白瑞西任党委书记，胡觉民、黄明家任党委副书记。

9月3日，中央民族事务委员会党组在向中央统战部、宣传部"关于民族学院几个问题"的请示报告中提出，民族学院是培养少数民族共产主义干部的学校，是革命的抗大式的政治学校。为了适应少数民族地区社会主义革命和社会主义建设事业发展的需要，必须把民族学院办好。要把轮训和培养少数民族政治干部的工作列为首要任务，加强轮训在职干部的工作，培养革命的接班人；对本科、专科进行调整，并切实办好预科。对于教学力量薄弱，招生和毕业生分配困难的，而且这类专业人才又能够由一般大专院校培养的科系，如中央民族学院分院的历史系、数学系应该停办。

9月4日，第二届院务委员会第六次会议决定：撤销历史系，其原有的61级并入政治系；成立民族问题研究室，由学院直接领导；原属学院办公室的少数民族文物陈列馆，并入民族问题研究室。

9月，组织全院师生分期分批到农村参加社会主义教育运动。

1965 年

2月9日，第二届院务委员会第七次会议决定，以中国人民解放军的"三八"作风作为我院院风。撤销"勤学、朴实、团结、活泼"八字院风。

10月1日，学校更名为"中南民族学院"。

1966 年

5月5日，决定撤销语文系建制；1967年暑期，数学系学生毕业后，即行停办。

5月7日，成立学院文化教育革命领导小组，决定全院停课学习。

6月9日，党委书记、院长白瑞西传达湖北省委关于开展运动的精神；学院属于运动面上的学校，省委将派驻工作组。

6月中旬，湖北省委派7人工作组进驻学院，领导运动，提出要"犁庭扫穴""横扫一切牛鬼蛇神"。学院党委失去领导作用。

8月29日，学院党政主要领导干部和部分教师首先遭到隔离看管、批斗。

10月，省委工作组撤离学院。

1967 年

接受思想改造，参加体力劳动。

1968 年

11 月 24 日，工人毛泽东思想宣传队进驻中南民族学院。

1969 年

9 月 18 日，经院革委会研究决定，并报驻院工宣队指挥部批准和湖北省革委会教革组备案，同意解放白瑞西、黄明家，并在基层分配适当工作。

12 月 19 日，学院师生员工奉命开赴湖北麻城县浮桥河，开展"斗批改"运动，历时 7 个月。

1970 年

1 月，中央民族事务委员会副司长王纯来汉传达指示：中南民族学院停办，下放给湖北省革委会管理。中央民族事务委员会认为，当前少数民族地区社会主义革命和社会主义建设已有了飞跃发展，在武汉继续开办地区性的民族学院，脱离少数民族地区阶级斗争、生产斗争和科学实验三大革命运动的实际，决定停办中南民族学院。湖北省革委会根据中央民族事务委员会的意见，从湖北系非少数民族聚居地区的情况出发，拟定以中南民族学院为基础，改办为师范学院。

9 月，在湖北省文教战线指挥部会议上，战线指挥长王德平口头传达湖北省革委会指示，撤销中南民族学院建制，合并到华中师范学院。

冬，分流安排全院 352 名职工。220 人调往华师；57 人下放"五七"干校和农村，插队落户；因照顾家庭，调往省内外 35 人；40 人调任其他工作。

12 月，任命为华中师范学院负责人。

1971 年

继续推进学院撤销工作。

1972 年

5 月 31 日，正式宣告撤销中南民族学院建制，同时撤销驻院工宣队指挥部。

6 月，任命为华中师范学院临时党委书记。

10 月，任命为华中师范学院革委会主任。

1977 年

10 月，召开华中师范学院群英会。

12 月，重启职称评审（1962 年停止），晋升了一批讲师。

1978 年

1 月 27 日，召开"文革"以来学院首次科学报告会。

发表《忆敬爱的周总理二三事》，刊于《华中师院学报》（哲学社会科学版）1978 年第 1 期。

5 月，赴京参加全国教育工作会议。此间，拜会国家民族事务委员会主任杨静仁，陈述中南民族学院被强令撤销的始末。

1979 年

1 月，任华中师范学院院长。

春，国家民族事务委员会主任杨静仁在京约见白瑞西、黄明家，详细询问中南民族学院的情况。

6 月 1 日，国家民族事务委员会召开第一次委员会（扩大）会议，发布"中南五省代表强烈要求中南民族学院尽快在原址复办"的简报。

6 月，五届全国人大二次会议召开，会议代表递交"恢复中南民族学院"的提案。

10 月 6 日，国家民族事务委员会和教育部合撰《关于民族学院工作的基本总结和今后方针任务的报告》。

11月初，遵照中央领导同志批示，中共中央统战部副部长张执一、国家民族事务委员会副主任胡嘉宾，会同湖北省革委会主任韩宁夫、副主任田英、文教部长史子荣、统战部副部长何定华，以及原中南民族学院白瑞西等，共同商讨恢复中南民族学院。

11月9日，湖北省革委会和国家民族事务委员会向国务院提交"关于恢复中南民族学院的报告"。

11月25日，在华中师范学院白瑞西办公室召开预备会，初步研究学校复办的经费、基建、人员、事业规划、办公用房等事项。

12月1日，在湖北省第二招待所设立筹建中南民族学院领导小组办公室。黄明家任办公室主任，徐少岩、贾青波任副主任。

12月10日，讨论制订中南民族学院1981—1985年事业发展规划。正式启用"筹建中南民族学院领导小组办公室"印章。

1980 年

1月7日，教育部函告国家民族事务委员会和湖北省人民政府《关于同意恢复中南民族学院的通知》。

1月21日，筹建中南民族学院领导小组、国家民族事务委员会代表举行会议，讨论确定基建任务、基建规划、基建投资、基建队伍、人员归队、校产回收、办公地点、交通运输等事项。

2月4日，在武昌饭店召开筹建领导小组会议。

3月25日，湖北省人民政府为加快中南民族学院建院工作，决定成立筹建中南民族学院领导小组。田英任组长，史子荣、何定华、白瑞西任副组长。领导小组下设办公室，黄明家任办公室主任，办公地点暂设武昌首义路省第二招待所。

夏，为学习兄弟院校办学经验，组织各系科筹备组负责人成立调查组。白瑞西先后带队调研西北民族学院、西南民族学院等高校。

8月23日，中共中南民族学院临时委员会成立，白瑞西为临时党委书记。

1981 年

2月9日，中共中央组织部通知，"中央同意白瑞西同志任中南民族学院院长"。

5月14日—22日，白瑞西、严学窘在北京参加国家民族事务委员会学术委员会会议。在京期间，白瑞西向国家民族事务委员会党组及副总理、国家民族事务委员会主任杨静仁汇报中南民族学院恢复重建工作进展。

7月1日，《中南民族学院学报》复刊，为16开季刊，公开发行。发表《从实际出发，重建中南民族学院》，刊于《中南民族学院学报》复刊号。

9月17日，隆重举行中南民族学院恢复重建后首届新生开学典礼。国家民族事务委员会、湖北省人民政府、省委文教部、统战部等负责同志莅临祝贺。

设有政治系、语文系、历史系、数学系、干训部和预科。有教职工592人，其中专任教师259人，教辅人员21人，行政人员161人，工勤人员151人。

10月25日，制定1981—1990年师资培养十年规划和五年奋斗目标。

1982 年

5月27日—28日，学院召开恢复重建以来第一次教学经验交流会。

10月中旬，学院召开学习贯彻党的十二大精神动员大会。会上，院临时党委书记、院长白瑞西提出我院十年奋斗目标：成为本地区大专院校和全国民族院校的先进单位之一。为此，要分两步走，第一个五年把我院基本建成有一定规模的、文理兼有的高等院校；这一期间的重点是充实和提高教师的政治思想和业务水平。第二个五年在学院规模必要发展的同时，着重在提高质量上下功夫，大出人才，大出成果。

10月24日—28日，我院主办第三次百越民族史研究会年会。白瑞西莅会致辞。

1983年

3月初，院临时党委提出"勤奋、朴实、团结、创新"八字校风。白瑞西代表院临时党委在全体干部会议上阐述"八字"校风的内涵。

9月，物理、化学两系首届招生。

12月19日，主持召开学院新老领导班子会议。国家民族事务委员会副主任洛布桑宣布国家民族事务委员会党组决定，韦思项任党委书记，贾青波任院长；白瑞西、严学宭任顾问。

1984年

发表《湘西行的启示》，刊于《中南民族学院学报》（1984年第2期）。

1985年

12月，离职休养。

1991年

发表《民族高等学校领导工作的几个问题》，刊于《中南民族学院学报》（哲学社会科学版）（1991年第4期）。

1994年

出版专著《决策和管理：在民族院校的实践与体会》。

1998年

9月26日14时40分逝世，享年82岁。

后 记

　　庆祝中南民族大学建校 70 周年前夕，我临时受命牵头为已故的白瑞西院长撰写一部评传。能够承接这项任务，我既倍感荣幸，又不胜惶恐。白瑞西是中南民族学院的早期主要领导，也是"文革"后复办学校的关键人物。研究其办学治校的理念与实践，不仅是一项高等教育研究者责无旁贷的义务，更是一次深刻认识民族高等教育光辉发展历程的学习过程。得此研究良机，何其幸哉。然而，随着研究工作实质性铺开，我才发现这是一次艰难的研究之旅。一是获取资料之难。由于年代久远，许多珍贵的资料已经遗失。与白瑞西共同战斗过的老同志，几乎不可考寻；与其共同工作过的老同事，均已迈入耄耋之年，他们基本上不可能接受长时间的访谈。二是难以把握研究的广度、深度和维度。要在一部研究著作中完整地呈现白瑞西丰富的人生经历，着实不是一件容易的事。除了还原白瑞西的光辉历程之外，还要揭示老一辈革命家、教育家的价值追求与治校理念，这需要有深度的思考。时至今日，回顾白瑞西的革命轨迹，不仅仅是为了总结他的英雄业绩，更重要的是在新的时代维度之下解读他实事求是、勇于改革的创业精神。

能够如期完成研究工作，离不开各位领导、老师的帮助。杨胜才同志时常关注研究进展，并全力协助解决研究中所遇到的各种难题。校党委宣传部、图书馆、档案馆（校史馆）等部门的主要负责同志热情提供研究资料，使得本研究能够顺利展开。白瑞西的长子白熊焰先生毫无保留地分享自己珍藏的宝贵资料，并不厌其烦地回答我提出的各种问题。图书馆、档案馆（校史馆）以及校史编纂办的老师们也为本研究提供了诸多便利，在此一并表示感谢！

初稿完成后，校领导和相关部门负责同志以及白熊焰先生认真审阅了稿子，提出了中肯的修改意见，这对于完善写作、提高研究质量具有重要价值。在此，笔者向关心本研究进展的各位领导和同仁们表示衷心的感谢！本研究工作得到了中南民族大学党政办公室、党委宣传部、科学研究发展院、离退休工作处等部门的大力支持，特此致谢！

读者在阅读书稿时，可能会发现，在追述某件事情时又会回到之前叙述的内容，这其实乃有意为之。要了解白瑞西的人生经历及主要事迹，就不能不关注与他曾经共事过的主要同志，以及当时的社会背景，这些皆是塑造白瑞西革命精神和个人品格的重要影响因素。通过记录这些材料，不仅再现了白瑞西所经历过的历史细节，而且也是对中国共产党领导下的中国革命史、建设史、民族高等教育发展史的有益补充或个人注解。尽管这些材料可能偏离主线，但它们却是我们理解白瑞西的路标和旁白，有助于更深刻地认识历史。书中引用的文献，若存在明显讹误之处并影响文意，会予以改动，其余皆一仍其旧，以尊重原著。为丰富史料，增加可读性，本书引用了不少图片；未特别注明的图片均来源于收藏资料。

由于个人视野局限，在资料收集方面还留有很多遗憾；此外，传记研究的时间跨度大、线索多，力有不逮，以致研究工作还有不少改进之处。希望各位不吝赐教。

2023 年 8 月 28 日于武汉南湖